KB149811

지역을 디자인하다

지방소멸에 대처하는 지역마케팅 교과서

지역을 디자인하다

2021년 11월 15일 초판 1쇄 발행

지은이   미야조에 켄시
옮긴이   엄상용

펴낸이   권혁재

편   집   권이지
디자인   이정아

인   쇄   성광인쇄
펴낸곳   학연문화사
등   록   1988년 2월 26일 제2-501호
주   소   서울시 금천구 가산디지털1로 168 우림라이온스밸리 B동 712호

전   화   02-2026-0541
팩   스   02-2026-0547
E-mail   hak7891@chol.com

책값은 뒷표지에 있습니다.
잘못된 책은 바꾸어 드립니다.

ISBN   978-89-5508-449-8 (93300)

지역을 디자인하다

지방소멸에 대처하는 지역마케팅 교과서

미야조에 켄시 지음 | 엄상용 옮김

학연문화사

CHINKI KASSEIKA MARKETING
ⒸKenji Miyazoe 2014
Original Japanese edition published by DOYUKAN CO., LTD.

Korean Translation copyright (c)2021 by Hakyoun Cultural Publishing Co.
This Korean edition is published by arrangement with KL Management, Seoul and Cuon
Inc., Tokyo

이 책의 한국어 번역출판권은 Cuon Inc와 KL Management를 통해
저작권자와의 독점계약으로 학연문화사에 있습니다.
저작권법에 의해 한국 내에서 보호를 받는 저작물이므로 무단전재와 무단복제를 금합니다.

지방위기와 가능성

2014년 5월 '일본창생회의'에서 향후 인구추계를 통해 소멸 지자체를 발표하자 많은 지역이 충격에 휩싸였다.

2040년에는 전국의 절반에 해당하는 896개 시구정(市区町) 촌에서 아이를 낳는 중심세대인 20~39세의 젊은 여성의 인구가 2010년에 비해 50% 이상 줄어 지자체가 소멸할 가능성이 있다는 인구추계 결과였다.

1,800개 시구정(市区町) 촌 중 인구 1만 명 미만이 되는 지자체는 523곳이나 됐다. 특히 젊은 여성 유출이 많은 지자체에서는 합계출산율을 올려도 급격한 인구 감소가 일어날 것으로 분석하고 있다.

이에 아베 정권은 일본의 성장 전략의 한 축으로 지방창생을 내세우며 정부가 인구감소대책에 총력을 기울였다. 「경제재정 운영과 개혁의 기본방침」(2014년 6월 내각회의 결정)에서는 도쿄로의 일극 집중에 제동을 걸고 고용창출을 통해 지방에 거주자를 늘리는 등의 정책 검토를 착수했다.

또한 아베 정권은 지역활성화를 포함한 지방창생본부(본부장 아베 총리)를 설치하였다. 지방창생담당상地方創生担当相을 신설하여 지역활성화를 위한 특별기준을 마련하고, 예산을 중점적으로 배분하는 정책이 추진되었다.

이와 같이 직면한 지역의 과제를 토대로 하여 지방창생의 가능성을 구체화 시키기 위해서라도 지역활성화에 한 층 높은 비전과 강한 의지를 갖고 임하는 것이 지금이야말로 요구되고 있다.

대학의 지역활성화 인재교육

대학에서도 지역 창조와 활성화를 위한 관련 학부 신설이 잇따르고 있다. 규슈대(九州大学) 지역정책 디자이너 양성강좌 등 보다 구체적인 인재육성 프로그램도 늘고 있다. 아오야마학원대학대학원 국제매니지먼트연구과青山学院大学大学院国際マネジメント研究科(아오야마 비즈니스 스쿨; 青山ビジネススクール)는 2012년부터 '지역 활성화의 마케팅'이라는 과목을 개설해, 2014년도까지 약 3년 간 60여 명이 수강했으며 학생들의 사례 연구 대상은 20개 지역에 이르는 등 연구 및 교육을 실시해왔다.

2014년도는 수업의 최종과제로 시즈오카현静岡県 아타미시熱海市를 연구대상으로 하여 '지역활성화 마케팅 모델'을 적용, 현지조사와 관계자 인터뷰 등을 바탕으로 아타미시 지역활성화를 위한 마케팅 전략을 수립했다. 아타미시熱海市의 사이토 사카에齊藤栄시장이 강연한 일본마케팅학회 리서치 프로젝트「지역활성화 마케팅」연구보고회에서는 학생이 시장에게 프레젠테이션을 했다. 이러한 평가의견을 직접 수렴함으로써 지역활성화 계획의 실천가능성을 높이고 있다.

이 책의 목적

지역활성화의 현황을 파악하고 향후에는 보다 본질적인 지역활성화 활동을 늘리기 위해서는 전략적이고 실천적인 인재양성이 필요하다고 판단하여 이 책을 기획하였다.

이 책은 전국 각지에서 지역활성화에 힘쓰는 인재들을 독자로 상정하였다. 일회성 집객 이벤트나 화제성 만들기가 아닌 본질적인 지역활성화 전략의 구축과 실천을 위해 다양한 참고 사례의 시사점을 구체적으로 제시하면서 지역활성화의 바람직한 방향과 추진방식을 소개하고자 한다.

이 책이 '지방창생' 시대의 본질적인 지역활성화 방법론 교과서로 활용되어 전국 각지에서 지역 활성화에 일조하기를 바란다.

물론 이들이 소속된 아오야마 비즈니스 스쿨青山ビジネススクール이 지역활성화에 노력하는 지역과 도쿄 및 전국(경우에 따라서는 해외)을 연계하여 행정과 민간, NPO나 지역민들의 활동에 촉매제가 되고 또한 이러한 인재를 육성할 수 있기를 바란다.

감사인사

이번 출판에서 수많은 현지조사 사례, 관계자들과의 인터뷰 기회를 가졌고 관계자들은 필자가 담당하는 아오야마 비즈니스 스쿨「지역활성화 마케팅」강좌에서 다양한 관점으로 특강을 해주었다. 이름을 모두 나열하는 것이 어렵지만 이분들의 도움으로 책을 발간하게 된 것에 다시 한 번 감사를 드린다.

2013년부터 필자가 주재하고 있는 일본마케팅학회 리서치 프로젝트 지역활성화 마케팅연구회에서 사쿄 아스카左京泰明(시부야대 학장), 야마자키 미치히로山崎満広(미국 포틀랜드시 개발국 도시개발부 산업개발 매니저), 오난 신야大南信也(도쿠시마현 카미야마쵸 특정 비영리활동법인 그린밸리 이사장), 데라다 신히로寺田親弘(산산 주식회사 대표이사), 사이토 사카齊藤栄(아타미시 시장) (이상 강연순서) 등의 강연에서 실제 사례를 통해 소중한 시사점을 얻었다.

또한 일본마케팅학회 연구회의 기획운영회원 후쿠모도 데쓰야福本哲也(주식회사 덴칸서 제1영업국 차장), 우치하이 리카内海里香(문화패선대학원 대학 강사), 아오키 요카青木洋高(JTB 퍼플리싱 정보전략부 과장 대리/법정대 대학원 정책창조연구과 강사), 사키 유佐伯悠(아오야마학원대학원 국제경영연구과 박사과정)와는 공동으로 연구하고 토론을 거듭하여 다양한 사례와 지식을 공유하였다.

특히 아오야마 비즈니스 스쿨의 「지역 활성화 마케팅」 강좌에서 수강생들과 진행한 토론에서도 많은 힌트와 시사점을 얻었다. 수강생(MBA 과정·박사과정)이 작성한 연구논문이나 사례를 이 책에 인용한 부분도 수없이 많다. 그 공헌에 다시 한 번 고마움을 전한다.

그리고 이 책의 기획에서 약 3년이나 늦게 나온 원고를 기다려준 동우관同友館의 와키자카 야스히로脇坂康弘 사장의 지원에 깊은 감사의 말씀을 드린다.

2014년 9월
미야조에 켄시宮副謙司

지방소멸

저출산, 고령화로 인해 대한민국의 일부 지방이 지방소멸의 위기에 처해있다는 위기감이 감돌고 있다. 전국 228개 시·군·구 중에서 소멸 위험지역이 30%가 넘어 위험이 증가하고 있다는 주장이다. 지방소멸의 위험이 농어촌 지역에 국한 되는 것이 아니라, 대도시권까지 확대될 것이라는 주장도 설득력을 얻고 있다.

'지방소멸'은 대한민국 모든 지역의 공통된 문제로 인식되고 있으며 이를 극복하기 위해 각 지자체에서는 지역의 전입인구를 늘리고 출산율을 높이는 것으로 중요한 과제로 인식하고 있다.

다행히 지방소멸에 대한 논의는 우리 사회의 저출산, 고령화 문제를 공론화하였고 서울 및 수도권 집중으로 인해 청년층의 취업이나 창업 문제를 인식하기 시작한 것에 대해서는 일부 긍정적인 계기가 되었다는 주장도 있다.

지방소멸위험지수, 지역의 가임기(20~39세) 여성 인구 숫자를 65세 이상 고령 인구로 나눈 값으로, 지수가 0.5 미만으로 떨어지면 이미 소멸 단계에 들어선 것으로 판단한다. 하지만 이런 지방소멸 혹은 이에 대한 주장을 뒷받침하는 지방 소멸 지수 등이 현실을 잘 못 이해한다는 비판도 있다.

대표적으로 경북 의성의 경우 대표적인 '소멸 위험 지역'으로 거론되고 있지만 실제로는 청년층 유입이 꾸준하게 늘고 있는 곳으로 꼽힌다. 이는 지방소멸 위험 지수가 성별, 연령 등의 적용에 다소 모순이 있다는 지적이다.

지방소멸을 막기 위해서는 무엇보다 필요한 것이 지역활성화를 통해 지역을 알리고 정주인구를 늘리는 것이 필수 불가결한 요소이다.

저출산, 고령화를 막는 정책뿐만 아니라 지역활성화를 위해서는 청년층이 유입 될 수 있는 지역의 매력을 높여야 한다. 창업이든, 이주든, 회사든 지역에 유입될 수 있는 단초를 제공해야 한다.

왜 하필이면 일본이냐는 얘기를 한다.

이유는 간단하다. 이미 2010년 무렵 지방소멸이 시작되었고 이에 제동을 걸기 위한 다양한 정책을 수립하기 시작했다.

이제는 지방자치단체가 생존하기 위해서는 해당 지역의 활성화에 모든 것을 걸어야 한다.

지역축제, 지역박람회, 문화, 예술, SOC등 우리는 이미 지역활성화를 위해 다양한 정책을 펼치고 있었지만, 이제부터는 모든 목표의 중심점을 지역활성화로 해야 한다.

이미 우리나라에도 지역활성화의 모범 사례는 얼마든지 있다. 특히 청년층이 유입되어 지역상권은 물론 지역을 부흥시킨 경우도 많다.

연예인이 거주를 하고 나서 '한 달 살기 체험', '민박', '여행', '창업' 등 다양한 지역활성화의 사례를 볼 수 있었고 어떤 곳은 '찻집' 하나로 온 동네가 부흥이 일어난 곳도 있다.

아직 지역활성화를 위한 숨어있는 지역자원은 무궁무진하다.
우리가 모르거나, 그냥 지나쳤거나, 소홀하게 여겼던 자원도 충분히 지역자원이 될 수 있다.

지역자원을 어떻게 찾아내고 그것을 가꿔서 소중한 우리 지역의 보물로 만들 것인가?

그 해답이 이 책에 있을 수 있다.

30여 년간 행사대행업에 종사하면서 축제, 박람회, 기업마케팅 등 다양한 경험을 했다.
축제평가, 축제/박람회/행사 자문 등을 하면서 지역활성화에 대한 관심이 생겼다.

이제는 지역축제라는 말도 바꿔야 한다고 주장한다. 지역활성화 축제, 혹은 지역활성화 이벤트로 말이다. 그만큼 지역활성화를 중심으로 해야 한다는 신념이다.

번역서가 두 권 째다. '지역창생과 지역활성화 전략' 이후 1년 반이 걸렸다. 직접 번역을 하다 보니 아무래도 서툴러서 여러 번 하다 보니 시간이 꽤 지났다. 전문번역이 아니니 일부 어색한 곳도 많이 보인다.

다음에는 번역서가 아닌 직접 집필을 하려고 한다.

국내 지역활성화를 위한, '지방소멸에 대처하는 교과서'라는 말에 부끄럽지 않는 책이 되길 바라며 더 좋은 내용으로 지역활성화를 위한 책을 준비를 하려고 한다.

지방소멸이 없는 대한민국에 미력이나마 일조가 되었으면 한다.

2021년

역자 曄佑 엄상용

시작하며.
지역활성화를 파악하는 방법

1. 지역활성화의 대처와 현황

1) 왜 지역활성화인가?

'지역활성화'는 인구감소기에 접어든 일본 시장에서 내수를 진작하기 위한 중요한 과제 중의 하나가 되고 있다. 기업도 제품 차별화를 위해 지역특산품의 특징을 살리거나 지역소재를 활용하여 지역한정판 상품을 개발하는 등의 마케팅 활동을 적극적으로 전개하고 있다.

소비자의 관심이 지역으로 향하면서 해당 지역으로 여행이 증가하고 방문객으로 인해 음식과 숙박 등의 서비스 수요 또한 늘어날 것으로 기대된다. 지역의 자연이나 전통을 재발견하여 지역 공동체에 참가하고 즐길 수 있는 생활가치관과 라이프스타일도 표면화되었다.

지역의 자연과 문화, 전통 등 지역자원의 충실함이나 다양성을 진정한 풍요로움으로, 혹은 지역의 자랑으로 삼는 사람이 증가하고 있는 것은 아닐까. 2011년 동일본대지진이라는 경험을 통해 수많은 사람들이 지역과의 연결고리를 중요하게 여기는 등 지역을 재발견하게 되었다고 생각한다.

2) 전국각지의 지역활성화 현상

전국각지의 지역을 분석해보면 지역상품화와 이벤트를 기획하고 많은 사람들이 지역을 방문하여 관광을 통해 소비를 유도하는 대처를 하고 있다.

그러나 지역 활성화의 현실적인 대처를 보면, 상가를 테마파크와 같은 거리로 개장한 공간 연출이나, 야키소바나 곱창 등과 같은 B급 음식 B級グルメ1)의 개발이나, 연 1회 정도 개최하여 외지로부터 관광객을 끌어들이는 일회성 이벤트, 마스코트 캐릭터 등을 많이 볼 수 있다. 이것만으로 가능한 것일까?

B급 현지 맛집 'B-1 그랑프리'

B급 음식은 저렴하지만 맛있고 현지인에게 사랑받는 지역의 명물 요리를 말한다. 최근 음식으로 지역을 활성화하고자하는 단체가 해마다 늘고 있고, 각 단체들은 큰 부담 없이 음식을 이용하여 지역부흥활동을 펼치고 있다. 음식 자체의 인지도가 올라가 관광객 유치와 음식점 활성화 등의 사례도 나타나고 있다.

그런 가운데 현지 맛집을 이용해 전국에 홍보활동을 벌이는 단체, 그

---

1) B급 음식(B級グルメ): 일본 요리 중 현대에 새롭게 만들어진 종류이다. 저렴한 가격으로 쉽게 만들 수 있으며, 일상생활에서 즐겨 먹을 수 있는 음식들을 통틀어 이르는 말이다.

룹 등이 현지 맛집 축제로 'B-1 그랑프리'를 개최하고 있다.

제1회는 2006년 2월 하치노혜센베이지루八戸煎汁 연구회가 기획하고 아오모리현青森県 야토시八戸市에서 개최하였으며 10개 단체가 참여하였다. 이후에는 매년 정기적으로 개최하고 있다. 참관객들이 맛을 본 뒤 투표를 통해 수상자를 결정한다. 2012년 10월 기타큐슈시北九州市에서 제7회 대회를 개최했는데 출전 단체 수는 63개로 늘어났으며 '하치노혜 센베이지루八戸せんべい汁'가 금상을 수상했다.

이 행사의 경제 효과는 2009년 아키타현秋田県 요코테시横手市(방문객 22만 명)의 경우 13억 엔 이었으나, 2010년 가나가와현神奈川県 아키키시 厚木市(방문객 44만 명)에서는 36억 엔, 2011년 효고현兵庫県 히메지시姫路市(방문객 52만 명)는 41억 엔(각 지역 효과 추정에 의한)으로 추정된다.[2]
또 '하치노혜센베이지루八戸せんべい汁'의 경우 직접효과(인터넷으로 진행한 설문에서 관련성 여부 조사 후 식음료·상업·숙박·교통 매출 증대 추산, 관광객·지역시민소비 포함), 간접효과(산업연관표를 이용한 경제파급효과), 광고효과(신문 기사 게재문자수×광고 게재단가에서 추정)등을 합치면 경제효과는 약 563억 엔 정도로 추정된다.

그러나 인기 있는 현지 맛집 중에서도 군마현群馬県 오타시太田市의 우에슈오타야키소바上州太田焼そば처럼 해당 지역의 가맹점 수는 단기간 내 급증했으나 매출이 부진하고 점주가 고령화되면서 폐업이나 탈퇴가

---

2) 총무청, 2011. 「녹색 분권 개혁의 추진에 관한한 활동의 경제 효과 등의 분석에 관한 조사업무 보고」에 근거.

잇따르고 있어, 명맥을 어떻게 유지할지 고민하는 사례도 있다.[3]

또 어느 지방자치단체에서는 B급 맛집 개발차원에서 지역산품을 재료로 한 야끼소바를 세수증가와 지역부흥을 목표로 개최했지만 성급하게 세수증가만을 노렸기에 지역 주민과의 일체감이 결여되어 뿌리내리지 못하고 실패한 사례도 있다. 이와 같이 실패한 사례도 적지 않다고 한다.

B급 맛집이 유명해지는 바람에 지역에서 오랫동안 소중하게 다뤘던 지역특산을 살린 지역음식(A급 먹거리)이 쇠퇴하여 다양한 문화관련 인재를 배출했고 문화·역사가 있던 거리였는데 'B급 맛집의 거리'라는 이미지로 굳어지는 등 지역활성화로 인해 역효과가 나타난 사례도 있는 것 같다.

마치콘(街コン)[4)]

지역활성화행사로 한 때 화제를 유발했지만 지금은 아예 명칭조차 없어진 행사 중에 '마치콘(街コン)'이 있다. 음식점 등이 제휴하여 만남의 장을 연출한 마치콘은 도치기현栃木県 우쓰노미야시宇都宮市의 미야콘宮コン을 시작으로 2011년 후반부터 전국 각지에서 급증했다. 마치콘 개최 수는 시간이 지날수록 늘어 2012년 12월에는 전국에서 250여 건을 개최했다(마치콘 재팬 조사). 마치콘이 유행하자 유행회사流行会社가 마치콘을 조합한 여행을 상품화하는 등 음식점뿐만 아니라 관광지 활성화

---

3) 마키세 미노루(牧瀬稔), 2012. 「B급 먹거리' 붐으로 길에서 묻는 지역먹거리의 진정한 매력」, 『주간이코노믹스』, pp.86-87.
4) 마치콘(街コン): (길)거리 미팅; 지역 상권을 중심으로 한 대규모 친목 이벤트.

수단으로도 활용하기 시작했다.

그러나 전국 각지에서 난립한 '마치콘'은 모객 부족으로 인해 행사를 열지 못하는 경우도 생겼다. 이후 행사의 질적 유지와 안전을 목적으로 한 단체가 출범하며 마치콘 기획을 활성화하는 등 체제 정비를 시작했다. 그럼에도 불구하고 2013년부터 마치콘은 점차 사라졌고 단순한 식음료 행사인 '마치바르街バル' 등으로 바뀌었다.

마스코트 캐릭터

마스코트 캐릭터란 '유루이 마스코트 캐릭터ゆるいマスコットキャラクター'의 약칭으로 기업이나 공공기관, 단체 등이 이벤트, 캠페인, PR 등에 사용한다. 대부분 캐릭터 인형 탈을 쓰고 이벤트 현장에 등장하여 화제성을 유발하고 집객을 유도하는 등 다양한 역할을 하고 있다.

구체적으로는 2007년 '히코네성 축성 400년제彦根城築城400年祭'의 캐릭터 '히코냥'이 지역활성화 차원에서 마스코트 캐릭터 붐을 일으켰고 전국적으로 캐릭터를 개발하게 된 도화선이 되었다.

2013년 무렵의 지역 캐릭터의 수는 1,000개를 넘었고 2010년부터 시작한 '캐릭터 그랑프리'에서는 히코냥ひこにゃん(2010년), 구마모토현熊本県의 구마몬くまモン(2011년), 에히메현愛媛県 이마바리시今治市의 바리씨バリィさん(2012년), 도치기현栃木県 사노시佐野市의 사노마루さのまる(2013년) 등이 우승을 차지했다.

테마파크형 상가

1980년대 후반부터 공실 점포에 대한 대책으로 시가현滋賀県 나가하마시長浜市의 구로카베스퀘어黒壁スクエア, 가나가와현神奈川県 요코하마시横浜市의 오오쿠라야마 엘름 거리大倉山エルム通り 등은 테마파크형 환

경을 연출하여 화제성을 유발했고 고객을 유인하는 활성화 시책으로 주목을 받았다.

예를 들어 '구로카베스퀘어'는 주식회사 구로카베株式会社 黒壁가 타운 매니지먼트 기능을 담당했다. 지역의 역사적인 건물을 보존·활용해 거리의 환경을 연출했고 테마에 맞춰 유리 숍(유리로 만든 집) 등의 매장을 유치했다. 이러한 대처는 어느 정도 관광객을 유입하는데 성공했으나 절정기가 지나자 관광객이 다시 줄어들어 테마파크의 비일상적 상업 집객활동 역시 지역의 일상소비를 뒷받침하지 못하고 다시금 활성화 정책에 대한 과제를 남기게 되었다.

3) 지역활성화는 앞으로도 좋은 것인가?

B급 맛집, 마치콘, 테마파크형 상가 등 적극적인 대처로 지역 주민들이 대거 참가하여 분위기가 고조되었다. 이를 통해 지역 내에서 공동체를 조직하고 거리활성화의 활력이 된다면 의의가 있지만, 미래가 불투명하거나 혹은 지역자원(자연·문화·역사 등)을 저해하면 오히려 역효과가 나타난다.

지역활성화란 표면적이고 일시적인 화제 만들기가 아니라 지역의 생활을 본질적으로 풍요롭게 하고 이러한 일들이 지속적으로 이루어져야 정착될 것이다.

기대하는 외부자원 도입형이 아닌 지역내발적 지역활성화

한 때 지역활성화는 지역에 없는 외부 자본의 공장 유치, 정주 촉진에 의한 행정 주도로 경제적인 생산 활동의 증가 등을 일반적인 시책이라고 인식하고 있었다.

마케팅 학자인 코틀러는 경제 개발 마케팅 제1단계로 제조업의 고용 확보를 목적으로 한 중공업 공장 유치를 시작으로 제2단계에는 현재 기업의 유지, 신규 기업 육성, 관광업, 수출 진흥, 해외 투자 유치 등의 목표를 설정하여 경쟁력 분석과 시장 포지셔닝 등의 전략을 펼치게 되었고 제3단계로 제품 개발과 경쟁력 있는 틈새시장을 개척하는 활동을 하는 것이라고 분석한다.

코틀러는 장소의 경쟁우위성을 경제발전의 핵심으로 연결시키는 포괄적인 과정으로 '장소 마케팅'을 설명한다. 그러나 코틀러가 제시하는 활동 목표는 어디까지나 경제적 발전이라는 틀에서의 논의이다.

그러나 최근 내부의 내발적인 지역활성화야말로 본래의 지역활성화라고 주장하는 이론이 늘어나고 있다. 야마자키山崎(2012)는 타인에게 의존한 재화 생산을 목표로 하는 것이 아니라 스스로가 이미 가진 자원, 즉 내부 자원에 의존한 발전을 목표로 노력해야 한다고 주장한다.[5] 그는 관점을 보다 미시적으로 두고 사람들이 일상생활을 영위하는 도시의 차원에서 지역활성화를 논하고 있다.

야마자키는 경작포기농지의 증대, 빈집 증가, 취락경관의 황폐화, 전통적 행사의 쇠퇴 등과 같이 지역이 피폐해지는 배경에는 '커뮤니티를 유지하는 사람', 즉 '과제를 해결할 수 있는 주민'이 사라진다는 것을 지적한다. 즉, '풍요로운 과거의 모습을 되찾는 것'이 지역 활성으로 이어진다고 주장하고 있다. 내부에서 발신한 지역활성화를 위해서는 사람, 특히 젊은 세대를 지역으로 끌어들이는 것이 필수라고 주장한다.

---

5) 야마자키 료(山崎亮), 2012, 『커뮤니티 디자인의 시대』, 中央公論新社..

세키関(2012)는 지역 활성을 '20세기 후반의 경제 발전 모델을 뛰어넘는 새롭고 바람직한 방식'으로 '사람들이 삶의 보람을 갖고 일할 수 있는 환경의 형성', '사람들에게 도움이 되는 일자리 창조', '한정적인 자원을 유효하게 활용하여 순환이 지속될 수 있는 지역사회를 형성해 나가는 것'이라고 주장한다.

이는 종래의 외발적外発的 발전에 의존한 지역경제의 활성에 의지하는 것이 아니라 지역 자체가 기존에 소유하고 있던 자원을 바탕으로 스스로가 능동적인 태도로 일을 창조하는 사회를 이상으로 삼고 그것이 다음 세대로 계승되어 가는 모습이야말로 지역이 활성화 되는 것이라고 주장하고 있다. [6]

키요나리루清成(2010)는 '지역창생'이라는 용어를 통해 지역활성화 과정을 제시하고 있다. [7] 즉, 지역을 살리기 위해서는 내수를 발굴하여 새로운 사업을 창출하는 과정이 필요하다는 입장이다. 그리고 신산업이 정체된 지역산업을 보완하게 되어 결과적으로 고용, 소득, 세수 증가로 이어져 지역경제의 새로운 성장이 이뤄지고 최종적으로는 새로운 지역사회의 형성, 즉 지역이 창출된다고 한다.

표현은 다르지만 키요나루는 세키의 주장처럼 '20세기 후반의 경제 발전 모델을 능가하는 새로운 방식'으로서 내발적內発的 발전이 옳다고 인정하며 기본적으로는 숨어있는 수요를 바탕으로 일자리 창출에 지역 재생의 실마리가 있다고 한다.

---

6) 세키 미츠히로(関満博), 2012, 『지역을 풍요롭게 하는 일하는 방법』, 筑摩書房.
7) 키요나리 타다오(清成忠男), 2010, 『지방창생으로의 도전』, 有斐閣.

2. 지역활성화를 파악하는 방법 및 기준

1) 마케팅 관점에서 지역활성화를 파악

마케팅은 '고객을 향한 가치창조와 가치의 발신과 제공의 구조'라고 한다. (도표 0-1참조)

〈 도표 0-1 〉 마케팅 파악 방법

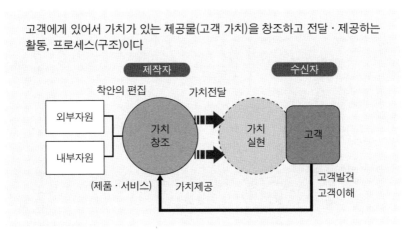

고객에게 있어서 가치가 있는 제공물(고객 가치)을 창조하고 전달 · 제공하는 활동, 프로세스(구조)이다

출처: 코틀러, 2008, 『마케팅 매니지먼트 기본편』 등을 참고하여 미야조에 켄시(宮副謙司) 작성 (2013)

이러한 인식을 근거로 하면 지역활성화란 대상을 제품이나 서비스가 아닌 '지역'을 대상으로 하는 마케팅이며 지역의 가치를 창조하여 시장·사회에 전달하고 제공하는 마케팅이라고 정의 할 수 있다(도표 0-2 참조).

이 책은 지역활성화 실천을 위한 방법론 전반을 다룬다. 대응에 있어서는 마찬가지로 마케팅 측면으로 보자면 '마케팅 매니지먼트' 방식에

〈도표 0-2〉 마케팅관점에서의 지역활성화를 파악하는 방법

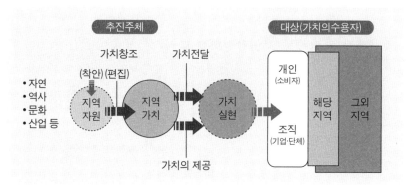

출처: 미야조에 켄시 (2014)

따라 ①지역 활성화의 비전·전략 구상 → ②지역 활성 마케팅 활동 →
③평가로 전개할 수 있다.

〈도표 0-3〉 지역활성화의 활동(추진) 기본 개념

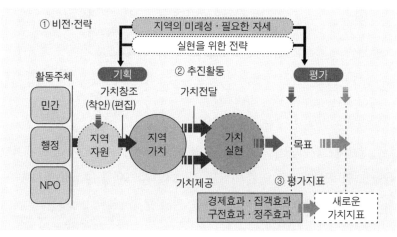

출처: 미야조에 켄시 (2014)

2) 사례 도출 방법

제1부에서는 앞에서 얘기한 바와 같이 마케팅 기능으로서 상품개발, 서비스 개발에 그치지 않고 광고 커뮤니케이션 차원에서의 유통채널 및 판매를 포함해 코디네이션까지 마케팅의 취급 범위로 설정한다.

마케팅론(상품, 프로모션, 채널 등) 관점에서 새로운 지역 활성화 사례를 다루고, 지역자원을 어떻게 활용하여 지역 가치로 창조하고 시장(소비자 기업)에 전달, 제공하는지를 살펴본다.

- 지역브랜드: 지역의 소재·기술에서 시대에 맞는 활성화의 씨앗을 발견하고 새로운 의미를 부여한다.
- 광의의 지역 브랜드화(마을 조성): 지역의 역사·문화를 살린 공간·환경을 창조한다.
- 지역 프로모션: 일회성인 광역 집객형 이벤트가 아닌 일상적이고 지속적으로 지역에 사람을 끌어들여 지역민의 생활을 활성화한다.
- 유통채널: 지역자원(소재, 기술 등)을 찾아내서 새로운 의미를 부여하고 수요처(대도시, 전국)와 지속적(안정적)으로 연결시킨다.

제2부에서는 누구(지역활성화의 주체, 담당자)에게, 무엇(지역활성화의 영역·테마)을 이라는 관점에서 사례를 알아보고 제3부에서는 지역활성화의 마케팅 모델과 매니지먼트 모델의 종합 실행 사례로서 현県·시市·정町 등 지역관점에서 종합적으로 대처하는 사례에 방법론을 적용해 본다.

3) 지역의 본질적인 생활의 풍요로움을 찾아서

이 책은 독자적인 '지역활성화의 마케팅 모델'과 '지역활성화의 매니지먼트 모델'의 프레임워크Framework로 지역활성화의 대처방안을 설명한다. 동시에, 향후 대처에 대한 실천적인 방법론을 제시한다.

일회성행사로 주목을 받았다가 급격히 사라진 'B급 맛집', '테마파크형 상가', '지역 마스코트(캐릭터)'가 아닌 지역의 장래를 차분하게 내다보고 지역의 미래상과 바람직한 모습을 비전으로 하여 지역활성화 실현을 위한 명확한 전략을 구상한다. 그리고 다양한 지역의 자원을 발견하고 이를 지역의 가치로 만들어 가치를 전달하고 제공하여 지역활성화에 임한다는 생각을 갖는다.

제1부

지역의 대처 사례:
마케팅적 관점에서

제1장.
프로덕트: 지역상품의 브랜드화
(좁은 의미에서의 지역브랜드)

지역 활성화의 대처사례 중 첫 번째는 4개의 마케팅 요소 중 '제품(상품)' 관련이다. 농림수산, 전통공예 등 지역산품을 많은 사람들의 주목을 받으며 판매로 연결하는, 즉 지역산품의 브랜드화에 대한 사례를 살펴보고자 한다.

1. 나카가와 마사시치 상점

나카가와 마사시치 상점中川政七商店(본사 나라현 나라시)은 1716년에 창업한 고급 삼베(나라자라시奈良晒) 노포로 전통 소재를 현대적인 디자인으로 새롭게 하고 용도에 맞는 제품을 개발하여 제조 및 판매를 하는 이른바 '전통공예의 제조 및 소매업'으로 주목 받는 기업이다.

300년의 역사를 자랑하는 삼베 노포는 13대 사장인 나카가와 준中川淳을 중심으로 하여 도매 위주에서 소매로 판매 전략을 전환하고 지역 브랜드화에도 힘쓰고 있다.[설립: 1983년, 매출액: 약 68억 엔(2020년 2월 말 기준), 종업원 수: 525명]

나카가와 준이 전통적인 가업을 계승한 후 가장 먼저 한 것은 종래의 제조·도매 구조에서 소매업으로 전환한 것이다. 직접 고객과 접하는 판매 거점을 구축하여 상품 가치를 고객에게 전달하도록 했다.

또한 신상품을 개발했다. 가업의 전통 소재이지만 현재는 거의 사용하지 않는 모기장 천을 화려하게 염색해 '꽃무늬 행주'로 상품화를 하여 굿디자인 금상을 수상했다. 또 현대적으로 응용한 일본 전통 문양을 이용한 화병 등 일본의 전통공예에 현대적인 디자인을 접목하고 기존에 미국 상품이 주류였던 패션 소품시장에도 뛰어들어 '화려한 일본식 패션소품' 붐을 일으켰다.

또, 현지 기업이나 다른 업종과도 협업하여 섬유뿐만 아니라 패션소품까지 상품을 확대하여 텍스타일 및 액세서리 등으로 구색을 갖춘 '유우나카가와遊中川'나 '키사라粋更' 매장을 개설했다. 도쿄의 오모테산도 힐즈表参道ヒルズ나 롯폰기 미드타운六本木ミッドタウン과 같은 고급 상업시설에 입점함으로써 소비자의 인지도를 높이고 특히 젊은 여성과 주부들의 명성을 얻었다. 그 후 백화점이나 역세권 등 전국 각지에 입점하여 현재 30여개 정도로 매장을 늘렸다.

1) 대표 제품 '꽃무늬 행주'

나카가와 마사시치 상점 신제품 개발의 대표적인 사례이자 나라奈良의 특산품 소재와 전통적인 기술을 접목한 지역브랜드 대표상품이 바로

'꽃무늬 행주花ふきん'다.

나라의 특산품인 모기장을 소재로 한 아름답고 기능적인 상품이다. 사방 59 ㎝로 일반 행주의 4배 정도 넓이에 얇고 강도가 강하며 다양한 형태 및 크기로 그릇에 잘 어울리고 접어서 사용하면 흡수성이 좋고 펼치면 빠르게 건조할 수 있는 복합적인 기능이다.

모기장 소재는 전성기 때 전국의 80%를 생산했던 나라의 특산품이었으나 최근 수요가 줄어들었다. 그러나 모기장 소재가 갖고 있는 통기성, 흡수성, 속건성을 살려 행주라는 상품으로 만들었다. 각각 '벚꽃', '유채꽃', '수국', '하얀 백합' 등의 이름을 붙여 부드러운 색조의 일곱 가지 색을 지닌 현대적인 디자인 상품으로 태어났다.

이후 '꽃무늬 행주'는 2008년 굿 디자인 금상(경제산업대신상経済産業大臣賞)을 수상하여 각광을 받았다. 가격은 1장에 735엔으로 다소 비싸지만 발매 이후 15년 간 매출이 꾸준히 늘어나 나카가와 마사사치 상점의 인기 상품으로 자리 잡았다.

2) 현재 운영 브랜드숍

나카가와 마사시치 상점은 현재 다음과 같은 브랜드의 매장을 운영하고 있다(회사 홈페이지에 있는 브랜드별 콘셉트의 표현을 인용해 기술).

유나카가와遊中川

• 상품구성: 주력 직물 등 섬유제품(행주, 쿠션, 패션, 인테리어, 가방. 지갑,

생활 잡화 등)

- 콘셉트: '일본의 직물'을 콘셉트로 예전부터 전해지는 소재, 기술, 의장과 현대의 감각을 더한 텍스타일을 제안
- 매장: 나라시 나라쵸奈良町 본점 등 18개 매장

키사라粋更

- 상품구성: 작은 접시, 유리잔, 가방, 문구류, 패션, 향수 등.
- 콘셉트: '아름다운 삶'을 콘셉트로 일본 각지에서 정성스럽게 만든 생활 잡화나 양복, 식기 등을 취급하는 라이프 스타일 브랜드.
- 매장: 도쿄 마루노우치新丸빌딩 점 등 5개.

나카가와 마사시치中川政七 상점

- 상품구성: 가방, 잡화 및 소품, 노트, 주방 잡화, 패션 등.
- 콘셉트: '생활용품'을 콘셉트로 품질과 고집을 중시하고 가정생활에 필요한 기능적이고 아름다운 일본의 실생활용품으로 구성(300년의 역사를 가진 노포의 온고지신을 토대로 단순히 실용적인 것뿐 아니라 사용하면 기분이 좋아지는, 계속 사용함으로 애착이 느껴지고 소중하게 다뤄지는 제품)
- 매장: 도쿄 마루노우치新丸 KITTE점 등 7개.

니혼시日本市

- 상품구성: 일본식 잡화, 향토 완구, 후지산이나 행운의 모티브로 한 상품 등. 협력사의 상품을 선별하여 판매.
- 콘셉트: '일본의 토산품'을 콘셉트로 전국 방방곡곡에서 생산한 공예와 모티브로 한 제품을 만들고 업계의 지산지소를 목표로 한다.
- 매장: 도쿄 스카이트리 소라마치東京スカイツリーソラマチ점 등 6개.

그 외에도 '2&9'(양말), 'motta'(수건), '후킨야 마사시치'(주방용품) 등의 매장이 있다.

3) 연혁: 나라 표백[8] 전통과 가업 변혁의 역사

에도시대 나라(奈良)를 지탱한 기간산업은 손으로 짠 고급 마직물인 '나라자라시奈良晒'다. 시작은 가마쿠라鎌倉 시대이지만 덴쇼 연간天正年間(1573~1591년)[9] 기요스미 센시로清須美源四郎라는 인물이 공정개량에 성공한 것을 계기로 발전했고 도쿠가와 막부에서 '난도카이南都改'라는 인증을 통해 보호를 받으며 더더욱 번성하게 되었다.

나라자라시의 번창함은 이하라 세이카쿠井原西鶴의 '세케네무네산요우世間胸算用'[10]에도 기록되어 있고 '표백된 직물의 장사는 연중 교토의 포목점에 외상판매로(중략), 남도로 들어가는 표백은 금은보화로도 살 수 없을 정도였다. 교토에서 외상값을 수금하고 나라로 돌아갈 때 나라 표백상인의 부유함을 짐작케 한다.

나카가와 마사시치 상점의 초대·나카야키베中屋喜兵衛가 가게를 부흥시킨 것은 황금기인 1716년으로 무사가 입는 카미시모裃와 승의(스님 옷) 등의 수요로 나라자라시의 가업은 크게 발전하였다. 그러나 에도시대

---

8) 표백한 무명.
9) 덴쇼 연간(天正年間): 일본의 연호 중 하나이다. 율리우스력 1573년부터 그레고리력 1593년 사이를 말한다.
10) 세케네무네산요우(世間胸算用): 이바라니 시쓰루(井原西鶴) 겐로쿠 5년(1692년)에 간행되어 각 권4장, 5권 20장의 단편으로 구성.

후기에는 에치고[11]와 오미[12] 등 타 지역에서 경쟁적으로 생산하게 되어 생산량이 급감하며 메이지 유신에 결정타를 맞았다. 무신계급의 소멸과 그 이후의 폐불훼석운동 즉, 불교를 배척하고 절·불상을 파괴하는 움직임이 나타나면서 시장이 거의 없어지게 되었다.

메이지 유신 이후에 역경을 딛고 9대 마사시치政七는 목욕에 필요한 땀받이(땀을 닦아내는 종이)나 배냇저고리의 용도로 제품을 개발했다. 10대 마사시치政七는 표백 공장과 수직(직물) 작업장을 만들고 옷감 도매상에서 제조 도매상으로 방향을 전환했다. 11대 이와키치巖吉대에 이르러 국내에서 길쌈으로 제조한 직물을 유지하기 힘들게 되자 해외에 제조 거점을 마련했다. 12대 간유巖雄(나카가와 키요시의 아버지)는 대학 졸업 후 온워드 가시야마에 근무한 후 나카가와 마사시치 상점에 입사했다. 당시의 취급 품목은 마생지(일종의 삼베)와 다건(다도에서 사용하는 삼베행주), 비단보 등의 차 도구茶道具였다. 간유巖雄는 섬유업계에서 터득한 상품 기획을 바탕으로 찻잔받침, 가루차그릇, 대나무 제품 등 차 도구 전반으로 취급품목을 늘렸다.

13대 나카가와 준中川淳은 대학 졸업 후 2년간 후지쓰 근무를 거쳐 2002년, 나카가와 마사시치 상점에 입사했다. 2008년에 사장에 취임하기까지 생산 관리의 IT(정보 기술)화, 바코드 도입 외에 아르바이트 점장을 정규직으로 전환하여 사기를 높이는 등 잇따른 개혁을 추진했다.

---

11) 지금의 니가타현(新潟県).
12) 지금의 사가현(滋賀県).

이처럼 메이지 유신 이후 역대 경영자는 소수의 제품에 한정하지 않고 시대에 맞는 신규 사업을 추진하는 경영 혁신을 거듭하고 있다. 나카가와 준은 "전통공예는 수요를 잘 예측하고 사업이 성공적으로 안착하여 전통 산업이 될 수 있었다. 변화하는 시대에 적응하는 것은 전통 산업의 정의에 벗어나지 않는다"고 했다. [13]

13대 사장 나카가와 준의 생각과 노력

나카가와 준이 가업을 계승한 후 우선 시행한 것은 종래의 나카가와 마사시치 상점의 경영방침을 바꾼 것이다. 당시 매출 비중은 잡화점 등 도매가 위주였다. 거래처인 백화점의 매장을 둘러보았는데 할인된 자사 상품이 선반에 어수선하게 놓여 있었다. 게다가 도매로 제품을 납품하는 소규모의 업체는 가격 결정권이 없었다. 가격 인하 압력을 견디지 못해 거래 업체들이 폐업을 하는 것을 지켜볼 수밖에 없었다.

하청 업무만으로는 미래가 없다고 판단한 그는 제조업의 한계를 극복하기 위해 자사 매장을 열겠다는 결심을 했다. 자사의 매장이라면 가격뿐만이 아니라 공간연출에도 전념하여 독자적인 브랜드의 특징을 표현하고 집객을 통해 제품의 이야기를 부여해 모든 것을 자체적으로 조정할 수 있다고 생각했기 때문이다.

이를 계기로 자사의 지명도와 상품력을 높일 수 있는 직영점포 중심으로 업태를 변경하기로 하고 자사 브랜드를 확립하는 작업에 착수했다.

---

13) 『일본경제신문』 조간 「200년 기업」, 2010년 1월 6일 기사.

상품확대: 양말업체와 기획

나카가와 마사시치 상점은 나라奈良의 지역 산업과 손을 잡으면서 취급 상품의 종류를 늘렸다. 예를 들어 나라의 토종산업인 양말제조업체 '온구우치御宮知 양말제조'(나라현奈良県 반아사히쵸斑旭町)와 협업하여 제품화 한 것이 보더 무늬border print 머플러다. 양말제조기계로 원형을 만들기 때문에 니트 제조업체에서 생산하는 것보다 훨씬 저렴하고 마찰에 강하다는 장점이 있다. 나카가와 준은 "젊은 여성 직원이 영업일선에 참여하여 기획한 상품이 변화의 단초가 되었다"고 설명했다. [14]

브랜드 확대와 매장 배치

나카가와 마사시치 상점은 타사와의 차별을 위해 브랜드의 콘셉트를 명확하게 설정했다. 예를 들어 '오랜 역사를 유쾌하게 즐기는 마음'이라는 뜻인 '유나카가와遊中川'는 전통적인 일본식 소품에 중점을 둔 분홍색 색조나 사슴 등의 동물 문양을 추가했다. '아름다운 삶'을 주제로 한 '키사라粹更'는 섬유와 가죽 등을 일본스타일로 만들었으나 서양식의 느낌을 살릴 수 있는 디자인을 적용했다.

2003년에 설립한 '키사라'의 첫 해 매출은 겨우 60만 엔. 젊은 후계자가 잇따라 내놓는 IT시스템화나 인사개혁에 적응하지 못하고 담당 부서의 직원이 한 명만 남고 전부 그만 둔 일이 있었다. 나카가와 준은 고민 끝에 경영관련 책을 읽으며 거래하기 까다로운 이세탄 신주쿠 본점의 젊은 담당자에게 자문을 받았다. 브랜드전략에 있어 외부의 컨설팅과 지원을 받으며 크리에이터 등 '크리에이티브 파트너'를 구성하여 상

---

14) 『일본경제신문』 조간 「200년 기업」, 2010년 1월 6일 기사.

품 및 패키지, 매장 등 디자인능력을 강화했다.

기사회생을 하게 된 계기는 2006년에 서구의 고급 브랜드가 즐비한 도쿄 오모테산도表参道 힐즈에 입점을 하면서다. 아버지가 준비한 사나다끈(무명 끈)이 달린 오동나무 상자에 기획서를 포장해 도전했고 이세탄 백화점은 그의 실적과 열정을 인정했다. 상황은 극적으로 반전하여 지금까지 상대도 해주지 않던 거래처에서도 연락이 왔다.

이 책의 공동저자인 에이트브랜딩 디자인エイトブランディングデザイン의 니시자와 아키히로 西澤明洋 대표는 "눈앞의 숫자에 연연하지 않고 '브랜드 파워를 얼마나 높일 것인가'를 고민한다. 알면서도 이를 실천하는 경영자는 지극히 드물다"고 평했다. [15]

공격적인 신상품 개발

나카가와 마사시치가 소비자의 폭넓은 인기를 끌게 된 비결은 신규 상품이 많다는 것이다. 2주에 1회 정도 신상품을 매장에 투입하고 매장의 흥미를 끌 수 있도록 연출했다. 신제품 공급을 위해서 상품 생산이나 구성을 담당하는 브랜드 매니저와 디자이너를 비롯하여 전국에 약 500개의 생산 위탁 업체가 있다.

소비자에 대한 가치 전달

또 나카가와 준이 중시한 것은 소비자에게 '가치 전달', 즉 상품의 매력을 판매 접점에서 정확히 전달하여 소비자의 공감을 얻는 것이다. 계기가 된 것은 앞서 얘기한 것처럼 나라의 특산품인 모기장 천으로 만든 대형 행주인 '꽃무늬 행주'이다.

---

15) 『아사히신문』, 2013년 12월 13일 기사.

상품 활용도를 높이자는 거래처의 주문으로 개발했지만 '흡수가 잘되고 빨리 마르며, 용도도 다양하다'는 기능성과 화려한 디자인으로 소비자에게 어필하자 연간 25만장이나 팔리는 히트 상품이 됐다.

점포의 매장 연출에 있어서도 각각 상품에 집중하여 고객에게 가치가 전달될 수 있도록 설계했다. 외부에서 영입한 창의력이 풍부한 디자이너가 매장 환경 디자인의 능력을 발휘했다. 과거 백화점에서 진열장 안에 전시하던 판매 방식과는 전혀 다른 것이다. 또 매장 POP도 소비자에게 제품 기능을 충실하게 설명하여 생활에 어떻게 적용하는지 알기 쉽도록 표기했다. POP를 통해 판매사원도 상품가치를 훨씬 자신 있게 상담할 수 있게 되었다.

판매사원이 고객을 응대할 때 상품의 매력을 자세히 설명하면 제품에 대한 고객의 반응, 관심 등을 판매 접점에서 청취하게 된다. 이를 통해 고객의 요구에 맞는 상품을 개발하게 되는 등 선순환이 일어났다.

디자이너를 대거 채용하고 상품 개발은 현장에 맡긴 전략이 성공하면서 현재는 연간 26회 정도의 신제품을 선보이게 되었다. 천, 생활 잡화, 선물 등 회사 브랜드는 7개로 늘어났다.

종래의 전통 공예품 매장은 예술작품처럼 진열하여 상품 구성의 변화가 없었지만 나카가와 마사시치는 신제품을 수시로 바꾸고 계절마다 계절상품을 선보이는 전략으로 매장 환경을 바꾸면서 가치를 고객에게 전달하여 전통 공예품 매장의 기존 이미지를 대폭 변신하게 했다. 결국 이러한 전략은 고객의 방문을 촉진하여 재방문객을 지속적으로 창출하게 되었다.

매장 활성화

나카가와 준은 매장 활성화에도 주력한다. 신규 매장에 투입하는 사원을 사내에서 공모한다. 의욕 있는 직원이 맡아서 매장의 활력을 만들기 위함이다. 또한 사장 스스로 약 100명의 사원과 연 2회 면접, 연 1회 사원 연구회 '마사시치 축제', 월 2회 전 직원에게 메일발송 등을 통해서 경영 비전과 상품 전략을 공유하는 '이너 브랜딩'의 방식으로, 실현하고자 하는 것을 사원에 정확하게 알리는 노력을 하고 있다.[16] 이후 직영 매장은 2002년부터 현재(2020년)까지 3개에서 64개, 연간 매출은 12억 엔에서 68억 엔으로 크게 증가했고 소매 비율도 70%로 높아졌다.

4) 지역 전통 공예 컨설팅

나카가와 마사시치는 도매에서 제조 및 소매업으로 바꿔 직영 매장을 늘렸고, 2009년부터는 토요오카豊岡 가방(효고兵庫), 고센五泉 니트(니가타新潟) 등 각지의 전통 공예의 제조 및 판매 컨설팅도 시작했다.

나카가와 준은 "일본의 전통공예가 점점 사라지고 있는 것이 안타깝고 지나칠 수 없었다"며 '일본의 공예 부흥'이라는 기치를 걸고 자신의 브랜드 캠페인의 경험을 살려 지금까지 11개의 기업 브랜드를 지원했다. 2007년에는 '일본 전통 공예의 부흥'이라는 기업 목표를 달성하기 위해서는 전국에 흩어져있는 전통 공예품 공장을 유지하고 활력을 높이는 것이 필요하다고 판단했다.

---

16) 『일본경제신문』 지방 경제면 킨키 B 2012년 5월 29일 기사, 『닛케이 리더』 2013년 8월호, p.23.

하사미波佐見(나가사키현長崎県) 사례

그 중 하나가 도자기제조회사 마루히로マルヒロ(나가사키현 아사미마치)다. 2009년부터 2년간에 걸쳐 제품을 재검토하고 새로운 식기 브랜드 'HASAMI'의 개발을 지원했다. 하사미는 파랑, 빨강, 보라색 등 일본에서는 보기 드문 파격적인 색상과 일식 및 서양의 요리에 사용할 수 있는 디자인이 호응을 얻어 마루히로マルヒロ의 매출 규모가 약 1.5배로 늘어나 흑자 전환을 하게 되었다.

고센五泉(니가타현新潟県) 사례

니트 의류 제조업체인 니가타현新潟県 고센시五泉市의 사이후크サイフク는 'mino'라는 브랜드를 선보였다. 판초 전문 브랜드로 어깨에 걸치는 형태 외에 목에 감거나 머플러 같은 제품이다.

천은 양털 100%로 얇고 가벼우며 알파카털 등을 혼합한 두 가지 형태이다. 니트나 재킷 등의 OEM(상대편 브랜드에 의한 생산)을 주력으로 해왔지만 거래처의 의류브랜드와 경쟁하지 않고, 여성을 중심으로 인기 있는 판초 전문 브랜드를 만들어 새로운 수익모델로 성장했다.

지금까지 OEM을 주력으로 하는 니트 제조회사가 만든 자체 브랜드는 판로 개척에 어려움을 겪었다. 이후 사이후크는 나카가와 마사시치 및 전국 지역의 다른 업종과 제휴하여 수도권 백화점으로 판로를 넓혀 나갔다. 의류제품만 아니라 타사와 연계하여 소품도 함께 진열하여 소비자의 주목을 받았고 상담회 등을 통해 판로를 넓혔다. 2~3년 후는 1억 엔의 매출을 목표로 한다.

니가타현新潟県은 스웨터 등의 점유율이 전국에서 상위를 차지하고 있다. '니가타현 니트 공업조합'에 의하면 고센五泉, 미쓰케見附, 도치오栃尾 등 현내県内 3개 지역의 니트 생산량은 2011년에 391만 장 이었으나 해외생산으로 전환하여 2009년 대비 약 15%가 감소한 상황이다.[17]

이처럼 나카가와 마사시치의 컨설팅에 의해 지역산업의 미래를 담보하는 사례가 전국 각지로 확산되고 있다. 염색, 칠기, 철물 등 전통공예품의 활로를 모색하는 컨설팅 의뢰가 증가하여 상품개발의 지원뿐만이 아니라, 재무제표를 참고로 비효율이라고 판단되면 해외진출도 중지하자는 의견도 제시한다. 이런 협력 관계는 2014년 현재 19개 품목에 이르고 있다.

5) 대일본시大日本市

나카가와 마사시치는 경영 컨설팅을 하고 있는 기업의 유통을 지원하기 위해 일본 각지의 전통 공예 기업을 한 곳으로 모았다. 합동 전시회 형태인 '다이니혼시大日本市'(일본 각지의 수공예품을 모은 합동전시회)다. 전시회에서는 다수의 소매점을 대상으로 상품전시를 하며 상담을 하고 있다.

2013년 9월 '대일본시'에서는 후쿠이현福井県 하루에시晴江市의 칠기 제조업체 '오완야우치다お椀やうちだ'가 식기제품의 새로운 브랜드를 선보였다. 이 회사가 옻칠을 하는 목적은 그릇의 강도를 높이는 것이다. "칠을 소량으로 하면 적정한 가격의 제품으로 일반 가정의 식탁에 사용할 수 있다"는 나카가와 준의 방침처럼 소비자 입장에 선 가치 전달을

---

17) 『일본경제신문』지방 경제면 니가타 2012년 7월 31일 기사.

판로 개척을 진행하고 있다. [18]

2013년 이런 활동을 발전시켜 각지의 전통공예회사가 모여 전시회 회원과 브랜드로 구성한 새로운 형태의 매장 '다이니혼시大日本市'를 열게 되었다. 2013년 9월 20일 개점한 시부야 파르코점은 매장 면적 73㎡로 '유나카가와遊中川', '2&9', 'motta', 협력 기업인 하사미야키波佐見焼의 '하사미ハサミ', 비즈니스가방 '백워크스バッグワークス', 디자인 생활 용품 'THE' 등으로 매장을 구성했다. 입지나 고객 연령대에 맞는 각사의 브랜드를 조합하여 매달 '게츠시月市'를 열었고 계절별 상품을 판매하고 있다. [19]

또 2013년 10월에는 자체 개발한 상품 위주로 꾸민 '니혼시日本市'라는 매장 브랜드로 전국 진출을 시작했다. 도쿄 스카이트리의 상가 시설인 도쿄 소라마치東京ソラマチ, 하네다공항, 도쿄역 등에 매장을 개설하였고 이어서 나라奈良, 후쿠오카福岡 등에 매장을 열었다. 자사의 매장 외에 실적이 부진한 토속기념품점의 경영을 지원하는 형태로 시작했다.

후쿠오카의 점포는 하카타역博多駅의 데이토스ディトス 1층에 개설했다. 매장 면적은 86㎡로 규슈 각지의 공예품을 현대적으로 구성하여 규슈 전역의 토산품을 취급하고 있다. [20]

---

18) 『일본경제신문』 2013년 9월 17일자 기사.
19) 『센켄신문(繊研新聞)』 2013년 9월 3일 기사.
20) 『일본경제신문』 지방 경제면 킨키 A 2013년 11월 21일 기사.

6) 나카가와 마사시치의 지역 활성화 대처의 평가

가치창조

지역 자원인 소재와 전통 기술을 현대에 접목한 디자인, 상품의 용도와 활용성을 극대화하는 가치창조를 나카가와 마사시치의 운영방침에 적용하고 있다. 가업의 전통 소재이지만 지금은 거의 사용하지 않는 모기장 천을 이용하여 화려하게 염색을 하여 '꽃무늬 행주'로 상품화한 것이 대표적인 예이다.

이를 기반으로 현대적인 문양을 활용한 가방 등 일본 전통공예에 현대적인 디자인을 접목한 상품을 개발하여 기존 미국 제품이 위주였던 생활소품 시장에 도전해 '화려한 일본 소품'으로 자리 잡게 했다.

더욱이 현지 기업이나 타 업종과의 협업을 통해 취급상품을 섬유뿐만이 아니라 소품으로까지 확대하여 텍스타일이나 잡화를 구성하고 각색한 '유나카가와遊中川(생활 잡화 브랜드)'나 '키사라粹更(생활 잡화 브랜드)' 등을 개발하여 백화점이나 쇼핑센터(SC)의 입점하는 형태를 새롭게 선보였다.

가치의 전달과 제공

또 나카가와 준이 가장 중요하게 여기는 것은 가치 전달이라고 할 수 있다. 과거에 중소 제조업체로서 직면했던 과제이기도 했다. 일본의 제조기술이 우수하지만 판매가 부진하여 곤란을 겪는 이유는 제조업체의 가치 전달을 하지 못하는데 기인한다. 손님에게 친근한 감정이 전해야한다. 그런데 제조사는 제품 만들기만 집중하여 소비자가 무엇을 평가하는지 모르는 경우가 있다.

예를 들면 카펫 회사가 소비자와 상담할 때 제조사 입장에서는 '카펫은 품위, 품격'이라고 설명하지만 아무리 품질이 좋더라도 제품의 가치를 소비자에게 전달하지 않으면 팔리지 않는다. 카펫의 속성을 보면 '카펫은 먼지가 나지 않고 인조바닥재보다 청결하게 생활할 수 있는 것'이 가장 큰 강점으로 나타났다. 브랜딩이란 정보를 올바르게 전달하는 것이 중요하다.

백화점 쇼핑백에 의미가 있던 과거의 '안심 시대'에서 미국, 유럽의 유명한 브랜드나 카리스마 있는 매장 직원에 대한 '동경의 시대'를 거쳐 지금은 '공감의 시대'이다. 이에 제품의 배경이나 스토리를 전하는 것이 중요하다.

대부분의 경영자는 상품이나 로고를 멋지게 하면 된다는 정도로만 이해하고 있다. 부가가치라고 흔히 말하지만 바람직하지 않다. 가치를 더하는 것이 아니라 상품이나 패키지, 점포, 접객, 미디어 전개 등 소비자와 연결되는 모든 것을 강화해야 할 필요가 있다.

더욱이 대부분의 제조업체는 신제품 발표를 연 1~2회 정도 하지만 소비자는 매장에 가면 뭔가 새로운 것이 있을 것이라는 기대를 갖고 있다. 그러나 대부분의 중소기업은 연간 다양한 신제품을 개발하는 것은 무리가 있다. (지속적으로 새로운 제품을 선보이기 위해 변화하고 전달하는 것으로) 손님이 매장을 방문하여 소통하고 전하고 싶은 것을 전해야 비로소 매장의 의미가 있다고 말했다.[21]

---

21) 『아사히신문』 조간 Be フロントランナー, 2013년 12월 7일자.

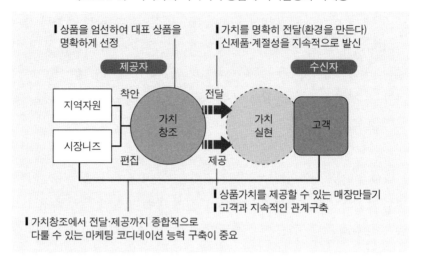

〈도표 1-1〉 나카가와 마사시치 상점의 지역활성화 마케팅

이와 같이 매장의 디자인이 고객(소비자)에게 가치를 전달하는 중요한 수단이라는 점에서 일본식 잡화 혹은 일본식 라이프스타일을 추구하는 매장형태로 기존에는 없었던 소매 업종을 개발하여 전국 백화점이나 역 등에 차례로 입점하고 홋카이도에서 큐슈까지 전국적으로 약 60여개 매장을 거점으로 판매 접점을 확대하고 있다. 여성층을 중심으로 나카가와 마사시치中川政七 상점의 감성과 가치관에 공감하는 소비자를 대상으로 팬을 만들고 있다.

가치창조부터 전달, 제공까지 총체적으로 볼 수 있는 것의 중요성

나카가와 마사시치 상점의 강점은 가와카미川上(제품 제조 단계)에서 가와시모川下(소비자에게 판매를 담당)까지 즉, 가치창조부터 전달까지 전체를 아우르는 마케팅·코디네이션 능력으로 타사와의 경쟁에서 우위를 확보했다는 것이다. 기존에도 전국 각지의 다양한 전통공예업체들이 자사

제품을 현대적인 디자인으로 전환하고자 지역 브랜드화를 시도했다. 그러나 이 전략은 디자이너를 적극 활용한 가치창조는 가능했지만 가치 제공(유통망 개척)은 원활하지 않았다. 디자이너는 유통 채널을 컨설팅 할 수 없었기 때문이다.

나카가와 마사시치 상점은 자사의 소매 채널을 전국으로 확대하여 확실한 판매 실적이 있는 유통망을 보유하고 있었다. 가치 전달 노하우도 갖고 있어 능력을 발휘할 수 있었다.

동업자의 새로운 의미의 커뮤니티

또한 도요오카豊岡 가방(효고兵庫), 고센五泉 니트(니가타新潟) 등 각지의 전통공예 제조업체와의 협업관계를 확대하고 상품 개발 및 판매 컨설팅 사업에도 착수(2009년)하여 '마케팅 코디네이션' 기능을 발휘했다. 지역 활성화에 임하는 커뮤니티를 형성하고 있는 점이 주목받았다고 볼 수 있다. 이러한 커뮤니티는 '다이니혼시大日本市'라는 상담회를 대대적이고 지속적으로 개최 하며 폭 넓게 접점을 만들어 한층 지역공동체와 교감하고 회원을 모집하는 등 대상을 넓히고 있다.

직원의 가치 전달의 중요성: 이너브랜딩Inner branding

대표이사가 직업 약 100명의 사원과 연2회 인터뷰, 연1회 사원연구회인 '마사시치 축제'를 개최하고 월 2회에 걸쳐 전 직원에게 메일을 통해 경영 비전을 명확하게 알리는 노력을 하고 있다.[22]

---

22) 『일본경제신문』 지방경제면 킨키 B 2012년 5월 29일 기사, 『닛케이리더』 2013년 8월호, p.23.

지역활성화 노력의 진화

또 지역 활성화를 추진하는 측면에서도 나카가와 마사시치 상점은 3단계 과정으로 진화하고 있다.

첫째, 자체적으로 상품을 지역 브랜드화(단독으로 실시)하고 둘째, 거래처와 협업으로 사업전개(타사와 협업) 셋째, 프로듀서 역할을 하며 다른 회사와 동반 성장하는 것이다.

향후의 나카가와 마사시치 상점의 사업방향에 대해서 나카가와 준은 "지금까지는 지산지소(지역에서 생산하고 지역에서 소비)라는 현지에 뿌리를 둔 순환형의 영업이었다면 일시적 붐이나 유행에 좌우되지 않고 지속적인 성장이 가능한 프랜차이즈(FC) 방식으로 매장을 늘릴 방침이다." 또한 "자사가 개발한 상품을 직영점에서 판매하는 것이 강점이었지만 제조나 판매도 타사에 개방하여 각지의 기념품점과 공예품 업체 등을 연결하는 역할을 하고 싶다"고 말했다. [23]

7) 나카가와 마사시치 상점의 '지역 브랜드화'는 이루어질 수 있었을까?

전국에 다수 존재하는 기존의 전통 공예회사 중에서 왜 나카가와 마사시치 상점은 이러한 현대적인 지역 브랜드로 혁신할 수 있었을까? 요인과 배경을 보면 몇 가지로 정리할 수 있다.

---

23) 『일본경제신문』 오사카 석간 간사이 View 2013년 12월 18일 기사.

외부인의 시각으로 보기

나카가와 마사시치 상점은 전통공예를 계승하는 후계자 경영이라는 특징과 경력이 있다. 13대 나카가와 준中川淳은 후지쯔富士通에 근무를 했던 정보 시스템 전문가이다. 그는 후지쯔에서 얻은 경험을 바탕으로 가업인 전통공예를 계승한 점이 외부적 관점을 가질 수 있었던 요인이라고 할 수 있다. 아버지 또한 의류분야 경력자로 외부적 시각을 갖고 있었기에 새로운 것에 도전했을지도 모른다. 그 도전이야말로 아버지로부터 아들에게 계승된 중요한 것이 아니었을까?

또 실제로 외부 인재의 활용도 적극적이다. 크리에이터 등 '크리에이티브 파트너' 멤버를 구성하여 상품, 패키지, 점포 등의 다양한 부분에서 디자인을 강화하여 나카가와 마사시치 상점의 가치를 추구하고 그것을 구현하는 체제를 확고하게 구축했다.

무엇을 브랜딩 할 것인가의 전략과 방법

나카가와 마사시치 상점이 변화할 수 있었던 것은 어떻게 브랜드화하여 고객에게 소구할지를 명확하게 한 것이 아닐까? 도표 1-2처럼 표시할 수 있다. 지역전통 공예의 브랜딩 요소는 소재, 기술, 기능, 디자인 등 4가지 요소라고 생각한다.

지역 특산 자원으로서의 소재 (나카가와 마사시치 상점의 경우는 나라 표백奈良晒이다), 오랜 전통을 계승하는 기술(섬유가공기술)은 전통 공예 제조업체로서 기본이지만 나카가와 마사시치 상점은 기능면에서 현대 생활에 맞는 기능을 제시했다. 예를 들면 대표적인 상품인 '꽃 행주'의 경우 흡수성과 건조성을 겸비한 것이다. 또 디자인은 현대적인 감성에 맞게끔 고객층의 공감과 수준이 높아졌다고 볼 수 있다.

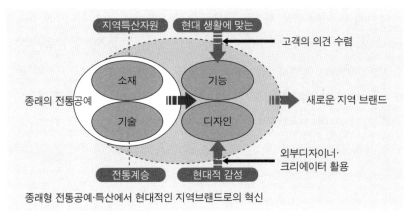

종래형 전통공예·특산에서 현대적인 지역브랜드로의 혁신

출처: 미야조에 켄시 (2014)

새로운 기능을 살리기 위해서는 판매접점에서 고객의 목소리를 적용한 것이 주효했고 외부 디자이너나 크리에이터와의 일상적인 접촉을 통해 외부의 의견이나 아이디어를 얻을 수 있었던 것이 나카가와 마사시치 상점이 지역의 특산, 전통 공예로 '지역 브랜드'를 만들어 낼 수 있었던 요인이라고 할 수 있다.

2. BUNACO(아오모리, 靑森)

1) 상품 및 기업의 개요

아오모리현靑森県 히로사키시弘前市의 BUNACO 칠기 제조는 원자재 가공에서 제품의 완성까지 일괄 생산하는 목공 업체로 1963년에 설립하였고 2017년에는 연간 매출 약 2억 4천만 엔, 종업원 32명의 기업이다.

특히 1956년에 아오모리현青森県 공업 시험소 소장인 시로쿠라 요시나리城倉可成(고인)와 이시고오 가케히로노스케石鄕岡啓之介(고인)의 공동연구로 아오모리현青森県의 너도밤나무 목재를 얇게 잘라내 가공하는 독자적인 기술을 이용하여 현대적 디자인의 식기와 가구를 'BUNACO'라는 브랜드로 판매하고 있다.

BUNACO기술이라는 것은 너도밤나무의 원목을 무 깎아썰기처럼 두께 1mm의 얇은 판자로 가공하여 폭 약 1cm의 바움쿠헨(독일에서 만든 과자형태, 얇게 붙여 만든 형태)처럼 구부리며 위아래로 약 4mm씩 비틀고 색칠을 하여 칠기(옻그릇)로 만드는 기술이다. (칠기는 부목을 깎아서 제조하는 것은 이전의 기술이었고 BUNACO기술은 새롭게 개발한 기술이다. 너도밤나무 코일에서 BUNACO라는 명칭을 붙였다고 한다). 공 같이 둥근형태의 식기, 쟁반, 휴지박스, 조명기기 등 새로운 용도의 제품을 개발했다.

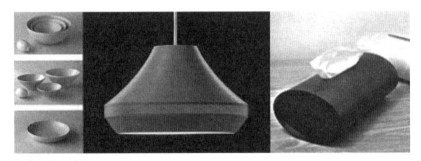

출처: 부나코 제품 bunaco.net

너도밤나무재가 풍부한 아오모리에서 지역자원인 밤나무를 이용하기 위한 발상에서 시도한 것으로 목재 자원을 활용하는 '친환경지구'를 고려한 독자적인 환경지향 기법이다.

너도밤나무는 북유럽에서 숲의 성모聖母라고 불릴 만큼 아름다운 나무라고 한다. 아름다운 나무를 가공하여 곡선미가 풍부하게 만든 작품으로 디자인의 우수성, 품질, 안전성을 인정받아 경제 산업성 선정 '굿디자인상'을 1966년 수상한 이후 여러 차례 수상했다.

그러나 BUNACO 칠기 제조는 1990년대까지는 식기를 위주로 백화점 등에서 판매했지만 버블 붕괴 이후 매출 감소에 직면하고 있었다.

위기를 벗어나게 된 계기는 1999년에 미국에서 BUNACO 접시를 구입한 도쿄의 인테리어 전문점 사장이 디자인에 매료되어 회사를 방문하게 되었고 이를 계기로 식기뿐만 아니라 인테리어 및 생활 소품으로 품목을 확대하여 제품의 중심으로 자리 잡게 되었다.

대표적인 예로 조명 '셰이드'는 너도밤나무재의 반사와 엷게 비치는 부드러운 불빛으로 호평을 받아 고급 호텔이나 매장 등에서 사용하게 되었다. BUNACO장인들은 그릇보다는 복잡한 인테리어 금형에 어려움을 겪었지만 조금씩 가공 기술을 축적해갔다.

또 공장과는 별도로 히로사키시弘前市 중심가에 전시장을 마련해 'BUNACO' 브랜드로 미국 수출에 집중하고 있다. 구라타 마사나오倉田昌直 사장은 바이어나 디자이너들이 요구하는 것은 '기본적으로 거절하지 않는 것이 신조'라고 한다. 난이도가 높은 것에 대응함으로서 기술을 연마할 수 있기 때문이다.

BUNACO제품은 수천 엔에서 수만 엔까지 고급상품이 중심이다. 디자인을 우선하는 고객을 대상으로 싼 수입목제품과 확실한 차이가 있다. 구라타 사장은 "인건비가 비싼 일본에서 지역의 산업이 살아남기 위해서는 항상 새로운 용도를 개발하고 부가 가치를 높이는 것이 필수"
라고 말한다. [24)]

2) 가치의 창조

BUNACO는 아오모리의 지역자원인 너도밤나무를 활용하여 BUNACO
기술이라는 독창적인 방법으로 가공하여 생활에 어울리는 디자인으로
다양한 생활용품을 개발했다.

3) 가치 전달 및 제공

BUNACO는 양질의 소재와 우수한 기술로 제조한 상품이다. 지방소
재의 중소기업은 가치에 관한 정보를 알리는 것이 어렵다고 생각하지만
일본 국내에 알리는 것보다도 가치를 정확하게 인정 해주는 해외 전시
회 등에 출전하여 먼저 소개했고 해외에서 제품의 평가와 평판을 토대
로 역으로 일본에서 인정을 받는 방법을 택했다.

가치를 인정한 디자이너가 다시 같은 소재, 기술로 새로운 용도의
BUNACO제품을 만들 수 있을지 의뢰하게 되어 가치의 전달 및 제공에
서 다음의 가치창조로 이어지는 순환이 이뤄지고 있다.

또 'BUNACO'는 '디자인 벤처'로 인정을 받아 도쿄의 인테리어나 소품
매장에 판로를 확대하여 현재는 백화점 이외의 판매비율이 약80% 이상
을 차지하게 되었다. [25)]

---

24) 『일본경제신문』 지방 경제면 2009년 10월 14일 기사.
25) 『닛케이MJ』 2008년 2월 13일 기사.

게다가 일본 유수의 종이 산지인 시즈오카현静岡県 후지시富士市의 제지산업 디자이너와 제휴를 한 큐오라 브랜드(キュオラブランド) 'cuira'와의 협업에도 참여하고 기술을 활용하여 재생 가능한 종이끈과 리본으로 만든 샐러드볼과 조명 개발에도 기여하고 있다.[26]

3. 아모친미(히로시마)

1) 상품, 기업의 개요

아모친미阿藻珍味는 후쿠야마시福山市 사야마치鞘町에 소재한 해산물 가공 제조판매회사다. 에도시대 호랴쿠(宝暦) 연간에 창업한 해산물 도매상이 전신으로 1949년 설립한 아모친미의 현 대표는 아조모리 유키, 직원은 210명(2020년 11월 현재)이다.

주력 상품은 '키스 엔간キスの塩干'(브랜드 명; 소금에 절여 말린 생선)과 '마루사요리 이찌야호시丸サヨリの一夜干し(말린 생선)' 등 건어물과 어묵 등 해산물 가공품이다.

'친미珍味'하면 수작업 위주의 이미지가 떠오르지만 아모친미는 연구소를 통해 현대인의 입맛에 맞추거나 품질관리를 위한 기술 개발 등과 같은 현대화에 노력하고 있다. 1980년대부터 생선가공기계(수압을 이용하여 생선 비늘을 제거하는 기계 등)를 개발했고 넙치 양식을 추진하는 등 적극적인 활동을 해왔다. 1990년에는 현지의 역사와 특성을 살리고 본사 공장을 일본 전통 주택건축 양식인 '우오노사토うをの里'로, 견학 및 체험

---

26) 『닛케이MJ』 2010년 8월 4일 기사.

을 할 수 있는 '수제 장인관'등을 관광 거점으로 했다(우오노사토는 2008년 리모델링과 함께 명칭을 현재의 '하나나노사토鯛匠の郷'로 변경했다).

2) 가치의 창조

토모노우라(鞆の浦)의 특산품과 역사를 바탕으로 한 가치창조

아모친미가 위치한 후쿠야마시福山市 토모노우라鞆の浦는 세토 내해瀬戸内海의 중앙에 위치하며 과거에는 선박이 밀물과 순풍을 기다리는 항구로 해상교통의 요충지며 풍치지구이다. 이 회사는 항구도시에서 해산물 가공품을 제조 및 판매를 하여 지역에 뿌리를 둔 개성 있는 기업경영을 목표로 하고 있다.

해산물 가공의 경우 건어물과 어묵은 젊은이들이 즐기지 않아 제품수요가 줄고 있지만 '개성과 가치를 중시하는 것이 현대사회의 특징이기에 회사의 개성을 앞세우면 제품을 찾을 것'이라고 판단했고 아모친미의 제품은 거의 100% '술안주' 임에 착안하여 아모친미의 제공가치를 '술안주'로 설정했다.[27](종합 식품 제조회사로 확대, 본사를 도쿄로 이전할 계획이 있었지만 1987년에 회사 사옥이 소실되고 그 후 방침을 바꿨다).

우선 '술안주'라는 기본 콘셉트를 살릴 수 있는 상품개발과 구색을 보강했으며 회사가 위치한 토모노우라의 풍토와 역사를 소중히 여기고 가치를 부각하기 위해 본사 공장을 토모노우라 경관에 맞게끔 회반죽과 기와 건물로 짓고, '우오노사토うをの里'라는 매장을 개설했다.

---

27) 『일경산업신문』 1995년 12월 10일 기사.

출처: 아모친미 외관 www.amochinmi.com

부지 내에는 상품가공과 제조 공정을 견학하고 '만들기'를 체험할 수 있는 '수제장인관'을 설치했다. 갤러리도 함께 운영하여 지역 예술가 등을 비롯해 토모노우라와 관련된 고객이나 토모노우라를 즐기고자 하는 사람에게 무료 개방하고 초등학생과 장애인 작품전시회 등을 개최하고 있다. 아모친미의 이러한 일련의 시설개발은 거리 미관에 기여하는 건축물과 디자인으로 시민 의식을 높이고 지역 활성화를 목적으로 시행하는 히로시마현広島県 동부지역 디자인 추진 위원회 주최의 제3회 "후쿠야마 거리 디자인상"을 1990년에 수상했다.

아모친미는 본사를 관광 거점화를 통해 해산물 제품 매장이라는 가치뿐만 아니라 토모노우라라는 역사와 산업자원을 보고 타이치구와鯛ちくわ(도미어묵), 다이모시오센베(鯛藻塩せんべせんべ(도미과자)등을 직접 만드는 체험을 하는 '장소의 가치'를 창조했다고 할 수 있다. 그 결과 본사 공장은 말 그대로 회사의 상징적인 매장이 됐고 토모노우라의 관광거점이 되어 많은 관광객이 찾고 있다. 구전 효과로 매년 3만 5천명이 방문하였으며 이 중 45%가 재방문 고객이다. 초등학교의 견학으로 매년 40개 학

교가 찾고 있다.[28]

관광 거점화를 통해 가치창조를 한 아모친미의 '우오노사토'가 토모노우라의 관광 매장으로 자리매김을 하자 고객의 새로운 요구가 생겨났다. 관광객을 중심으로 한 토모노우라, 후쿠야마福山, 오노미치尾道 지역의 선물 수요다. 매장에 진열하는 제품을 지역의 화과자나 일본식 잡화 등으로 추가 구성하고 인기가 있던 오노미치尾道 현지 라멘 선물용 세트를 2003년부터 판매하기 시작했다. 상품 구색을 확대하여 지역의 관광 거점으로서 선물 구매 수요에도 종합적으로 대응할 수 있게 되었다. 이것을 계기로 신칸센역이나 공항 매점에서도 해산물 매장뿐만 아니라 오노미치 라면을 포함한 지역 선물 종합 매장 기능을 하게 되었다.

3) 가치의 전달

아모친미는 제공하는 가치를 명확히 전하고자 본사 시설을 관광 거점으로 한 것, 그리고 토모노우라의 수산 및 가공업의 역사와 문화를 알리고 아모친미의 제조기술을 어린이들이 즐기면서 체험할 수 있는 이벤트 등을 충실하게 구성하여 가치전달을 한 것에 특징이 있다.

특히 가치 전달을 체험으로 한 것, 토모노우라의 역사나 풍토를 상징하는 건축물을 활용하여 넓은 의미로는 관광객을 끌어들여 지역에 기여하는 것과 동시에 회사의 취급 상품 영역을 넓히고 기업입장에서는 사업영역을 확대하여 새로운 가치창조로 연결한 것이다. 그리고 기념품 매장을 신설하여 지역산업과 연계하였고 지역의 관광, 산업, 문화 등의 공동체도 조성하게 되었다고 볼 수 있다.

---

28) 『일경산업신문』 1995년 12월 10일 기사.

아모친미는 해산물 구매의 장점을 요식업체에 적용하여 일식집 '고사카나아모친小魚阿も珍'과 반찬가게 '키친 플러스' 등의 업종도 개발하였다. 6차 산업이라는 가치 사슬의 여러 단계에서 사업을 영위하는 기업이 존재하지만 아모친미는 예기치 않게 여러 단계에 관여하여 지역에 광범위한 사업을 전개하는 기업으로 성장했다.

정리 **제1장을 통해 생각하는 것**

▪ 지역 활성화 마케팅의 첫 번째 사례로 프로덕트(상품)의 지역 브랜드화 관점에서 보면 '나카가와 마사시치 상점'(섬유), 'BUNACO'(목재제품), '아모친미'(식료품)등 업종은 다르지만 각각 기업이 소재한 지역 자원에 착안하였다. 소비자의 라이프 스타일에 부합하는 상품으로 지역 활성화의 접점을 찾아서 새로운 의미의 자원을 활용하였고 확실하게 제품의 새로운 가치를 창조하고 지역에도 새로운 가치를 부여하고 있다.

▪ 가치창조는 지역 자원, 기업이 보유하고 있는 기술력(기술 향상 노력), 외부 혹은 도시(혹은 해외)의 트렌드, 니즈와 시대성을 반영한 디자인으로 창조한다.

▪ 가치 전달은 제품 자체가 굿디자인상을 받는 등 공식적으로 인정받으며 많은 사람들이 가치를 인식하게 한 기회를 얻은 점을 들 수 있다. 그러나 그 이상으로 고객이 공장을 관람하거나 고객이 실제로 상품 만들기에 참여하여 '식당'을 포함, 시식 체험 등을 통해 지역의 관광 거점이 되거나 사업자체가 미디어와 같이 인식하고 있다.

▪ 가치 제공은 고객 만들기의 시작점이 된 매장(실실적인 매장)판매와 더불어 온라인 판매에도 나서고 있는데, 가치창조로 형성한 디자인, 제조 공동체, 전달 단계에 형성한 고객 공동체에 자사의 이용고객, 자사 제

품의 이용 계층이 증가할 수 있도록 본질적으로 지속적인 판매 서비스를 실시하고 있다.

▎기업자체도 지역에서 자사의 기능이나 역할을 인식하는 것으로 새로운 사업영역을 찾고 새로운 성장을 추구하는 사례도 볼 수 있었다. 지역 활성화의 전략을 자사의 성장에도 연결하고 있는 것이다. 즉, 취급 상품 확대→거래처의 확대→신규 사업 전개 등 성장을 꾀하고 있다.

제2장.
제품(Product): 지역브랜드화(광의의 지역브랜드)

 지역활성화 마케팅에 있어서 프로덕트product의 관점에서 본 제1장에서는 지역 생산품 자체의 브랜드화 사례를 살펴보았다. 제2장은 민간기업이 상품 자체의 브랜드화뿐만 아니라 지역성을 살리면서 새로운 의미부여를 통해 매장이나 시설의 환경 연출을 꾀하고 가치창조를 전함으로써 지역의 문화성 향상에도 공헌하고 지역을 브랜드화 하는, 즉 '지역브랜드화(광의의 지역 브랜드)'에 성공한 사례를 다뤄보기로 한다.

 예를 들면 지방의 유명 제과회사인 타네야たねや(시가현滋賀県 오미하치만시近江八幡市), 롯카테이六花亭(홋카이도北海道 오비히로시帯広市) 등은 제품을 통한 지역 브랜드화는 물론, 지역에서 원재료 조달(혹은 농원 운영), 고용 확보, 제과 관련 인재 양성, 지역 문화 육성이나 연구소 지원 등을 통해 착실하고 지속적인 지역 활성화에 노력하고 있다. 독특한 공간 연출을 한 타네야たねや 히모류빌리지日牟龍ヴィレッジ, 라·코리나ラ·コリーナ 오미야하타近江八幡, 나카사츠나이 미술촌中札内美術村을 통해 해당 지역의 브랜드화에도 공헌을 하고 있다.

1. 타네야(시가滋賀)

오미하치만시近江八幡市는 시가현 중부 비와코琵琶湖의 동쪽에 위치한 인구 약 8만 명의 지방 도시이다. 원래 토요토미 히데쓰구豊臣秀次[29]가 건설한 죠카마치城下町[30]로 오미상인近江商人의 발상지이기도 하다.

시내에는 JR오미하치만역近江八幡駅에서 가까운 성 인근 지역에 죠카마치 거리가 남아 있어 '전통건축물 지구'로 보존되고 있다. 오카야마현岡山県 구라시키倉敷의 미관지구와 비슷하지만 구라시키와 같은 관광지가 아닌 주거시설(생활을 영위하고 있는) 형태로 과거 일본의 정취가 남아 있는 거리다. 또 근대 건축가로 유명한 윌리엄 보리스William boris가 살았고 곳곳에 그가 설계한 서양식 건물이 남아 있는 곳이기도 하다. 오미하치만의 에도시대 죠카마치城下町의 운치(일본식 풍경)와 메이지시대의 세이요우칸(서양식 풍경)이 조화롭게 이룬 지역의 자산을 활용하여 마을 조성을 벌이고 있는 기업이 노포 제과 회사인 '타네야'다.

1) 타네야(たねや)의 기업 및 상품 개요

1872년 창업한 타네야는 시가현滋賀県의 화과자(일본 전통 과자) 제조 판매회사로 1972년에 '주식회사 타네야'를 설립했다. 현재 타네야 그룹 CEO는 야마모토 마사히토시山本昌仁다. 자본금은 9,000만 엔, 종업원 1,208명(정사원, 2019년 4월 1일 기준)이며 본점은 시가현 오미하치만시江八幡市로 본사는 시가현 아이치군愛知郡 아이쇼쵸愛荘町에 있다.

---

29) 토요토미 히데요시의 조카, 센고쿠 시대 활동.
30) 성시(城市); 제후의 거성(居城)을 중심으로 해서 발달된 도읍.

매장은 시가, 도쿄, 요코하마, 나고야, 오사카, 고베, 나라, 후쿠오카 등에 40여 개가 있고 매출액은 200억 엔(2018년도 기준)으로 제과회사로 는 규모가 큰 편이다. 화과자점인 '타네야'와 양과자점인 '클럽 하리에' 가 회사의 주축이다.

2011년 9대 사주인 야마모토 토쿠지山本徳次가 경영에서 은퇴하고 토 쿠지의 장남인 야마모토 마사히토시山本昌仁가 10대 사주이자 4대 대표 이사 사장으로, 차남인 야마모토 타카오山本隆夫가 주식회사 클럽 하리 에 대표이사 사장으로 각각 취임했다.

타네야의 상품은 수제로 만든 후쿠미 텐표ふくみ天平, 타네야 만쥬たね や饅頭, 스에히로 만쥬末廣饅頭등이 있고 클럽 하리에의 상품은 바움쿠헨, 리프파이, 쿠키 등이다. 특히 바움쿠헨은 매장에 유리공방을 설치하고 고객에게 제조공정을 보여주며 직접 만든 제품을 제공하는 판매방식으 로 화제가 되었다.

2) 히무레 빌리지日牟禮ヴィレッジ

오미하치만성 아래에 위치한 경관 보존 지구의 중심이 히무레하치만 구日牟禮八幡宮라는 신사와 산(하치만산)을 오가는 로프웨이역이 있는 미 야우치쵸宮内町지구이다. 하치만구의 도리이鳥居[31]에서 참배길로 들어 서면 바로 하치만보리라는 수로를 다리에서 볼 수 있고 수로를 따라 민 가와 오솔길은 사극 촬영장과 같은 집들이 즐비하다. 단번에 그 시대로 거슬러 올라간 듯한 거리이다.

참배길로 들어서면 오른쪽에 3채의 상가건물이 있는데 화과자 '타네

---

31) 신사(神社) 입구에 세운 기둥 문.

야'의 매장 '타네야 히무레'다. 또한 참배길의 반대편, 좌측에는 주차장이 있고 참배길에서 약간 떨어진 곳에 붉은 벽돌의 양옥이 있는데 그곳이 양과자 '클럽 하리에'의 매장인 '클럽 하리에 히무레관'이다. 이들 2개 건물이 타네야 그룹의 일본식과 서양식 각 브랜드의 플래그십[32] 매장으로 갤러리 등 문화 정보를 제공하는 기능도 하며 매장의 성격을 표현하는 관광형 매장으로 자리 잡았다. 두 개의 매장은 '동네'를 형성하여 '히무레 빌리지'로 불린다. 1999년에는 '타네야 히무레관'이 2003년에는 '클럽 하리에 히무레관'이 완성되었다.

타네야 히무레야ねや日牟禮の舎

'타네야 하무레야'는 계절에 어울리는 '건축물'로 아름답고 고풍스러우며 정겨운 공간이 되고 있다. 건물 안에는 흙방 구조로 넓게 매장이 위치하며 '히무레 찻집'을 운영하고 있다. 밤단팥죽 등의 간식류, 세이로 무시젠, 계절우동 등의 음식도 판매하고 있다.

---

32) 한 기업이 내세우는 주력 상품이나 대표 상품.

클럽 하리에 히무레관クラブハリエ日牟禮館

참배길 반대편에 붉은 벽돌로 지은 양옥인 '클럽 하리에 히무레관'이 있다. 양과자 '클럽 하리에'의 플래그십 스토어로, 다양한 제품과 함께 바움쿠헨[33]의 제조 공정을 볼 수 있는 유리 공방이 있어 많은 사람들로 붐비고 있다.

매장 뒤편에는 사계절 꽃을 즐길 수 있는 '히모레 가든'이 있어 일상을 잊고 여유로운 휴식을 즐길 수 있다. 가든 테라스 찻집이 있고 갓 구운 바움쿠헨과 커피, 플레이버차flavor tea 등을 즐길 수 있다.

또한 건물 2층에는 '히무레 살롱'이 있어 베테랑 파티시에Patissier의 안내로 과자 만들기의 즐거움을 만끽할 수 있는 '과자 교실'을 열고 있다. 수많은 상을 수상한 파티시에의 상장이 벽에 걸려있다.

'히무레 빌리지'의 방문객의 고객층을 보면 화과자 전문인 '타네야 히무레야'는 압도적으로 중년층이 많다. 양과자 전문인 '클럽 하리에 히무레관'은 가족이나 여성층이 주 이용객이다. 가족이나 단체로 화과자(동양관)와 양과자(서양관)를 함께 즐길 수 있다는 장점이 있다. 주차장의 차량 번호판을 보면 시가·쿄토·오사카·와카야마 등 인근 지역 방문객이 많은 편이다.

3) 타네야 연혁 및 지역 활성화 대책

타네야의 전신은 에도시대 목재상이었다. 이를 시작으로 곡물·뿌리

---

33) 중심에 도넛 모양의 구멍이 있어 단면에 나무의 연륜과 같은 동심원상의 무늬가 부각된 독일의 케이크.

채소의 씨앗을 판매하는 종묘상이기도 했다. 1872년 7대 당주 야마모토 큐우키치目山本久吉氏가 타네이에스에히로種家末廣라는 점포를 열어 시가현 구하치만쵸旧八幡町에서 과자제조업을 시작했다.

그 후 타네이에種家로 상호를 변경했고, 제2차 세계대전 이후에 판매를 시작한 쿠리만栗まん이 인기상품이 되어 현재에 이르기까지 타네야의 토대가 되었다. 1951년에 양과자 부문 제조를 시작하였고(훗날의 클럽 하리에) 1972년에 주식회사 타네야를 설립, 1984년 니혼바시日本橋 미츠코시三越에 입점했고, 도쿄 영업소를 개설했다. 이어 1999년에 오미 하치만에 '히무레야'(화과자+음식)와 오사카 한신백화점 'B-studio'에 바움쿠헨 전문점을 개설했다.

이후 2003년에는 '클럽 하리에 히무레관'을 시작으로 오미하치만近江八幡 '히무레 빌리지'를 개장했고 성장을 거듭했다. 지역 산학 공동 연구 등도 진행했다. 시가대학滋賀大學과 '오미 상인의 역사', 시가현립대학교와는 '고령자용 화과자' 등의 공동 연구를 실시했다(2000년). 또 오미 상인의 역사를 연구하는 '타네야와 오미近江문고'라는 NPO(시가대학과의 산학 협동 연구를 발전시킨 활동)도 시작했다(2004년).

1998년에는 농업법인 '타네야와 농장'을 설립하고 시가노야마사토滋賀の山里에서 무농약으로 재배한 쑥(봄), 고구마(가을), 찹쌀 등을 생산, 제철야채를 화과자 재료로 사용해 차별화를 꾀하고 있다.

매장 장식에 필수적인 꽃을 공급하는 '타네야 농장 아이시키엔愛四季苑'(1998년 설립)과 직원 복리 후생의 일환으로 지역의 쌀을 공급하는 '오니기리 보육원'(2004년 개설)등 지역 밀착형 사업에도 적극 나서고 있다.

지역 활성화와 지역 공헌 활동으로서 '타네야 아카데미'(타네야 과자 직업훈련학교, 1998년), 화과자 업계 최초의 그린 구매 네트워크 가입(1998년), 양돈용 사료화(2001년), 태양광 발전장치 도입(2007년) 등도 있다.

지역 활성화 사업 개발

타네야는 시가현 내 오미 하치만近江八幡의 '히무레 빌리지' 외에도 유사한 관광거점형 매장이 히코네彦根, 모리야마守山, 요카이치八日市 등에 있다. 1998년 개설한 히코네 '미호리야'가 관광 거점형 매장의 시작이다. 일본과 서양식의 환경연출을 접목한 매장으로 도시의 환경연출, 공간창조를 실시하고 있다. 과자 자체를 다루는 '타네야', '클럽 하리에'는 도쿄, 요코하마, 나고야, 오사카, 고베, 후쿠오카 등의 백화점의 식품매장에도 입점하여 전국적인 지명도를 높이고 있다.

제품을 통해 '타네야 클럽하리에'를 접한 고객이 본점이 있는 시가현의 에도시대풍의 매장이나 잉글리시가든이 있는 양관洋館 등을 즐기기 위해 타네야 그룹의 '빌리지'를 방문하는 등 관광거점의 효과도 커지고 있다. 또 최근에는 새로운 형태인 즉석 빵 전문점 '쥬프리탕J'oublie le temps'을 히코네시彦根市에 개설했다(2010년 7월).

이곳은 히코네 미호리노야美濃の舎에 있던 전문점을 독립시켜 카페와 함께 운영하는 신생 업종으로 타네야가 일본과 양과자 제조업에서 상품영역을 넓혀 업종를 확대하는 것을 의미한다.

4) 거리의 지역 활성화 대책의 평가

타네야의 지역 활성화 전략을 마케팅의 관점에서 보면 어떻게 지역자원에 주목하고 어떻게 지역가치로 편집하며 가치를 창조했는지, 또 가치를 어떻게 시장에 전하는지를 다음과 같이 정리하였다.

타네야는 화과자와 양과자를 지역 브랜드화(협의)와 동시에 에도시대풍의 상가와 영국 전원생활 분위기로 음식문화의 정보 발신을 하는 '관광형 매장'을 구축하여 매장이 소재한 도시(오미·야와타·히코네·모리야마·핫카이치 등)의 지역 브랜드화(광의)에도 기여하고 있다. 즉 '상품의 지역 브랜드화'와 '지역의 브랜드화' 등 두 개의 가치를 창조한다고 할 수 있다.

가치의 전달과 제공

타네야는 제품의 제조 과정을 직접 소비가가 보며 재료의 의미와 제품을 즐기는 오미近江의 세시기[34]나 문화적 감성을 전하기 위해 일본과 서양의 특징을 살린 점포 공간을 마련하여 고객에게 제공하고 있다. 매장에서 먹거리와 함께 문화를 즐길 수 있는 가치전달을 도모하고 있다.

또한 시가滋賀 관련 정보지를 발행하여 시가현滋賀県과 오미近江의 풍토 및 문화 관련 내용을(타네야의 소식 포함) 소비자에게 전달하고 있다.

2010년 7월부터는 '히나비鄙美'라는 정보지를 연 2회 정도 발행하였고, 2013년부터는 '라코리나ラ·コリーナ'로 명칭을 변경하였다.

2013년 제2호에서는 특집기사로 오미의 쌀 만들기近江の米づくり를 연재하여 '모심기와 콩밥', '오오시마 신사大嶋神社·오마쯔시마신사奥津嶋神社 이모치오쿠리いもち送り'[35], '오니기리 보육원의 먹거리 교육', 타네야 직원 소개 등 다양한 내용을 다루고 있다.

한편 타네야는 직원과의 인터널 브랜딩Internal Branding도 오랜 기간 적극적으로 펼치고 있다. 사내 콘셉트북을 만들어 경영주인 야마모토 도쿠지山本徳次의 지역이나 제품에 대한 생각을 직원과 공유하고 CEO의 철학에 대한 공감을 통해 고객 응대에 활용하도록 노력해왔다.

기존 상품 판매, 음식 등의 고객 접점 외에도 식재나 조경, 제과 전문가 육성, 지역 문화연구 등을 통해서 적극적으로 지역의 공동체화를 도

---

34) 세시기: 사계절 사물이나 연중행사 등을 정리한 책.
35) 300여년부터 행해지는 횃불을 이용한 신앙적인 행사.

모한다는 점도 주목할 수 있다.

5) 타네야의 신규 사업 계획: 라 코리나 오미 하치만(ラ·コリーナ近江 八幡)

타네야 그룹은 오미하치만시近江八幡市 키타노쇼北之庄에 새로운 거점을 만들기 시작했다. 야와타산八幡山과 서쪽호수 사이에 위치한 이곳은 산과 수자원이 풍부한 지역이다. '라 코리나'(이탈리아어로 언덕이라는 뜻)라는 명칭으로 풍부한 삼림과 호수를 접하고 있으며 화초나 수목, 조류, 가축, 벌레, 물고기가 풍부하게 공존하고 있다.

환경피해를 최소화하는 최첨단 기술과 에코로지(자연철학)와 함께 타네야 그룹이 과자를 만들어 고객에게 제공하는 제조부터 판매까지의 모든 업무를 한 곳에서 하는 콘셉트로 시설 개발을 진행했다. 구체적으로

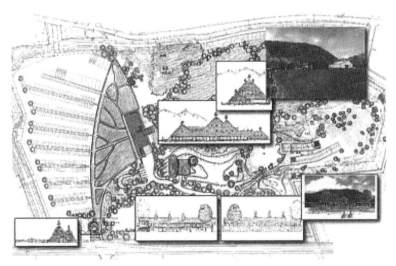

출처: '라 코리나 SIAM' 이미지, 타네야 홈페이지
　http://taneya.jp/news/la_collina/index.html (2014년 3월 22일)

는 3만 5천 평 부지에 숲을 꾸며 종합 매장, 본사, 농원, 보육원 등을 배치했다.

종합매장과 본사건물의 설계는 후지모리 테루노부藤森照信, 농원의 설계와 운영은 고바야시 히로히데小林広英, 조경디자인은 시게노 쿠니히코重野国彦와 추진하고 있다. 2013년 11월 '씨앗과 농예(농원)'가 준공했고 2014년 가을에 종합 매장이 완성되었다.

타네야는 지금까지 '타네야 나가겐지 농원たねや永源寺農園'에서 무농약 쑥과 검은콩을 재배하여 과자의 재료로 사용해왔다. 또 본사에 인접한 '아이시키엔愛四季苑'에서는 각 매장을 꾸미는 산야초를 재배하고 있다. 꽃은 일주일에 한 번 교체하는데, 가게에서 회수한 화초들은 다음 시즌까지 '아이시키엔愛四季苑'에서 소중히 가꾸고 다음 차례를 기다리는 구조다.

이것이 제과점이 할 수 있는 지속가능한 경영의 첫걸음이다. 이 경험을 바탕으로 계획을 우선 '타네야 농예'에서 실천하고 있다. 이곳에서는

농작물과 산야초 재배뿐만 아니라 인근 생산자가 자유롭게 이용할 수 있는 산관학민 공동체를 만들어 일상의 정보교환이나 연구모임을 가질 계획이다. 농업과 원예에 '지혜'와 '기술', 2곳의 '예술(아트)'이라는 세계관을 포함시킴으로써 농작물뿐만 아니라 관련된 종사자들의 의식을 성장시킬 수 있는 우수한 환경으로 만들기 위해 노력하고 있다.

종합 매장인 '쿠사야네草屋根'는 2014년 가을에 개장했고 온통 풀로 덮인 커다란 지붕이 인상적이며 건물 자체가 하나의 언덕처럼 보인다. 랜드마크로 상징적인 나무와 탑을 세운 본사의 건축도 진행 중이다.[36]

6) 지역 활성화 마케팅에 '본다'는 '경쟁 전략'

'타네야'의 지역 활성화 대처는 지방 명과기업의 기업 간 경쟁, 지역 간 경쟁에서의 차별성 및 독자성을 꾀하는 경쟁 속에서 점진적으로 실시한 측면도 있다고 볼 수 있다. '타네야'와 마찬가지로 시가현의 지방 명과 업체인 오쓰시大津市의 카노우쇼우쥬안叶匠寿庵이 70~80년대에 고급화, 노포화 전략을 중요하게 여긴 것에 대한 경쟁의식이 작용했다고 본다.

또 시가현의 화과자 제조회사는 강력한 브랜드파워를 갖고 있는 교토의 화과자 제조회사에 대한 차별화 경쟁 전략이 필요했던 것도 일부 작용한 것으로 볼 수 있다.

오쓰시大津市 '카노우쇼우쥬안叶匠寿庵'과의 비교

'카노우쇼우쥬안'의 본점은 오쓰시大津市에 있다. 이 회사는 오쓰시 교

---

36) 타네야 그룹 잡지 『라 코리나』 2013년 제2호, pp.40-41.

외 산골마을에 '스나이노사토寿長生の郷'라는 매화나무숲 등 자연 친화적인 공원을 개발하여 그곳에서 과자와 차를 마시며 즐길 수 있는 관광 거점을 만들어 '지역개발'을 진행하고 있다. 회사의 공장 시설을 둘러싸고 있는 형태의 지역 개발을 하는 것이 특징이라고 할 수 있다.

그러나 가장 가까운 JR이시야마역石山駅에서 차로 30분 정도 걸리는 산간 지역에 위치하고 회사시설은 도보로 둘러볼 수 있지만 경사가 심하고 자갈길도 있어 주요 방문계층인 노인이나 주부들이 산책하기에는 너무 넓고 걷기도 어렵다. 또한 넓은 부지에 자연을 조성하여 문화시설을 배치한 공간연출은 운영비용이 엄청나 감당하기 쉽지 않다는 단점이 있다.

이러한 점에서도 '타네야'의 전략적 우위가 두드러진다.

제품 전략 부수 기능의 차별화를 넘어

과자업계의 입장에서 보면 시가현의 제과회사는 인근 교토에 있는 회사의 브랜드 파워에 비해 열세였다. 이에 교토 브랜드와의 경쟁의 차별화로 마케팅 이론에서 말하는 제품의 3계층의 가장 외측의 '부수 기능'[37]을 차별화 전략으로 카노우쇼우쥬안의 '스나이노사토寿長生の郷'와 '히무레 빌리지日牟禮ヴィレッジ'를 구축한 것으로 보인다. 교토 시내의 과자 기업은 환경이나 시설의 차별화를 꾀하더라도 공간 제약으로 인해 이런 시도를 하기는 어렵다.

위치설정의 우선순위

또 소비자가 기업 이미지를 설정(포지셔닝)하는 경쟁의 관점에서 보면

---

37) 애프터서비스나 보증 등 부가적인 요소 가운데 고객이 가치를 인정하는 것을 말한다.

한층 더 흥미롭다. 즉 타네야를 활성화한 일본식 공간연출, 양옥과 잉글리시가든을 이용한 서양풍의 환경 연출은 콘셉트 측면에서 보면 매우 간단하고 공간을 확보하면 시작하기가 용이하다. 경쟁사가 선점을 하면 후발 기업이 같은 전략으로 대응하는 것은 동일 지역 내에서는 꽤 어렵다는 점이다. 앞서 이미지를 선점해 버린 기업이 바로 우위를 차지한 브랜딩 전략이라고 할 수 있다.

이에 시가현에서는 타네야 이외의 일본식 과자점이나 양과자점도 동일한 전략을 펼칠 수 없게 되었고, 간사이関西의 과자 관련 회사도 비슷한 전략을 취하기 어려웠을 것이다.[38] 확실히 지역 활성화 마케팅에 있어서도 경쟁 전략이 적용하여 이미지를 빠르게 발신하고 소비자가 인식하고 있는 시장 포지셔닝을 선점한 회사가 앞서게 될 확률이 높다.

2. 홋카이도北海道의 롯카테이六花亭

1) 롯카테이 기업 개요

롯카테이(회사명: 롯카테이제과주식회사名六花亭製菓株式会社)는 홋카이도의 양과자 제조 및 판매업으로 자본금 1억 3,150만엔(롯카테이 그룹), 대표 이사 사장: 오다 유타카(小田豊), 종업원 수 1,320명(정사원 984명, 파트 336명, 2020년 4월 기준)의 기업이다.

---

38) 다른 상품 분야의 예로는 후쿠오카현(福岡県) 가스야군(粕屋郡) 히사야마쵸(久山町)의 식품 회사 치노샤(茅乃舍)는 육수를 고집한 상품 개발과 판매를 하고 있는데, 시골의 옛 민가풍 점포를 활용해 기업 이미지를 유지하고 있는 사례가 있다.

본사 공장은 홋카이도北海道 오비히로시帶広市에 있다. 매장 수는 오비히로 지구에 16개, 삿포로 지구札幌近郊 및 삿포로 근교에 40개, 쿠시로 지구釧路地区에 5개, 하코다테 지구函館地区에 4곳, 아사히카와旭川·후라노 지구富良野地区에 3곳이 있다. 매출액은 약 191억 엔(롯카테이 주요 매장 5개, 2019년 3월 기준)이다.

롯카테이 상품 개요

롯카테이는 현지 도카치十勝 지방의 유제품, 콩 등을 재료로 활용하여 만든 '화이트 초콜릿'(1968년 발매), '딸기초코'등의 초콜릿류와 '마루세이 버터샌드'(1977년 발매)가 대표적인 상품이다.

또 '히토츠나베ひとつ鍋'(사이츄), '다이헤이겐大平原'(마들렌), '시모다다미霜だたみ', '유키야콩코雪やこんこ', '도카치닛시十勝日誌' 등 오비히로帶広나 도카치十勝 지역의 개척사를 의미하는 브랜드 과자를 생산하고 있다.[39]

1개 100엔 전후의 저렴한 가격대의 상품(케이크부터 도라야끼까지 200여종)이 주류를 이루고 있고, 간식 수요를 목표로 하는 마케팅 전략이 특징이다.

롯카테이의 점포 전개

신선도 등 상품 관리를 중요하게 여겨 오비히로帶広 본사 공장에서 제조한 상품을 직영 점포에 공급하는 직접 판매 체제(삿포로도 오비히로에서 배송)가 특징으로 매장은 홋카이도에만 개설한다. 애초에는 도내의 백화점 위주였지만 이후에 오타루小樽 운하나 하코다테函館 고료카쿠五稜郭

---

39) 롯카테이(六花亭)가 소재한 홋카이도 오비히로는 지역 역사가 메이지(明治) 개척 시대 이후로 연혁이 짧고 관광 명소가 적어서 과자의 상표에 사용할 소재가 적은데, 그러한 가운데 브랜드에 대한 연구와 노력이 엿보인다.

등 도내의 관광객이 많은 지역에는 찻집을 겸한 독립 매장으로 입점했다. 또한 환경친화형으로 많은 관광객을 집객하고 있다.

롯카테이 연혁

롯카테이는 1933년 삿포로의 전통 제과기업 '센슈안千秋庵' 오비히로 지점에서 창업했다. 전쟁 이후, '오비히로 센슈안帯広千秋庵'에서 1977년에 상호를 반납한 후 독립하여 현재의 상호를 쓰고 있다. (롯카六花라는 이름은 눈송이의 육방 대칭에서 유래한다).

1978년에는 도내 최대 시장인 삿포로에도 진출했다. 상품을 소개하는 다이렉트 메일(DM)을 통해 고객을 유도했고 개성을 살릴 수 있는 차별화를 위해 포장지 및 포장지에 개척농민이자 화가인 사카모토 나오유키坂本直行의 얼굴을 넣었다.

2) 나카사츠나이 미술촌中札内美術村의 개발

롯카테이는 1991년 오비히로帯広 교외의 나카사츠나이 마을에 있는 신규공장용지, 대지면적 14만 평의 토지에 1만 그루의 떡갈나무를 심어 환경친화형으로 지역 개발을 했다. 광활한 자연 환경의 부지 내에 미술관과 매점, 음식점 겸비한 '나카사츠나이 미술촌'을 완성했다. (공장은 1998년 준공, 현재 팩토리 파크로 운영하고 있다).

이곳에 1991년 사카모토 나오유키坂本直行 미술관(현 기타오다이치 미술관北の大地美術館), 1996년 아이하라 규이치로 미술관相原求一朗 美術館, 1998년 사진 갤러리, 2002년 고이즈미준사쿠 미술관小泉淳作 美術館 등 미술관이 속속 개장했다. 미술관을 둘러싼 숲길 산책로와 야외 예술작품이 있는 공원 등을 조성했다.

시설 내에는 '우동간미도코로ぅどん甘味処, 롯카테이六花亭와 '레스토랑 폴로시리'는 현지 주부가 만드는 수제 주먹밥 등이 인기다.

대표인 오다 유타카小田豊가 아이하라 규이치로相原求一朗 화백의 그림 '코우후쿠에키 2월 1일幸福駅二月一日'을 접한 계기로 숲 속에 미술촌을 건립하는 것을 구상했다. 또한 오비히로의 시내에서 차로 1시간 정도 걸리는 나카사츠나이中札内에 공장을 짓기로 했는데 이유는 연영초 Trillium camschatcense의 대군락지가 있어 연영초의 매력에 반했다고 오다 유타카 대표는 말한다. [40]

연영초는 하얀 꽃이 피는 들풀이다. 오다 대표는 공장 부지를 일반에 공개하여 나카사츠나이 주민들이 이곳에 자긍심을 가졌으면 좋겠다고 했다. 예술로 사회에 기여하고자 한 롯카테이는 '입고 싶은 북쪽 티셔츠 디자인전着てみたい北のTシャツデザイン展'이나 '스무 살의 자화상 콩쿠르' 등 전국 규모의 공모를 매년 실시하며 예술 사업을 지속적으로 추진하고 있다. 입상 작품은 나카사츠나이 미술촌의 미술관과 야외광장에서 전시하여 전국 관광객의 방문을 유도하고 있다.

2007년 9월 나카사츠나이 마을에 '롯카테이 숲'을 만들었다. 아사히카와에서 후라노, 도카치를 연결하는 '홋카이도 가든 도로'의 남단에 위치하며 롯카테이의 꽃무늬 포장지에 있는 화초 숲 만들기를 목표로 10만㎡ 부지에 에조류우긴카エゾリュウキンカCaltha palustris var. barthei 등 토카치와 롯카이六花가 계절마다 꽃이 필 것 같은 곳이다. 이곳에 나카사츠나이中札內미술촌에 있던 사카모토 나오유키坂本直行기념관을 이전 했다.

또 조각가 반도우 마사루坂東優의 작품으로 꾸민 야외 조각관, 모모세 도모히로 미술관百瀬智宏美術館, '사이로サイロ' 관련 갤러리, 꽃무늬 포장

---

40) 『닛케이 아키텍쳐』 2005년 10월 17일 호.

지관, 레스트하우스 '하마나시はまなし', '산반가와三番川' 등을 운영하고 있다.

3) 롯카테이의 문화 창조 활동

롯카테이의 포장지와 패키지에는 사카모토 나오유키坂本直行의 꽃무늬가 새겨져 있다. 그림을 화랑처럼 전시한 본점 2층 레스토랑에서는 지역밀착형 문화 사업을 벌이고 있다.

롯카테이 문고

롯카테이 문고는 2004년 구 삿포로 마코마나이점真駒內店의 갤러리 겸 도서관으로 음식, 재료, 건강 등의 주제로 식문화 역사와 과자 만들기 실용서적 등 도서 7,000권을 전시하고 있다. 또 2007년 10월부터 예술작품을 발표하는 장소로 '롯카테이 파일'(작품을 상자에 보관하고 감상하는 구조)을 만들어 인근 삿포로 마코마나이 롯카테이홀점에서 문화 활동과 더불어 문화정보제공과 교류의 장을 다양하게 제공하고 있다.

콘서트

1982년 창업 50주년 기념사업의 일환으로 '롯카테이데이 세일콘서트'를 시작으로 다양한 콘서트가 열리고 있다. 현재 삿포로 마코마나이駒內 롯카테이홀점은 공연장으로 청년 예술가의 실내 연주회나 유명 예술가들의 신년 연주회 등을 정기적으로 개최하고 있다.

아동시 잡지 '사이로サイロ'

아이들에게 시를 발표할 수 있는 공간을 만들어주고 싶다는 오다 유

타카 대표의 아버지 토요시로豐四郞의 제안으로 도카치十勝 지역의 초중학교 교사들이 협력하여 출간한 것이 바로 아동시 잡지 사이로サイロ다.

창업 50주년을 기념으로 현재까지 게재된 12,000편의 작품 중 120편의 시와 노래를 선정해 담은 CD가 포함된 기념 시집을 발행했다.

그 외에 야나기야 고산지柳家小三治 의 신슈요세세키新春寄席(2월 삿포로) 창업 기념 공연(7월 오비히로), 야나기야 오자토柳家小里의 축하 공연(1월 오비히로帶広 및 구시로釧路) 등 '요세寄席'41)도 개최하고 있다.

4) 후라노(富良野)에 적용한 지역 활성화 노하우

롯카테이는 다이세쓰산大雪山 정상을 바라보는 후라노의 구릉지(약 8만㎡)에 매장, 찻집, 갤러리 등으로 생동감 있는 농촌 경관을 만들었다. 또한 새로운 시설인 '칸파나 롯카테이'를 개설했다.

'종의 탑鐘の搭'이라는 상징적인 건물과 갤러리 '신들의 즐기는 정원'을 설치하고 오비히로帶広 나카사쓰나이무라中札内村와 같이 문화와 자연이 어우러진 시설을 개발했다. 오비히로의 노포인 징기즈칸 레스토랑 시라무쿠白樺를 후라노에 유치하고, 자사 음식점 롯카산장六花山莊을 후라노에 개설하는 등 지역 개발이나 임대 운영의 노하우도 살리고 있다.

앞으로 아이하라 구이치로相原求一朗 화백이나 고이즈미 준이치로小泉淳作 화백 등 롯카테이에 연고가 있는 화가의 미술관도 신설할 예정이라고 한다.

제품개발 측면에서 '후라노의 떡', '포도 오블렛' 등 후라노의 지역성을 활용한 신상품을 개발하고 아이하라 구이치로 화백 오리지널 라벨의 캄

---

41) 사람을 모아 돈을 받고 재담·만담·야담 등을 들려 주는 대중적 연예장.

파나 와인을 개발, 판매하고 있다.

5) 롯카테이 지역 활성화 대책의 평가

가치의 창조

롯카테이의 상품은 '홋카이도 한정상품→홋카이도에서만 구입할 수 있는 특별한 과자→브랜드 인지'라는 개념으로 장소의 희소성이라는 가치를 전하고 있다. 매장이 홋카이도에만 있지만 전국의 고객을 대상으로 한 브랜드로 만든 것이다.

더욱이 롯카테이의 전략은 ①오비히로帯広 도카치十勝 지방의 고품질 팥, 밀, 비트당ビート糖(설탕의 일종), 버터 유제품 등 풍부한 지역자원(원료, 소재)을 활용한 과자상품의 개발(제품의 핵심), ②지역의 자연이나 역사를 소재로 한 과자의 상표나 패키지 등 브랜딩(제품 형태), ③문화적으로 가치가 있고 문화 정보를 교류하는 공간연출로 만든 매장, 혹은 미술이나 자연을 즐기는 공간 시설(부수 기능)이라는 '가치제공의 3개 계층'이 모두 잘 갖추어져 있다. 그 결과 상품의 지역 브랜드화와 지역 자체의 브랜드화(거리의 활성화)가 실현되고 있다고 할 수 있다.

지역의 브랜드화는 지역사람들과 광역으로부터 관심 있는 사람들을 모아서 교류할 수 있는 거점으로 매장이 자리매김할 수 있는 순환이 일어나고 있다.

가치 전달 및 제공

위와 같이 자연, 역사, 문화적인 이야기를 연상할 수 있는 상품이나 매장을 매개로 소비자에게 전달하고, 직원 또한 활기차고 정중하게 고객을 응대한다고 평가할 수 있다. 그렇다면 어떻게 그러한 가치 전달과 제공이 실현되고 있을까. 이는 대표인 오다 유타카의 가치관과 공간에 대한 발상, 그리고 직원들의 생기 있고 정중한 대응 때문이라 할 수 있다.

우선 오다 대표는 교토의 노포 과자점에서의 수습사원 시절에 다도를 경험하여 많은 배움을 얻었다고 한다.

첫째 "다도에는 의식주의 모든 면이 있다. 좋은 공간만으로도 안 되고 다기만으로도 안 되고 대접할 마음이 있어야 하며 그림도 필요하다"[42]는 가치관이다. 그것이 매장 만들기, 문화 활동의 확대에 기여하고 있다.

둘째 "회사 규모가 아니라 시간의 축적에서 오히려 무형의 가치는 쌓인다"는 생각이다. 그러한 신념으로 주력 상품의 제조기법이나 재료의 배합을 바꾸는 등 실험을 통해 시간의 흐름에 따라 완성도를 높이는 노력을 중요하게 여기며 육성하고 있다. 예를 들면 롯카테이의 최고 인기 상품인 히토쓰나베ひとつ鍋는 발매한 지 60년이 지났고 마루세이 버터샌드도 약 40년이 지났지만 여전히 장수인기제품이다.[43]

또한 나카사츠나이 미술촌, 롯카의숲六花の森 등의 공간 창조 차원에서 벽돌로 된 건물과 낡은 병원을 미술관으로 활용하고, 좀 더 나은 환경을 조성하고 있다. 문화활동으로는 '도카치 오비히로 음악제'나 '키타노다이치 비엔날레'처럼 지역자산으로 지자체가 주도하여 계승하고 있는 것도 많다.

롯카테이의 기업 풍토를 조성하기 위해 매일 발행되는 사내 신문인 '로쿠린六輪'도 있다. 신문은 사장의 방침을 전달하는 것뿐만 아니라 현장에서 직원이 터득한 노하우와 일상정보(하루 1개 정보)를 메일로 보내

---

42) 『닛케이MJ』 1999년 3월 4일 기사.
43) 『닛케이비즈니스』 2013년 7월 29일 호.

며, 사장이 편집한 기사를 위주로 하여(인물 사진과 함께) 1987년부터 발행하고 있다.

이러한 사장과 직원의 일상적인 교류는 회사문화로 정착되었다. 직원의 근면함과 더불어 한층 더 참여 의식(engagement)이 높아졌다. 그 결과 현장에서는 고객 만족도가 높아지고 장기적으로 지역의 인식 제고와 지역 활성화로 이어지고 있다. 롯카테이(六花亭)라는 기업 및 직원의 활동은 '시간(時) 축적'에 의한 지역 활성화 실현이라고 할 수 있다.

정리 제2장을 통해서 생각하는 것

▪ 제2장에서 본 지방 제과기업의 '상품의 지역 브랜드화'와 '지역의 브랜드화'는 도표 2-1과 같다. 즉 지역 생산품을 재료로 과자를 생산하여 지역의 고용을 늘리고 제품의 평판을 통해 특산품화하여 지역 브랜드화하여 우선 지역 활성화로서 자리매김을 할 수 있다.
또한 상품 판매에 따른 취식기능이나 지역 제품과 연관된 문화(역사나 예술)등의 정보발신을 통해 교류 기능을 강화하고 점포 공간을 연출하여 지역을 느낄 수 있는 장소로 만들어 지역의 브랜드화를 이루고 있다. 존재를 통해서 많은 사람들의 공감을 이끌어내고 경우에 따라서는 방문을 유도하여 지역 활성화가 진전되는 모델이라고 할 수 있다.
▪ 기업에 의한 지역 활성화와 경쟁 전략을 보면 타네야たねや는 카노우쇼우쥬안叶匠寿庵과의 경쟁관계였고 롯카테이六花亭는 류가츠柳月 오비히로帯広와의 경쟁으로 차별화 및 개성화를 통해 지역 특성을 찾을 수

있었다. 그런 의미에서 경쟁사와의 경쟁이 지역 활성화를 촉진하는 측면이 있다.

〈도표 2-1〉「타네야」「롯카테이」의 제품제조/환경개발을 통한 지역활성화 활동

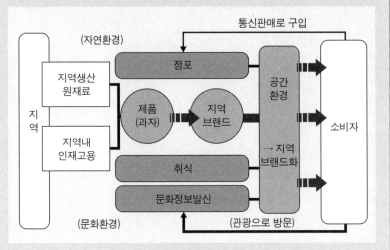

출처: 우츠미 리카内海里香(2012) ABS수업강의 자료를 근거로 보완·수정

제3장.
프로모션

　지역 활성화 마케팅에 있어서 커뮤니케이션과 프로모션에 관한 사례로는 일회성 집객형 이벤트가 아니라 지역의 다양한 공간에서 '시간을 보내고', '체험하는 것'을 가치로 삼는 관점에서 기회를 창조하고 시간과 체험의 편집을 하는 사례를 살펴본다.

1. SASEBO 토키다비(나가사키長崎)

　'SASEBO 토키다비'(SASEBO時旅, 나가사키현 사세보시)는 이전부터 시내 곳곳에서 이뤄진 역사·자연·산업·문화 등 지역자원을 활용한 체험행사와 당일여행프로그램 등을 하나의 브랜드로 통합한 것이다.
　각 지역에서 흔히 볼 수 있는 연 1회 일회성의 집객형 이벤트가 아니라 일상적이고 지속적으로 사세보(佐世保)로 유인하는 기획이라는 점이 'SASEBO 토키다비(時旅)'에 주목하는 이유이다.

이는 외지에서 온 관광객뿐만 아니라 지역주민도 지역의 매력을 재발견하는 기회가 되고 지역을 소개하는 지역 가이드, 체험을 제공하는 기업, 단체, 농원 등이 증가하고 있어 다양한 형태로 지역 활성화에 기여하고 있다.

1) 사세보의 지역 자원

사세보시佐世保市의 지역 자원은 풍부하다. 자연, 역사, 산업, 문화 등이 있는데 이 중에서 첫 째로 꼽히는 것은 자연 자원이다.

사세보는 익곡溺谷인 사세보만 안쪽에 위치한 천연의 양항良港, 항구도시로 히라도平戸섬까지 펼쳐진 리아스식 해안과 아름다운 다도해의 '구주쿠시마九十九島'등의 자연환경으로 일찌감치 지정된 '서해 국립공원' 내에 있다.

근래는 코오도五島의 우쿠시마宇久島도 시 구역에 편입되었다. 산과 섬을 동시에 조망할 수 있는 유미하리다케弓張岳, 에보시다케烏帽子岳와 더불어 북부에 위치한 옛 기타마쓰우라北松浦군이었던 요시이吉井, 에무카에江迎, 코사자, 세치하라 등이 시 구역에 편입되어 산과 바다가 어우러지는 아름다운 지역이 되었다.

두 번째는 역사 자원이다. 사세보는 에도시대에 번성했던 히라도平戸와 나가사키長崎 사이에 위치하여 히라도平戸 가도街道의 숙소였다. 메이지明治(1868~1912년) 시대부터 쇼와昭和(1926~1989) 시대 전까지는 천연의 양항을 살린 일본 해군의 군사항구로 번성했다. 전쟁 후에는 기타마쓰우라北松浦 지역에서 석탄 산업이 번창하여 해상자위대나 미군기지 관련 시설과 흔적을 볼 수 있다.

세 번째는 옛 군항의 자원을 계승한 조선업, 테마파크 '하우스텐보스',
수족관, 동물원, 니시바시西海橋 등 관광자원이다. 연간 관광객 약 500만
명이 찾는 관광업, 상업(일본에서 가장 긴 상가로 유명한 아케이드), 농업(차·과
일), 수산(구주쿠섬의 굴), 도자기(미카와우치야키三川內燒) 등 다양한 산업자
원이 있다.

네 번째는 문화 자원이다. 인접한 히라도平戶·고토五島와 '기독교 문
화'(다수의 교회), 전후의 한 세기를 풍미한 미국 문화(재즈바, 햄버거)도 유
명하며 '하우스텐보스'의 네덜란드(유럽) 문화도 특징이다. 또 해상 자원
을 활용한 마린스포츠(요트 등)도 눈길을 끈다.

2) SASEBO 토키다비 개요: 선택관광+문화 교실+코드기획

'SASEBO 토키다비'는 지역농림수산과 상업시설 등 개인과 기업의
협력으로 체험형 관광과 더불어 가이드와 함께 지역의 매력을 발견하
고 즐기는 당일치기형 여행 등 지역 여행 중심으로 기획하여 지역의 자
연·산업·문화자원을 체험하는 모객형태의 기획 여행(착지형 관광)[44]을
'토키다비'라는 하나의 브랜드로 구성한 것이 특징이라고 볼 수 있다. 관
광상품은 공익재단법인 '사세보 관광컨벤션협회'가 주관하여 토, 일요
일에 집중하여 시행하며 상반기에는 약 30여개 프로그램을 운영하고
있다. 자원별 여행상품을 구분하면 다음과 같다.

---

44) 착지형 관광(着地型観光)이란 여행자가 방문하는 지역(착지)측이 그 지역의 관광자원을 살려
서 기획하는 관광이다. 반면 기존에 많이 있던 여행사들이 기획하는 관광은 발지형 관광(発
地型観光)으로 칭한다. 일본 관광청에서는 '지역 활력 있는 관광 조성 100'(2006년) 등에서
이러한 대책 추진을 장려하고 있다.

- **역사 자원의 가치창조**: 사세보는 옛 일본 해군의 군항이었기 때문에 항구에는 과거 해군기지의 흔적이 남아있다. NHK드라마 '언덕 위의 구름坂の上の雲'의 배경이 되기도 했다. 전후 미군과 자위대의 기지 및 시설이 관광 자원이다. 이런 소재를 다룬 여행 상품으로 '해상 자위대 호위함 견학', '미군기지 견학' 등이 있다. 또한 숨겨져 있는 기독교의 역사를 간직한 천주교 성당이 있는 섬 역사 탐방으로 '구로시마黒島 천주교 성당', '안젤라스 종과 아침 미사 체험'도 있다.

- **자연자원의 가치창조**: 섬지역이 많은 '구주쿠시마九十九島'와 최근의 지역광역권의 합병으로 산과 고원 등 자연자원을 체험하는 프로그램이 있다. '무인도에서 보내는 보름달밤캠프', '요트체험', '구니미숲国見の森 테라피 워크', '아웃도어 더치오븐요리', '농원의 점심' 등이

다. 이러한 자연자원 체험은 일 년 내내 즐길 수 있다.

- **산업자원에서 가치창조**: 지역산업에서는 도자기 '미카와우치三川内 도예체험', 수산업 '참치 해체쇼와 해물 모듬 조식 투어', 농업 '니시카이 귤과 딸기 '사치노카さちのか' 수확 체험과 사탕 만들기' 등 다양한 프로그램이 있다. 또한 음식점도 과거 일본 해군이 지정한 일본요리점(메이지시대 창업), 전후 많은 미국인으로 붐볐던 재즈바 체험 등 '집념'이나 '운치' 등 개성 넘치는 음식이 인기를 끌고 있다.

- **문화자원의 가치창조**: 사세보시佐世保市에는 수족관과 동식물원이 있다(한 도시에 두 곳이 있는 곳은 드물다). 이런 특징을 활용하여 '동물원의 무대 뒤 탐험', '꽃과 초록의 라이프 스타일 강좌' 등이 진행되고 있다.

가치창조

시내의 자연·산업·문화 자원을 신선한 발상으로 응용하여 체험이나 감상 등 이벤트를 다양한 시간소비형 관광프로그램으로 구성하거나 혹은 기존 단체가 개최하는 이벤트를 통합하여 '사세보 토키다비(SASEBO 時旅)'라는 공통 명칭의 브랜드를 만들었다.

가치 전달과 제공

가치 전달로서 'SASEBO토키다비' 평가가 가능한 것은 공감하는 인재의 참가촉진(관여하도록)이다. 현지 가이드 인재육성과 증가에 따른 가이드가 100명(2012년), 기획에 참여하고 동참하는 기업과 단체도 증가하여 단체 수는 13개(2012년)에 이르고 있다.

지역소식지(ミニコミ誌)[45] 활용 등 사무국에서 기획정보에 귀를 기울이고 있다. 또 참가자 전원에게 '토키다비 도시락' 점심을 제공하거나 도시락 포장에 대한 일관성 등 참가자의 참가 의식이나 애착심을 조성하는 안목도 엿볼 수 있다.

경위와 연혁

'SASEBO토키다비'는 2011년부터 본격적으로 시작되었지만 발단은 2004년으로 거슬러 올라간다. 2004년 환경성 '에코투어리즘 추진 모델 지구'로 지정이 된 사세보시는 에코투어리즘 추진실을 설치하고 추진 협의회를 출범했다. 기본 계획은 2006년에 수립했고 그 때부터 지역의 자연이나 문화·역사 등을 관광테마로 우수하다고 판단하여 이를 계승하고자 '에코투어리즘' 활동을 시작했다.

에코투어리즘 양성 강좌를 수료한 사람들이 사세보를 안내하기 시작하며 여행 시나리오를 구상하게 되었고 여러 지역의 자원을 조사하며 지속적으로 지역 자원을 발견하여 자원을 활성화하는 프로그램으로 발전하였다. 2006년 에코투어를 시작하였고, 2008년에는 모니터 투어를 실시했다. 지역가이드의 조직화도 시작되었는데 2009년에 86명의 인원으로 'SGN(사세보 가이드 네트워크)'이 발족되었다.

사세보시에는 '하우스텐보스'라는 대형 테마파크가 있어 연간 약 310만 명(2018년도 기준)이 방문한다. 관광객이 테마파크 호텔에서 1박을 한 후 주변의 관광지로 유도하는 것이 관광활성화의 과제이기도 했다.

이런 관점에서 보면 '토키다비(時旅)'는 하우스텐보스에 방문한 관광객

---

45) 자체 제작 잡지 전반에 대한 호칭, 지역소식지.

이 1박은 당일 옵션 투어를 하는 것으로 정착되었다. 이 상품에 만족한 관광객들은 1박는 물론이고 며칠이고 더 묵고 싶어 할 정도로 프로그램이 충실했다.

시설 체류형 관광객을 자연자원, 역사자원, 산업자원으로 관심을 갖게 하여 시내로 유입 시키고 본질적인 지역가치를 발견할 수 있는 일정으로 여행을 활성화하여 연결시키는 활동이 'SASEBO토키다비'라고 할 수 있다.

또 다른 관점에서 보면 'SASEBO토키다비'를 일상적인 것으로 비유하자면 문화 센터(문화 교실) 일일체험 강좌나 최근 백화점에서 흔히 볼 수 있는 고객 참가형 매장 이벤트(한큐백화점 '뚜벅뚜벅 기획' 등)와 유사한 프로그램이다.

그러나 'SASEBO토키다비'는 자연, 역사, 산업의 실체적인 모습을 체험하기에 문화 센터(문화 교실)나 백화점의 체험프로그램과는 체험경험이 전혀 다르다. 그만큼 감동도 다르다고 할 수 있다.

운영 체제

공익재단법인 사세보 관광컨벤션협회가 사업의 종합창구로써 기획부터 실행까지 현지 관리 기능을 담당하고 있다. 구체적으로는 '니시카이펄시리조트西海パールシーリゾート', '미카와나이三川内 도자기공업협동조합', '세치하라知原 온천: 야마노미스山暖簾'(사사가와 유역에 있는 호텔) 등 '지역 코디네이터'와 연계하여 기획, 운영과 실행을 하고 있다. 협회는 환경지향적 관광가이드 교육을 진행하고(지금까지 약 200명 수강) 현지 가이드를 육성하는 등 인재 양성 활동도 지속적으로 하고 있다.

3) 관광 실적과 효과

'SASEBO토키다비'의 계획은 69개 프로그램이 있으며 실제로 실행 한 것은 44개(첫 해 2011년도)로 약 1,500명이 참가(관광객)했다.

2011년도의 인기 프로그램 '상위 5'를 살펴보면(참가자 수·정원 대비 등) ①해군기지 항구 버스 투어(어른 참가 요금 8,500엔) ②해변 고택 요가&약선(한방)(4,800엔), ③쿠로시마(黒島) 두부 만들기(5,800엔), ④에무카에 슈후쿠지江迎寿福寺·혼진本陣[46] 투어(5,300엔), ⑤사세보 스위츠 클럽(3,000엔, 산지 견학 포함 3,800엔) 등이다.[47]

'SASEBO토키다비' 참가자의 거주지 분포(2011년도 기준)를 보면 사세보 시내가 약 60%로 나가사키현 내(사세보 시 이외) 8%, 규슈九州, 야마구치山口 24%, 추고쿠中国·간사이関西 4%, 간토関東 6%로 구성되었다. 연령 분포를 보면 40~60대가 높은 비율을 차지하지만 중, 장년층에 치우치지 않고 20대, 30대의 참가 비중도 높은 편이다.

참가자들은 "여러 번 갔던 곳인데 처음 온 것 같았다", "역사 수업에서 몰랐던 것을 많이 알게 됐다", "그동안 갖고 있던 현지의 인상이 바뀌었다", "관광가이드와 같은 눈높이에서 흥미를 느끼고 감동을 받았다" 등의 후기를 남겼다(2011년도).

경제적 효과와 사회적 효과: 지역주민의 자부심과 풍요

'SASEBO토키다비'의 효과는 체류형 관광을 늘리는 것뿐만 아니라 지

---

46) 에도시대의 역참에서, 다이묘(大名) 등이 숙박하던 공인된 여관.
47) ①, ②, ⑤는 봄,여름, 가을, 겨울 개최, ③, ④는 가을, 겨울 개최(데이터 출처) 사세보 관광 컨벤션협회(2012).

역 주민도 알고는 있었지만 평소에는 좀처럼 체험할 수 없었던 프로그램도 많아서 지역의 풍요로움을 느낄 수 있다는 것이다. 즉, 지역 주민들이 생활의 풍요를 느낄 수 있는, 중요한 지역 활성화의 역할을 한 것이다.

사회학자 히로이 요시노리広井良典는 '창조적 복지사회로 성장한 후 사회상과 인간·지역·가치(일본 재생의 비전)'(2011)에서 산업화(공업화)로 인해 성장·확대한 시대에는 '세계가 하나의 방향으로 향하는 중에 더 발전해 있다 / 뒤처져 있다'는 시간의 좌표축이 우위였지만(선진국이라는 발상), 성장과 확대 이후의 '정상기'에 있어서는 각 지역의 풍토적, 지리적 다양성과 고유한 가치가 재발견되어 간다. 정상화 사회란 시간에 대한 공간이, 역사에 대해서는 지리가 우위가 되는 사회라고 말하고 있다.

'토키다비'에서는 현지 가이드 인재의 네트워크화, 인력 양성 프로그램의 개발과 정착화 추진, 관광 기회의 제공이나 동참하고 협력하는 기업 및 단체의 증가 등 시민활동의 참여극대화를 곳곳에서 볼 수 있다.

4) 지역 활성화의 단계적 발전

지역 활성화의 발전과정을 볼 수 있다는 점에서도 사세보시의 사례는 흥미롭다. 지금까지 이뤄진 첫 번째는 '사세보 버거' 등 다른 지역민들에게 인지도를 높일 수 있는 명물(제품)의 개발이었다. 다음으로는 '니시카이西海YOSAKOI 소란ソーラン' 등 타 지역민을 대상으로 집객 하는 축제를 새롭게 꾸몄다.

이 '토키다비時旅'라는 시도는 현지 자원에 대한 '공간적인 다양성'을 부각시켰다고 평가할 수 있다. 지역자원의 풍요로움을 인식하고 활용하여 지역 주민도 풍요롭고 일상적인 시간을 즐기고 외지인들이 방문하고 체험하는 지역 활성화의 본격적인 활동이라 할 수 있지 않을까.

성공요인: 정보 기반, 공동체 기반 필요

첫째, 마케팅 기획자(코디네이터)의 존재와 활동이다. 공익재단법인 사세보관광컨벤션협회가 지역 정보를 수집하여 기획하고 협력을 통해 실행에 옮겼다.

둘째, 사세보의 풍요로운 지역 자원을 활용한 점이다. 각 지역과 단체에서 하던 프로그램의 일부를 '토키다비時旅'에 포함하여 실적을 높이고 '토키다비' 참가자가 다른 이벤트에도 참가하는(토키다비로 보면 돌아가는 고객) '상호 Win-Win'의 관계가 되는 것이다.

지역 공동체는 '토키다비時旅'에 관광상품이 되는 정보를 제공하고 프로그램의 실현을 위한 인재를 소개한다든지 지면을 통해 관광 정보를 제공하는 등의 조력자의 역할을 하고 있다.

셋째, 지속적인 인재 육성을 꼽을 수 있다. 지역 가이드 양성과 더불어 '토키다비時旅 학원'을 개설하여 기획력을 제고하는 교육도 하고 있다.

넷째, 국립공원 지정 관광지로 관광·음식 등 다양한 정보를 오랜 기간 축적한 것이 성공의 밑거름이 되었다. 이렇게 'SASEBO토키다비時旅'는 지역의 공간 다양성을 살린 체험형 시간소비를 통해 가치를 사람들(참가자·고객)에게 알리고 공감대를 형성하는 '지역 브랜드'로 자리 잡고 있다. 지역 사람들 또한 그 지역의 매력을 발견하게 되었다.

참여자(고객)의 감동은 구전으로 확산되었고 이에 공감하며 참여하고 있다. 가이드 스스로도 기획의 조력자로서 참여하는 활동이다.

일회성 광역 집객형 이벤트 프로모션이 아닌 지역자원을 활용한 체험(시간)을 디자인하여 일상적으로(계속적으로) 지역에 외지인을 끌어들여 지역민의 활동을 활발하게 하는 계기가 되고 있다. 시민 활동과 같이 깊숙이 뿌리 내린 활동으로 발전했다고 할 수 있다.

2. 홋카이도 IKEUCHI 아웃피터스(홋카이도)

'홋카이도 IKEUCHI 아웃피터스Outfitters'(이하 HIO)는 '홋카이도다움이란 무엇인가, 홋카이도의 우수함을 어떻게 즐기면 좋을까'를 테마로 아웃도어, 음식, 농업, 낙농 등의 각종 체험과 착지형 관광을 소개하는 컨시어지concierge[48] 기능을 하며, '아웃도어·라이프 스타일·네비게이터'의 정보 제공의 거점이 되고 있다.

1) 가치창조

HIO는 홋카이도 각지의 착지형 관광, 이벤트 관광 등의 활동정보를 수집하여 6가지 범주로 정리하고 체계화하고 있다.

구체적으로 보면 첫째, 자연(말타기, 계곡탐방, 산악자전거, 열기구, 번지점프, 암벽등반, 둘째, 산행(둘레길, 노르딕워킹, 하이킹, 트레킹), 셋째, 호수(래프팅, 더키, 캐나디안 카누, 카약), 넷째, (플라이피싱, 루어피싱, 래프트피싱), 다섯째, 동절기(눈길걷기, 윈터트레킹, 스키, 백컨트리), 여섯 째, 취업체험(농업체험, 낙농체험, 어업체험) 등이다.

'SASEBO토키다비時旅' 같은 통일된 브랜딩은 아니지만 한곳에서 정보와 조언이 제공되는 것이 소비자(이용자) 가치라고 할 수 있다.

예를 들면, 2012년 4월~6월 'HIO 아웃도어 칼리지'에는 트레킹, 카누, 자전거, 플라이 피싱Fly fishing, 자연체험, 사진촬영 등의 6개 종목, 아웃도어 40개 종목, 현지체험 15개 종목이 마련되었다.

이러한 활동과 정보를 발신하는 곳은 홋카이도의 지역 백화점 '이케

---

48) 손님의 요구에 부응하거나 대행·안내하는 사람을 가리킨다.

우치'다. 이 회사는 삿포로시札幌市 오오도리大通의 스포츠 매장을 특화시켜 다이마루大丸나 마루이 미츠코시丸井三越 등 대기업과 격전을 벌인다. 삿포로 내 백화점의 경쟁 속에서 생존을 위해 틈새 전략을 펼치고 있다.

'GATE' 관은 점포의 1층부터 4층까지 아웃도어 스포츠 브랜드 14개, 5층은 사이클, 축구, 스포츠 등의 애슬래틱athletic 등 스포츠매장 등 5개 매장이 입점해있어 홋카이도에서는 최대 규모의 스포츠 브랜드 상가로 자리 잡았다.

이처럼 HIO는 스포츠 브랜드, 스포츠 관련 상품의 판매와 연계하여 한층 소비자에 대한 가치를 높이고 있다.

2) 가치의 전달과 제공

HIO의 계산대가 있는 층에는 '숲속 카페'가 있는데 홋카이도다운 공간 연출이 훌륭하다. 이런 주제에 관심이 있는 사람들로 구성한 공동체의 모임장소가 되기도 한다. 2013년 12월에는 'I GATE niseko IKEUCHI'라는 소형매장을 홋카이도 니세코ニセコ 리조트 호텔 1층에 개설했다. 아웃도어 스포츠 브랜드, 카페(숲속카페)와 호텔이나 콘도의 숙박에 필요한 식료품 그로서리(키타노 에이스北野エース)로 구성한 매장이다.

IKEUCHI는 삿포로의 도심과 니세코 리조트 두 곳에서 가치를 제공하게 된 것이며 이처럼 새롭고 독창적인 전략이 소비자(스포츠 이용자·관광객)의 관심과 편의를 어떻게 높여줄지 앞으로가 주목된다.

이러한 착지관광과 각종 체험여행 정보를 집약하여 개별여행자나 여행사 등에 제공하는 것은 여러 지역에서 진행하고 있다(시즈오카현은 이

사업을 전개하는 연계 조직을 2014년에 시작했다)[49]

3. 시부야대학(도쿄)

1) 시부야대학의 개요

시부야대학シブヤ大学(학장: 사쿄 야스아키左京泰明)은 '평생 학습+도시 만들기'를 지원하는 NPO다. 시부야에 거주하는 주민들이 다양한 취미나 교양을 공유하는 강의 주체가 되거나 거리이벤트라는 과목으로 특정 학교가 아닌 곳에서 하는 '강좌' 활동이다. 시부야대학의 수강자(참가자)는 20대에서 30대가 많다. 역으로 생각하면 시부야대학은 이러한 수강생으로 대표하는 소비자층으로 한 다양한 조직 자원(리소스)을 갖고 있다고 볼 수 있다.

뭔가를 알리거나 소비자에게 참가를 독려 할 때 시부야대학에서 '과목'을 개강하는 것, 강의프로그램을 개설하는 것은 젊은 소비자층과 접촉하여 그들이 참가하게 하는 중요한 계기를 얻는 것이라고 파악하기 때문이다.

사쿄 학장도 "시부야대학의 콘셉트는 시부야에 관한 모든 사람과 관계되는 것이다. 일본 지역의 모범적인 본보기로 시부야가 되는 것이다. 시부야대학이 도시 조성에 있어 큰 기점이 될 수 있다면 더 큰 행복은 없다고 생각한다. 시부야대학은 거리를 활기차고 특색 있는 거리로 만들고 싶은 사람에게 자원이나 기회를 제공한다. 이 지역에 거주하는 사

---

49) 『닛케이MJ』 2014년 5월 5일 기사.

람이 학생이자 선생님이 된다"고 설명한다.

시부야대학은 확실히 지역 활성화 활동의 기점이며 이러한 활동의 허브가 될 수 있는 것이다(시부야대학의 활동은 다른 지방에도 알려져 있다). 이러한 노하우를 제공하고 공유하는 대학이 전국에 꽤 많이 있다.

활동 사례 소개

시부야의 지역 자원은 얼마든지 있지만 활동주체의 공통적인 것은 담당자나 고객이 고령화된다는, 앞으로 예상되는 과제를 안고 있는 것이다. 어떻게든 이 문제를 해결 하고자 활동주체가 움직이기 시작했다(이러한 잠재적인 움직임에 시부야대학의 활동이 적합했다고 할 수 있다). 주요 활동 사례를 소개하면 다음과 같다.

① 마루야마마치円山町 다다미방 놀이체험 어묵 요리 '히데ひで': 게이샤 키리에 스즈코芸者喜利의 협력으로 2006년부터 실시(왼쪽, 2008년 12월 20일).

마루야마마치의 다다미방 놀이체험(좌) 메이지신궁의 도토리 줍기(우)
출처: 시부야대학 HP (www.shibiya-univ.net/)

② 메이지신궁明治神宮 숲에서 도토리 줍기: NPO법인 '히비키響' 숲을 만드는 활동에 젊은 층이 참가, 개관식은 1,800명 규모의 홀에서 개최(사진 오른쪽, 2010년 11월 20일).

③ 조엘 로부숑Joel Robuchon! 동경하는 3성급 레스토랑의 무대 뒷면: 포시스·야마지 마코토山地誠 협력.

2) 연혁

시부야대학 창설까지

현재의 시부야대학의 학장으로 시부야대학을 설립하고 양성한 사쿄 야스아키左京泰明는 대학 졸업 후 대기업에 입사했다. 민간사업 노하우를 소셜 비즈니스(제3섹터)에 활용하기 위해서다. 대기업 퇴사 후 미국의 제3섹터[50]가 민간의 노하우를 충분하게 도입한 선진적인 하이브리드형 비즈니스를 둘러보고 '그린버드Green bird'라는 제3섹터에 들어갔다. 이후 일본에서 제3섹터 주도의 새로운 비즈니스 모델을 모색한 결과 행정 주도가 아닌 NPO주도로 '시부야대학'을 2006년 9월에 시작했고 동시에 대표 및 학장에 취임하였다.

강좌프로그램의 추이

시부야대학 강좌의 연도별 추이를 보면 2006년(61개 강좌), 07년(100개 강좌), 08년(119개 강좌), 09년(124개 강좌), 10년(137개 강좌), 11년(79개 강좌), 12년(95개 강좌). 2011년은 지진의 영향으로 기업 지원이 부진한 영향으로 하락했고 2012년은 다소 회복한 상황이다. 시부야대학의 지원

---

50) NPO, 시민단체 등의 비영리법인.

은 60% 정도가 기업의 기부금에 의해서 유지되고 있다. 2011년에는 기업협찬이 끊겨 일부 강좌를 폐강하여 강좌수가 감소하게 되었다.

3) 참가자 계층에 대해서

대상으로 하는 수강생은 "세미나 참석을 위해 5,000엔을 지불할 수 있는 소비자는 아니다. 예를 들면 주부나 회사원은 2-3시간의 세미나에 5,000엔을 지불하지 않을 것이다"라고 한다. 이에 시부야대학의 강좌는 기본적으로 무료이며 증명을 취득하기 위한, 이른바 교육기관을 수료하기 위한 소비자가 대상이 아니고 새로운 학습의 기회나 체험활동이 필요한 소비자층을 대상으로 하고 있다.

구체적으로 2013년 현재 참가자 수는 17,000명 정도로 늘어났고 20~30대 중심의 회사원이 많고 특히 여성이 두드러진다. 사쿄 학장은 시부야대학에 여성이 많은 이유로 '워라밸과 관련 있는 것'으로 분석한다. 즉 여성은 남성에 비해 감성이 풍부하고 강좌의 콘셉트에 민감하게 대응한다. 내면의 심적 변화가 심한 것이 여성이다. 남성에 비해 다양한 고비가 존재하는 것도 여성이다. 그 고비마다 무언가 새로운 깨달음을 얻기 위한 정보 취득의 기회로 여성들이 활용하고 있는 것이다.

수강자 만족은 높은 편

설문을 통해 수강생 만족도를 조사하고 평가가 낮은 강좌의 경우에는 원인을 파악한다. 현재의 만족도는 평균 4.74점(5점 만점)이다. 평균 신청자 수 64.5명(1강좌 당)이며 대부분의 강좌는 추첨으로 진행한다.

평가가 좋은 이유는 수업 코디네이터의 역할이 있기 때문이다. 유행을 기준으로 하는 것이 아니라 본인이 듣고 싶은 수업을 우선으로 명확하게 하여 강사와의 협의를 통해 유익한 강좌를 만들기 위해 노력하는 코디네이터의 역할이 긍정적인 성과로 나타나고 있다.

4) '대학'을 발상의 계기로 다양한 가치창조

'시부야대학'은 '대학'이기에 '강좌', '동아리 활동', 'OB방문' 등 대학에서 하는 기본적인 프로그램을 다양하게 실시하고 있다. '대학'이라는 형식으로 새로운 인식과 활동을 창조해 가는 것이 흥미롭다.

공개강좌: 협업

시부야대학은 자체적인 강좌뿐만 아니라 다른 기관과 제휴하는 강좌도 있다. 다음과 같이 5가지 사례를 소개한다.

① 시부야구 평생 학습 프로그램으로 '사진 촬영 연구'가 있다. 과목은 평범하지만 노인들과 젊은이와의 교류라는 명확한 차별화가 존재한다. 시부야대학의 주요 고객인 젊은 층과 행정의 주요 응대대상인 고령층과 소통하기 위한 허브 기능을 발휘하고 있다.

② 도큐핸즈東急ハンズ: '자전거 유지보수'라는 강좌는 높은 인기를 누리는데 이를 통해 매장 전 층에서 전문 직원이 강좌를 주관하게 되었다.

③ 아사히맥주: '젊은이들이 맥주 소비층에서 이탈'하는 것을 막기 위해 토종 맥주를 만들자는 취지로 시작했다. 연속적으로 인기 강좌가 되었고 경쟁률이 매우 높은 편이다.

④ 시부야 세이부渋谷西武 백화점과 제휴로 '싱크 칼리지'를 개설했다. 주제는 사회적 과제에 초점을 맞춘다. 제휴로 인해 생산한 상품은

시부야 세이부 백화점에서 판매한다.

⑤ 도큐 히카리에東急ヒカリエ: '퓨처 소사이어티'라는 주제로 시부야 인근지역에 제한하지 않고 널리 국내외에서 다양한 사회 기업가를 초빙한다. 동아리 활동과 수업에서 다룬 주제로 시작하여 참가자가 자발적으로 하는 활동을 시부야대학에서는 '동아리 활동'이라고 한다. 예를 들어 매년 여름 파리에서 열리는 야외행사에 시부야대학의 동아리가 참가하고 있다.

또한 시부야대학의 직원이 중심이 된 동아리 활동도 있다. 하라주쿠原宿 오모테산도表参道 캠퍼스, 에비스恵比寿 캠퍼스처럼 지역을 캠퍼스로 정하여 해당 지역의 매력을 소개하는 캠퍼스 지도를 만들어 방문자를 모집하는 프로젝트다. 캠퍼스 관점에서 학생 지도와 OB/OG방문, 업무체험 등을 한다.

그 밖에 파라클라이밍 고등학교 선수가 파리에서 열리는 대회에 참가하는 항공료, 기타비용 등을 시부야대학이 제공했다. 그 학생은 대회에서 1위를 차지했다. 또한 시부야구渋谷区와 공동으로 '시부야 캠프'라는 숙박, 방재훈련도 실시했다.

모델화: 정보공유

'거리를 캠퍼스로'라는 콘셉트로 넓게는 일본 전국을 대상으로 정보 공유 기회를 마련하고 있다. 또 해외에서 문의도 쇄도하고 있어 핀란드 헬싱키, 한국 등 시부야대학의 모델을 벤치마킹하여 실행하고 있다.

5) 가치창조와 가치 전달·제공

　시부야대학의 프로그램에 대해 사쿄左京 학장은 얘기한다. '지역 활성화'라는 표현은 다양한 비언어 요소를 포함하고 있어 매우 추상적이기에 단순하게 '지역 내에서 비활성화된 무엇인가를 활성화시킨다'는 것을 지역 활성화라고 정의했다. 그리고 중요한 것은 '과제'와 '주체主体'이다. 시부야대학의 활동사례로 예를 들면 시부야구, 혹은 에비스惠比寿 상가가 주체에 해당한다. 주체가 안고 있는 과제가, 행정 부문에서는 "젊은 세대에게는 명확한 커뮤니케이션을 하기 어렵다", 상점주는 "폐쇄적인 공동체이기에 다른 곳과 제휴하기가 쉽지 않다" 등이 있다. 그 과제에 대해서는 '어떻게든 지역 자원을 활용하여 과제해결을 할 것인가?'가 지역 활성화의 마케팅 목적이 아닐까.

　또 활용하려는 지역자원도 내부에만 연연할 필요 없이 외부에서 인재나 재원을 조달하는 것도 필요하다. 일본 전국의 지역 활성화 사례를 살펴보면 긍정적 결과를 도출한 것은 대부분 외부 자원을 유용하게 활용한 경우가 많다. 지역민이라도 외부지역에서 활동한 전문가, 즉 지역의 장점을 객관적으로 인식하는 것이 필요하다.

　예를 들어 벳부別府 핫토八湯 온천박람회(핫토온파크ハットウォンパク)는 외지 전문가가 지역자원을 이용하여 현지음식 '야채 지옥찜 요리(지옥온천 찜요리)'를 명물로 만들었다. 또한 지역 활성화는 지역 자원(input; 외부 인재 포함)을 확실하게 가치(output으로 바꾸는 것)로 만드는 것이다. 아웃풋(output)은 다양한 구성이 가능해서 시부야대학은 수업이나 이벤트가 된다. 그중 인풋을 아웃풋으로 바꾸기 위한 '기획'이 지역 활성화에서는

매우 중요하다. 고도의 경험과 감각이 필요하다. 더욱이 개인, 지역, 조직에 어떠한 효과를 가져왔는지가 '결과'가 된다.

사쿄 학장은 시부야대학은 수강생의 감상 등이 결과라고 한다. 그 이후의 장기적인 관점에서의 파급효과가 '임팩트Impact'다. 이처럼 시간 축으로 지역 활성화를 살펴보는 것도 중요하다고 생각한다. 또한 결과를 얻은 사람이 지역 활성화에 관여하는, 즉 주체가 되는 순환이 일어나는 것도 바람직한 지역 활성화가 아닌가? 시부야대학의 경우에도 '시부야 캠프'나 '에비스문화축제'처럼 강좌에 참가한 수강자가 새로운 재능을 발견해서 거꾸로 강사가 되는 사례가 있다.

이와 같이 시부야대학의 활동을 지역 활성화 마케팅의 관점에서 보면 '가치의 창조'는 시민 교양 강좌라는 종래의 문화 강좌의 범위를 넘어 지역 공동체의 다양한 이벤트나 활동, 대학의 강좌로 만드는 기획을 하고 있다.

행사활동을 기획, 운영하고 세미나 OB방문 등을 진행하고 있다. 지역 과제의 해결을 주안점으로 좋은 거리를 만들고자 하는 '방향성', 혹은 지역 과제의 해결을 우선으로 하여 활성화된 거리로 만드는 '방향성(벡터)'을 중시해 강좌로 개설한 것이 기존의 강좌프로그램에 없는 신선함으로 찬사를 받았다. 이러한 '가치의 전달과 제공'은 웹사이트에서의 정보 발신과 수강자들의 구전으로 전해지고 있다. 또한 수강료를 무료로 하는 것은 참가자를 폭 넓은 공동체를 촉진시킬 것이다.

또 다른 가치 제공으로는 수강생(참가자)의 수업 평가를 통해 고객 만족을 중시한 운영이 이뤄지고 있다. 이후 참가자가 강사가 되는 경우도 있어 차기 강의의 주체(강사)로 이어지고 있다.

 '시부야대학' 사쿄 학장은 지역 자원의 착안, 편집(응용)을 통해 지역 가치를 창조하고 무엇보다 적극적인 실행력이 대단하다고 느꼈다. 그리고 지역민 스스로 할 수 있는 것을 가르치고(가치 제공) 알려 주는(가치 향유) 상호의 체험을 촉진하여 지역을 활기찬 활동으로 만들어 가는 것이 시부야대학의 참 모습이다. 시부야대학의 '대학'이라는 명칭은 어떤 의미에서 그릇일 뿐 본질적인 지역 활성화의 마케팅·코디네이션은 이곳에서 이뤄지고 있다.

 '생활학교暮らしの学校'라는 백화점도 있지만 시부야대학의 이러한 발상과 활동을 진지하게 배우면 백화점도 지역 공동체 활동의 바탕(근거지, 기지)이 되거나 또는 활동을 주체적으로 기획·추진해 나갈 수 있지 않을까. 백화점의 지역 활성화에 대한 공헌과 기여도를 절실하게 느꼈다.

정리 **제3장을 통해서 생각하는 것**

▪ 'SASEBO토키다비時旅'와 '시부야대학'의 사례를 통해 정의 할 수 있는 것은 관광도 이벤트·프로모션도 시간소비형의 제품Product인 것이다. 즉, 지역의 이벤트, 프로모션 등을 수단으로 지역의 가치를 창조했다고 할 수 있다.

▪ 공통의 상표(브랜드)로 명명한 것이 의미가 있다. 즉 'SASEBO토키다비時旅'는 '관광'으로 상표를 만들었고 '시부야대학'은 '대학'으로 상표화(브랜딩) 했다. 지역에서 주민이나 관광객을 대상으로 다양한 이벤트, 프로

모션을 공통 상표로 하여 그 가치의 전달력을 높이고 있는 것이다.[51]

■ 고객이 체험에 만족하고 긍정적인 평가를 통해 재방문하여 고정고객이 되었다. 그리고 가치의 수용자가 언젠가는 가치의 발신자가 되는 현상도 자주 볼 수 있게 되었다. 예를 들어 'SASEBO토키다비時旅'는 현지 안내원, 프로그램 제공자로 참가했고 '시부야대학'은 수강생이 강사로 되는 등 가치의 수용자가 점차 가치의 창조와 제공 주체가 되는 순환의 구도를 볼 수 있다. 공감에서 지원과 참가자로 전환되어 공동체를 형성하고 그 관계가 강화된다. 일회성의 집객 이벤트·프로모션과는 다른 지역 활성화의 전략이 되는 것이다.

〈도표 3-1〉「관광」,「대학」등 주제로 지역자원의 편집

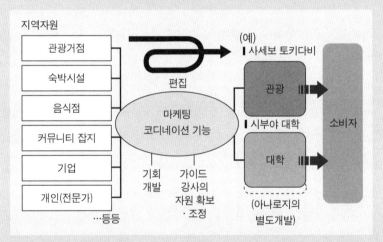

출처: 미야조에 켄시 (2014)

---

51) "아날로지(analogy)"(유추·비유)는 기획 개발할 때 중요 발상 방법이다. 그 테마로 기획을 묶어서 편집해, 소비자가 알기 쉽게, 인식을 쉽게 브랜딩한다.

제4장.
채널(유통)

제4장은, 지역산품을 개발하여 지속적으로 판매를 위한 채널에 대해 알아본다.

주목할 점은 지역 전통산업 기업들이 유통망을 개발하여 거래처를 넓히거나 신규 입점을 통해 신제품개발, 협력사 발굴, 상품 영역의 확대, 새로운 고객층 확보 등 성장을 이루고 있는 사례를 알아본다.

또 판매 전략의 전환을 통해 소비자와의 접점을 늘리고 고객지향을 강화하여 경영능력을 배양하고, 지역산업으로 활성화를 이룬 사례도 알아본다.

1. 하쿠자箔座 (이시카와石川)

금박제품 제조사인 '하쿠자箔座'(본사 이시카와현石川県 카나자와시金沢市) (대표 타카오카 노보루高岡昇)를 소개한다.

가나자와 금박은 금각사와 닛코 도쇼우구日光東照宮 등 건축물부터 직물, 칠기, 병풍 등 미술공예품까지 일본 문화를 화려하게 장식해 온 전통 공예이다. 금박의 두께는 1만분의 1mm로 장인인 경우는 10엔짜리 동전 크기의 금괴를 다다미 1장 분량 이상으로 만들 정도의 기술을 갖고 있다.

용도는 불단이나 불교도구, 칠기의 침금[52]이나 금화, 금실과 도자기 등 전통공예에 필수적인 것으로 금은박의 대부분을 카가햐쿠만고쿠加賀百万石로 유명한 가나자와시에서 생산한다.

1) 하쿠자의 개요 및 연혁

'하쿠자'는 쇼와[53] 초기 창업한 타카오카高岡 금박점을 시작으로 1948년에 타카오카 제박高岡製箔이 법인화를 통해 한층 더 성장하였고, 이후 1976년 하쿠자를 설립했다. 자본금 3,000만 엔에 금박, 은박 및 박(금속을 종이처럼 얇게 편 것)소재를 활용한 식기, 액세서리, 화장품, 예술품 등을 제조·판매하는 기업이다. 통신판매 사업, 부동산 관리 등을 포함한 그룹매출은 약 20억 엔 남짓이다. 국보 츄손지中尊寺를 비롯해 젠코지善寺·기요미즈데라清水寺, 니시혼간지西本願寺, 닛코도쇼구日光東照宮중건

---

52) 칠기에 조각하여 금분(金粉)을 박아 넣은 것.
53) 서기 1926년부터 1989년까지의 일본 연호(年號).

등 전통문화 보존사업에도 참여해 인테리어, 건축디자인 분야의 금박소재 가공 등 매출을 늘려나갔다.

'하쿠자'의 발전 과정을 보자. 하쿠자는 2004년 4월 가나자와시金沢市 히가시야마東山의 히가시챠야거리ひがし茶屋街에 전통찻집 한 채를 개조하여 금박을 콘셉트로 한 매장인 하쿠자 히카리구라箔座ひかり蔵를 개설했다.

세계 최초의 '순금 플래티넘 금박'을 사용하여 금박 본래의 매력과 아름다움을 살린 '금박제품' 형상으로 칠기, 식기 등의 공예품, 가방을 판매했다. 2007년에는 화장품 회사와 함께 피부 보습에 사용하는 스킨, 로션, 세안 비누 등 5종의 기초 화장품을 개발했다. 하쿠자箔座의 독자 기술로 정제해 특허를 받은 '플라티나 금박'을 화장품에 혼합한 것이 특징으로 금박 시장이 해마다 축소되고 있어 새로운 용도를 개발하게 되었다. 매장 외에도 자사 온라인 쇼핑 채널이나 신용거래 등 판매 유통을 확대하고 있다.

2) 하쿠자 니혼바시箔座日本橋 출점

하쿠자는 2010년 10월에 미츠이三井 부동산이 도쿄 니혼바시에 신축한 임대 빌딩 코레도 무로마치コレド室町 1층에 직영점 '하쿠자 니혼바시'를 개점했다. 이 건물은 니혼바시 지구의 상업 활성화를 위해 신축한 건물로 많은 고객이 방문하여 도쿄의 소비자들에게 '하쿠자 니혼바시'라는 지명도를 단번에 높이게 된 계기가 되었다. 매장에 진열한 것은 전통 공예의 금박으로 정성스럽게 만든 식기와 소품이다. 립스틱 등에 금박을 함유한 화장품 '챠야 코스메틱茶屋コスメ'도 인기를 끌었다. 또한 매장 중앙에는 '황금천공黃金の天空'이라는 금박 공간을 만들어 비일상적인

출처: 하쿠자 니혼바시 HP(http://www.hakuza.co/jp/company/shop06_concept.html(2014년 2월2일)

공간에서 금박 체험을 제공한다.

전통기술에 현대디자인 활용

'하쿠자'는 음식, 미용, 라이프스타일에 맞는 금박가공제품을 판매하고 있다. 대표적인 제품은 '점'을 모티브로 한 순금, 플래티넘 금박을 활용한 식기, 가방, 액세서리나 금박의 특성을 살리고 오리지널 하쿠자 문양을 표현한 식탁보, 선물, 옻·목·도자기·유리 등 다양한 소재로 만든다.

또 미용제품으로는 플래티넘 금박을 넣은 기초화장품, 피부관리용 미용금박, 금박이 함유된 메이크업 상품이 있으며 식용으로는 후리카케 등 금박소재 자체를 식용으로 즐길 수 있는 식용 금박, 식용 금박으로 만든 과자, 차 등 다양한 용도로 개발하여 상품구색을 갖췄다.

에도 노포와 협업을 통한 상품개발

'전통기업과의 협업'이 코레도 무로마치의 콘셉트로 같은 건물에 입주한 에도시대부터 역사가 있는 노포(전통 제품 회사)와의 협업으로 상품 개

발 및 판매를 하고 있다. [54)]

예를 들어 가쓰오부시의 전통 음식인 '닌벤にんべん'과의 협업으로 후리즈드라이 스이모노(吸い物)[55)]나 숙성 흑초, 드레싱 등 개발 및 판매를 했다.

니혼바시의 노포 일본식 과자점 에이타로소우혼보榮太樓總本鋪라는 황금처럼 빛나는 엽전 모양의 일본식 과자('잇슨킨바치'라고 하는 긴츠바[56)])에 카나자와의 장인이 금박을 입힌 신제품 과자를 판매했다.

3) 하쿠자의 지역활성화의 마케팅 가치창조

전통공예 기법을 현대의 생활용품에 접목한 잡화와 과자, 식품 등을 만들어 금박의 대중화, 일상화를 도모한 것이 하쿠자의 '가치창조'라고 할 수 있다. 또한 도쿄 니혼바시에 소비자를 대상으로 한 안테나숍을 개설한 것은 니혼바시의 식재료와 과자 노포 전문점과의 협업 기회를 만들어 현대적 디자인의 용도를 포함한 신상품을 개발해 일반 소비자를 대상으로 금박의 인지도를 높이고 있다. 카가봉차加賀棒 및 현지 과자 매장과 협업을 통해 음식, 선물 상품을 판매하고 있다.

가나자와의 금박 제조회사인 '하쿠이치箔一'가 도쿄 아오야마青山에 입점, 디자이너와 건축 관련 전문 매장으로 회사원을 타겟으로 한 것과는 대조된다.

---

54) 협업은 빌딩개발회사인 미츠이(三井)부동산이 제안하고 세입자인 노포 기업(복수)을 협업하여 실현되었다.
55) '아츠모노(羹)'라고도 불리고 술안주도 되는 국물 요리이다.
56) 고구마로 만든 감자를 감싼 것. 구운 과자 종류.

가치 전달과 제공

하쿠자가 이러한 협업상품을 통해 소비자와의 접점 및 구매빈도를 늘리는 전략은 높이 평가할 수 있다.

미술 공예품은 구매량과 수요에는 한계가 있지만 식품, 과자 등은 고객층도 두터워지고 구입 빈도도 현격히 증가한다. 또 간편한 선물 구입으로 연결되면 정보 제공 능력이나 고객도 비약적으로 늘어난다.

또한 이를 통해 가나자와 금박의 인지도가 도쿄의 소비자들에게 확산되어 산업 전반에도 긍정적인 기여를 할 수 있다. 도쿄(니혼바시) 입점은 신규 유통망 확충으로 대도시 소비자에 대한 인지도를 높였다. 니혼바시 에이타로소우혼보榮太樓總本鋪, 닌벤이라는 니혼바시의 노포기업과 협업을 통해 한층 판매망이 넓어지는 계기가 되었다.

4) 입점으로 상품기획의 협업을 통해 이어지는 새로운 가치창조

생활양식의 변화로 화려했던 금불상의 수요가 줄면서 불상이나 불교용품 시장이 축소되고 중국 등 아시아에서 만든 금박이 수입되면서 가나자와 금박 생산액은 감소하게 되었다. (중국에서 제조, 금박을 현지 조달). 2008년 가나자와 금박의 생산액은 20억 엔 남짓으로 1990년과 비교하면 약 7분의 1까지 떨어졌다. 장인은 고령화되고 후계자가 줄어 번정藩政[57]시대부터 전통기술을 전수받기도 어려워졌다.

이러한 마케팅 환경 속에서 산학연계를 통해 새로운 용도 개발을 위한 연구도 오랫동안 진행되었지만 하쿠자가 유통망을 확대해 도쿄에 입점한 것은 단순히 판로 확대, 매출 증가뿐만 아니라 제품 개발 측면, 업

---

57) 영주가 자기 영내에서 행하는 정치.

계에서 꼭 필요했던 사용처를 넓히는 계기를 만들었다.

앞에서 얘기한 것처럼 가나자와의 동종회사인 '하쿠이치'는 도쿄 아오야마에 입점해 디자이너와 건축 관련 전문 매장을 개설해 회사원을 타겟으로 했다. 하쿠이치는 건자재 시장에서 용도를 넓히기 위한 것으로 양사의 전략에 확연한 차이가 있었다.

2. 식칼 공방 타다후사タ ダフサ(니가타)

니가타현新潟県 산조시三条市는 에도시대부터 전통적인 금속 공업의 도시였다. 또한 약 300개의 회사가 모여 있는 산업집적지역이다. 개별 회사뿐만 아니라 여러 회사가 협동으로 지역 활성화 사업을 펼치고 있는데 대표적인 기업이 식칼 공방 '타다후사タ ダフサ'다. 이 기업은 1948년 창업, 직원 11명, 수제 식칼로 연간매출 1억 엔을 올리는 전문기업이다.

수요 감소와 저렴한 외국산 제품에 밀려 매출이 감소하여 경영에 곤란을 겪고 있었는데 3대 사장 소네 다다유키曽根忠幸가 2011년부터 새로운 전략을 펼치고 있다. 이는 회사의 경영활성화와 쓰바메산죠燕三条 지역의 활성화로 연결되었다.

1) 새로운 채널 개척: 콘셉트에 부합하는 Web 채널 활용

타다후사タ ダフサ는 산죠시내의 금속가공회사(아이다 합동공장相田合同工場, 이마이노미 제작소今井ノミ製作所, 히라키 가위제작소平木鋏製作所, 미즈노제작소水野製作所)와 협력하여 아마존이 운영하는 일본 각지의 전통 공예품이나 기술, 제작과정을 소개하는 '장인 전문 쇼핑몰'에 입점하여 새로운 유

통을 개척했다(2013년 7월). 이들은 공통적으로 괭이나 원예용 가위, 식칼 등을 오랫동안 만들어 왔으며 독자적인 기술력을 갖고 있다. 쇼핑몰은 5개사의 제조에 대한 집념을 소개하며 금속제품 800여 점을 판매하고 있다.

산죠시三条市도 대장장이 문화 계승을 목표로 지역 금속가공업 지원을 강화하고 있으며 금속제품의 인터넷 판매를 확대하여 지명도를 높고 있다. 또한 2013년 4월부터 아마존과의 공동연구를 통해 금속제품 인터넷 판매를 준비해 왔다. 또 '타다후사'는 대기업 통신판매뿐만 아니라 개성적인 라이프 스타일을 추구하는 쇼핑몰 입점에도 노력을 하고 있다.

예를 들어 현대적인 라이프 스타일을 제안하는 홈쇼핑 사이트 '북유럽, 생활 도구점'이나 일본의 수제 소품도구 'cotogoto'에서 판매하며 현대적인 라이프 스타일을 인식하고 이해하는 감성파 소비자들에게 새로운 이미지를 전달하고 구매 동기를 부여하고 있다.

2) 가치창조와 전달·제공 취급 상품의 추출

'타다후사'는 2011년부터 경영 재건에 착수, 다양한 시책을 시작했다.[58]

첫째, 상품 구성의 단순화다. 고급기술이기에 기술을 중시하거나 제품 지향의 제조사라는 것은 부인할 수 없다. 고객의 요구에 따라 다양한 제품을 개발, 제조하기 때문에 900여 종이 넘는다.

---

58) '타다후사'는 나카가와 마사시치(中川政七) 상점의 전통공예기업 컨설팅 비즈니스에 의뢰해 나카가와 준(中川淳)의 제안·자문에 의해 경영개혁이 진척되었다.

타다후사는 양배추용, 양상추용, 배추용 등 수많은 용도별 칼을 생산했다. 하지만 일회용 제품 등 다품종으로 인해 재료비, 제조비용이 높아지고 재고 부담 등 경영에 상당한 압박이 있었다. 소비자들도 너무 많은 상품이 있다 보니 구매 선택이 어려울 정도였다.

우선 판매량을 기준으로 100종으로 줄였다. 일반 초보자용은 만능 식칼 중간 크기와 작은 것 등 2종류로 단순화 시켰으며 만능 식칼 큰 것, 무늬칼 대, 소와 생선회칼 등으로 품목을 줄였다.

유일한 대표상품 개발

기존의 제빵용 칼은 칼날 전부가 물결무늬로 되어있어 빵 부스러기가 잘 생기는데 타다후사는 끝부분만 물결무늬로 제작해 빵을 자를 때 쉽게 자르고 단번에 잘라내서 자른 부분이 깔끔하고 빵 부스러기가 생기지 않도록 개량했다. 부엌칼 전문회사만이 만들 수 있는 제품이라는 것을 홍보하며 판매를 시작했다. 타다후사로서는 기존의 주력제품인 '일본식 칼'에서 사용빈도가 높은 '서양식 칼'로 제품군을 옮겨 제품의 용도를 넓히는 변신을 시도했다.

고객과의 관계를 추구하는 새로운 전략

새롭게 변신한 '타다후사'는 독특한 판매방식을 고수했다. '타다후사'의 제품을 구입한 고객과 소통하는 의미로 식칼에 딱 맞는 패키지(포장)를 개발했다. '사용 의견서'를 동봉하여 제품의 유지관리와 점검을 할 수 있고 경우에 따라서는 구입한 칼을 패키지에 넣어 보내면 교환(유료)할 수 있는 서비스를 시작했다.

2012년 1월부터 식칼(8,500엔)을 판매하기 시작했는데 여성 잡지 등에 소개가 되면서 주문이 쇄도해 단 기간에 매월 250개를 판매했고 매출

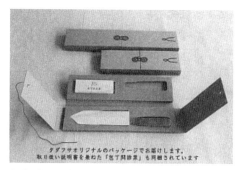

출처: 일본 수제품·생활도구판매점 cotogoto HP
http://www.cotogoto.jp/category/124.html
(2014년 2월2일)

도 50% 이상 늘었다. 패키지에는 에어쿠션을 넣어 고객이 간단하게 제품을 회사로 보내면 칼날을 점검하거나 갈아서 다시 고객에게 보내준다.

예전처럼 제품, 품질 위주로 제조사의 관점에서 일방적인 메시지를 보내기 보다는 제품의 사용법을 제안하여 사용가치를 전달하는 동시에, 제품의 유지보수를 촉진하고 오래 사용할 수 있도록 한다. 즉 소비자와의 관계지속을 오랜 기간 지속한다는 점을 중시한 것이다. 이에 고객과 타다후사 간의 소통이 원활하게 되어 신뢰성과 충성도가 높아졌다.

3) 대처에 대한 평가

고객 지향의 획득과 사회적 효과

제조사는 유통망을 갖추면서 한층 더 가치 소구를 소비자의 사용 관점에서 바라보는 기업이 되었고 어떤 의미에서는 고객과 직접 접촉하는 소매업으로의 전환이라고 할 수 있다(제조 소매업).

이런 변화는 한층 더 새로운 효과를 발휘했다. 그동안 인기가 없었던 전통공예를 청년층이 직업의 대상으로 관심을 보인 것이다. 또, 산죠시의 다른 회사도 '타다후사 벤치마킹'으로 새로운 사업에 도전하기 시작

했다. [59]

지역산업 차원의 새로운 이벤트 프로모션 개발: '공장 축제'

칼, 가위 등 다양한 금속제품 회사가 모여 있는 니가타현新潟県 산죠시三条市와 쓰바메시燕市를 합친 쓰바메燕三条 산조 지역은 '타다후사'를 시작으로 여러 기업이 공동협력에 함께 하기 시작했다.

2013년 10월에 개최한 쓰바메 산조 '공장 축제工場の祭典'라는 프로모션이다. 쓰바메산조의 금속 관련 공장 약 50개 사가 일제히 공장을 개방하여 견학·체험할 수 있는 행사로 2019년 10월 3일부터 6일까지 5일간 열렸다. 관계자는 앞으로 장인의 기술과 매력을 체험할 수 있도록 학생, 사업주들에게 제공하고 전통기술을 계승하는 역군을 늘리고자 기획했다고 한다.

주최는 현지 기업이 주축이 된 실행 위원회(위원장: 소네 다다유키曽根忠孝, '타다후사' 사장)로 행사 첫 날 '타다후사'의 공장을 기자들에게 공개했다. 800~900도로 달군 강재를 두드려서 재질을 강하게 만드는 단조를 시작으로 20여 가지 작업을 거쳐 식칼이 완성되기까지 장인들의 기술을 선보였다. 또한 축제에서는 제품 만들기 체험 코너를 마련했다. 산조시의 쿠니사 다이사토国定勇人 시장은 인사말을 통해 '아이들에게 제품 만들기에 대한 인식을 제대로 심어주고 싶다'는 의의를 강조했다.

쓰마베 산조의 제조 산업은 국제경쟁 심화 및 기술혁신 등의 영향을 받아 공동화를 피할 수 없게 되었다. 산조시는 2000년에 약 860개 기업이 있던 제조 거점이었으나 2010년에는 597개 까지 줄어들었다. 심각한 위기감을 느낀 회사들은 스스로 시장을 개척하는 제안형 사업전략을

---

59) 2014년 1월 30일, TV도쿄 '캄브리아 궁전'에서 소네 츄이치로(曽根忠一郎) 회장 의견.

강화하고 있다. 타다후사도 사업 주력을 식칼에서 제빵 칼로 확대하고 직영점 개설을 추진하는 등 소비자 요구에 밀착한 전략을 추진하고 있다.

소네曾根 사장은 "공장 안에서만 작업을 하는 장인이 고객과 접촉하면 신제품을 만들거나 제품의 매력을 전하는 등 기술 향상으로 이어진다"며 사내활성화에도 기대를 걸고 있다. [60]

3. 지방 지자체의 도쿄 안테나숍

지방 지자체의 '안테나숍'이란 각 도도부현都道府県 시정촌(일본의 행정 구역)등이 지역 정보를 알리기 위해 운영하는 매장이다. 주요 내용은 특산품 홍보 및 판매(판로확대), 관광정보 제공, 행사 개최, 귀농생활(U턴, J턴, I턴) 상담이 이뤄진다. 레스토랑·찻집이 있는 매장도 있다.

도쿄도 내에는 안테나숍이 54개(34개 광역자치단체, 20개 자치단체)가 있으며 제1호점은 2001년에 개설되었다. 안테나숍은 매년 증가하고 있으며 최근 몇 년간 약 5개 매장이 신설되었다. 연간 매출은 2개 매장이 7~10억 엔, 1억 엔을 넘는 매장이 또한 24개가 있다. [61]

1) 미에현三重県 테라스의 사례

2013년 9월에 개업한 최신의 안테나숍으로서 미에현三重県의 '미에 테라스三重テラス'를 소개한다.

---

60) 『산케이신문』 2013년 10월 2일.
61) 『산케이신문』 2014년 1월 31일.

미에현은 도쿄도내 노른자위 땅에서 특산품의 매력을 알리고 수도권의 판로개척과 지역 브랜드화를 위해 수도권의 영업 거점 '미에 테라스'를 도쿄 니혼바시日本橋에 있는 코레도 무로마치コレド室町 인근 건물 1·2층에 개설했다. 각 현의 상품 판매와 음식점뿐만 아니라, 행사를 할 수 있는 대규모의 다목적 공간을 둔 것이 특징이다.

출처: 렛츠앤조이 동경 HP http://antenashop.enjoytokyo.jp/tour/(2013년 5월21일)

다목적 공간에서 정보 전달 및 가치 전달

2층 다목적 공간은 약 190㎡로 최대 70석까지 수용이 가능하다. 지역 기초자치단체와 연계한 특산품전이나 관광홍보 등을 일 년 내내 개최할 수 있다. '쿠마노熊野 옛길 세미나'와 '여권 신장 미에三重 강좌', '해녀를 테마로 한 작품전' 등 다채로운 이벤트가 거의 매일 열리고 있다. [62]

2013년 11월에는 제1회 '지사주최 간담회'로 미에현三重県 스즈키鈴木 지사와 가부키 배우 카타오카 아이노스케岡愛之助가 참여했다. 지사 간담회는 월 1회 열리고 있다. 또 무료대관으로 현내県内에서 주최하는 행사도 적지 않다. 츠시津市는 월 1회, '츠데이っデイ'를 개최하여 시의 역사나 산업 현황 등을 홍보하고 있다.

물품판매구역: 지역특산품을 도쿄에 소개, 제안, 판매 거점

이곳에서는 이가야키伊賀焼의 뚝배기나 이세伊勢우동, 생선포 등 약 1,000점의 미에현 공예품 및 특산품을 전시한다. 차분한 분위기의 매장에 재즈가 흐른다. 매장 안에는 화려한 캐릭터를 앞세운 상품은 없지만 '세련된 소품' 등으로 가득하다. 식료품, 생활 잡화 등이 깔끔한 분위기로 전시되어 도쿄의 소비자들에게 지역정보 제공이나 관광지에서 구입한 특산품의 재구매를 촉진하고 있다.

미에현의 생산자 입장에서는 도쿄에 확실한 판매처가 있어 유통망으로 효과가 있고 매장에서 직접 소비자의 의견을 생산자 측에 전하여 반응을 점검할 수 있는 마케팅 리서치 거점으로서도 역할을 하고 있다.

---

62) 2013년 4월, 지역활성화센터 조사.

상품 구성의 핵심은 외부 관점

'미에 테라스' 매장 운영주체는 미에현이지만 생산품의 매입이나 인테리어 등은 도쿄 치요다千代田의 '리틀 디자인 뱅크(사장: 츠카모토 타로塚本太朗)'가 담당한다. 츠카모토 사장은 영국 고급 가구점 '더 콘란 숍The Conran Shop' 출신으로, 학창 시절 영국 여행 중 들렀던 더콘란숍의 세련된 디자인의 가구와 잡화에 매료되어 1994년 일본에 진출과 동시에 판매사원으로 시작을 했다.

바이어가 되기 위해 1998년 독립했다. 츠카모토塚本 사장의 업무는 상품구매나 시설 운영 지원 등이지만 단순히 물건매입이나 선정뿐만이 아니라 상품개발까지 참여하는 것이 특징이다. 예를 들면, '미에 테라스'는 기모노 판매 감소 일로를 걷던 '이세모멘면伊勢木綿'과 함께 일본식 감각을 접목한 손가방이나 책 표지 등을 개발했다.

그 밖에도 수도권의 소비자가 선호하는 포장디자인의 혁신이나 신상품을 제안하고 있다. 대부분의 상품은 인터넷 통신판매로 이뤄진다. 이에 "다른 회사와 유사한 제품을 판매해도 어쩔 수 없다"는 위기감이 츠카모토 사장이 상품개발을 하게 된 계기다. 그는 "소량 생산이 가능한 회사는 많고 독창적인 상품도 만들기 쉽다. 상품의 역사와 제조회사의 철학을 소비자에게 어필하면 판매할 수 있는 상품은 아직도 많이 있다"고 한다.

2) 안테나숍의 향후 방향성

'미에 테라스'는 '미에三重 응원단'을 모집하고 있다. 미에현 출신자들에게 이벤트 참가를 유도하고 공유사이트SNS에 홍보하도록 권유한다. 이처럼 지방자치단체의 안테나숍이란 지역의 산품을 손쉽게 구할 수 있는 유통망으로 그 지역의 관광이나 문화 정보를 발신하는(그 지역의 가치를 전달하고 제공하는) 전초기지다.

특히 최대 소비지인 도쿄에 거점을 두는 것은 지자체 입장에서는 인지도를 높이기 위한

출처: 미에테라스 페이스북 페이지 https://www.facebook.com/mieterrace(2014년 2월 2일)

거점이며 중요한 판매 거점이 되는 것이다. 앞으로 미에현의 경우처럼 기존의 일방통행이 아닌 지역과 외지인 혹은 그 지역출신자들과 정보교환 및 정기적인 교류를 할 수 있는 거점으로 사회적인 공동체형성 및 교류할 수 있는 기능이 생길 것으로 기대된다. 이를 통해 구체적으로 공간이 어떤 기능을 갖춰야 거점으로의 가치가 높아질 것인지, 앞으로 지속적으로 변화와 노력을 해야 한다.

4. 소매업: 양판 채널 활용

양판점이나 편의점과 같은 다수의 매장을 지역에(혹은 전국적으로) 개설하는 소매업은 지역 산품(좁은 의미의 지역 브랜드)의 판로로서 중요하다. 백화점 판매는 소비자를 대상으로 브랜드 인지도를 높이고 상품의 이미지나 신뢰성을 높이는 효과가 있는 반면 양판점이나 편의점은 안정적인 매입량(생산자에 있어서는 생산량)을 확보할 수 있는 점이 특징이다.

훼미리마트[63]

훼미리마트는 돗토리현鳥取県과 지역 활성화를 위한 포괄연계협정을 맺었다. 현지에서 생산하는 식재료를 사용한 제품 개발·판매나 현県의 관광 정보 발신, 비닐 봉투 절감 등 환경지향정책에 협력하기로 했다. (2012년 10월 발표).

2012년 10월 17일부터 츄고쿠中国 지방의 훼미리마트는 약 400개의 매장에서 다이산大山 닭을 사용한 '치킨 남만 도시락'등 현지 생산 식재료를 사용한 상품 6종을 판매하기 시작했다. 현県내 46개 매장은 토후치쿠와とうふちくわ' 등 현지 생산품 위주로 판매코너를 상설하는 것 외에 현정県政·관광 정보 안내책자의 전용 거치대도 설치했다.

로손LAWSON

로손은 군마현群馬県과 2012년 '지역활성화 포괄연계협정'을 체결하고, 군마현 산품을 사용한 상품 개발(6개 품목)을 하였으며 아카기赤城산 떡돼지 불고기 덮밥, 군마현 생산 블루베리잼 레어치즈 풍미 크림 빵等 간토関東 코신에츠甲信越 지방의 로손에서 판매한다. 또, 2013년 5월에는 일본의 현지 식재료의 인터넷 판매를 확대할 목적으로 지방의 희소제품을 인터넷으로 판매하는 '음식문화'와 '음식 마케팅'을 설립했다. 추가적으로 인터넷으로 취급하는 지역 식자재를 300개에서 1,000개로 확대했다.

---

63) 『닛케이MJ』 2012년 10월 22일자 기사.

▪ 일반기업의 판매채널 전략을 보자. 첫째, 직접 판매를 할 것인가? 위탁 판매를 할 것인가? 둘째, 소비자와의 판매 접점(소매)은 매장인가? 인터넷인가? 셋째, 매장개설을 위해서는 어느 곳을 선택하든지 입점을 해야 한다. 지역 활성화의 마케팅에서도 생산자(가치 창출자)는 어떤 선택을 해야 할지 전략을 세워야 한다.

▪ 첫 번째의 경우를 보면 1장에서 본 나카가와 마사시치 상점은 직영점포를 통해 가치 전달을 확고히 했다. 2장에서 타네야たねや와 롯카테이六花도 플래그십 매장을 강화했고 하쿠자箔座도 도쿄에 진출하여 도쿄의 노포기업과의 협업을 통해 상품 개발을 확대했다.

▪ 세 번째의 경우는 전략적으로 목표 대상 고객에 따른 유통망 선택, 매장 입지 선택이 중요하게 여겨진다. 하쿠자는 소비자를 타겟으로 도쿄 니혼바시日本橋에 매장을 개설했다. 가나자와金沢의 동일 업종 회사는 건축가·디자이너 등의 전문가를 대상으로 설정하여 아오야마青山에 매장을 개설했다. 또한 도도부현(都道府県)의 안테나숍은 도쿄 등에서 단독으로 개설하지 않고 같은 업종의 안테나숍이 여럿 있는 긴자銀座 유라쿠쵸有楽町나 니혼바시에 진출하여 다른 현県의 물건을 매입하거나 인지도를 높이는 전략을 택하고 있다.

매장의 의미에는 여러 가지가 있지만 우선 소비자의 인지도를 높이는 정보 제공(가치의 전달) 거점을 하는 기능이다. 예를 들어, 타네야나 롯카테이의 관광형 점포 등이 좋은 예이다. 둘째는 바로 판매 거점이다. 가치의 제공하는 거점이라는 것이다. 셋째는 도도부현都道府県의 안테나숍과 같이 현지와 도시지역을 쌍방향으로 연계하는 기능도 있다. 지역 출신인 소비자는 해당 도도부현의 안테나숍을 중심으로 교류를 할 수 있다.

그리고 외부의 창의적인 전문가와 상품 개발, 사업 개발, 가치창조의 계기가 되는 경우도 있다. 가치의 창조나 인재 등 지역자원 향상을 창출하는 의미도 있다.

■ 지역 제조업체가 고객과의 직접적인 접점을 구축함으로써 회사의 혁신을 꾀할 수 있다. 금속 가공제조업체인 타다후사タダフサ는 소비자와 긴밀한 소통을 통해 반복 수요를 확보하고 기술 및 제품으로 승부하는 획기적인 전환을 도모하여 지역과 전국을 연결하고 있다.

인터넷도 새로운 판로라고 할 뿐 아니라 공동체를 조성하는 장으로 만들고 소비자가 모일 수 있는 공간으로 의미가 있다. 그러한 고객과의 관계를 형성하고 육성하는 장으로 인식하고 활용해야 할 것이다.

제5장.
지역 활성화 마케팅모델

제1장부터 제4장까지는 지역 활성화 사례를 살펴보았다. 이러한 사례를 바탕으로 지역 활성화 방안을 '지역 활성화의 마케팅 모델'로 도출하고자 한다.

'지역 활성화 마케팅 모델'의 개념

제1부에서는 지역 활성화 전략에 있어 단순하게 기업이나 대형 상업시설, 레저시설의 유치가 아니라 지역의 자발적이고 내발적인 대처를 하는 것, 또한 일회성 집객이나 화제성 이벤트가 아닌 해당 지역에 본질적인 생활의 풍요로움을 전달할 수 있는 활동을 지역 활성화전략의 바람직한 모델로 다양한 사례를 통해 살펴보았다.

그리고 지역 활성화를 마케팅의 관점에서 보면 "지역 활성화란 그 지역의 본질적인 생활의 풍요로움을 위해 '지역 자원'에 착안하고 편집하여 지역에 특성을 살리는 '지역 가치'로 만든다(가치의 창조). 그리고 그 가치를 시장(개인이나 기업·단체 등)에 발신하고(가치 전달) 가치를 실현하는 (가치 제공) 활동이다"라고 한다.

또한 '가치창조', '가치 전달', '가치 제공' 등 각각의 단계에서 다양한 사례를 통해 정리할 수 있다.

1. 지역 자원을 지역 가치로(지역 가치창조)

첫째, 지역 가치를 창조하는 것은 ①지역 자원의 착안과 ②지역 가치 편집으로 구분 할 수 있다.

1) 지역 자원의 착안(지역 자원 찾기)

지역 활성화를 추진하는 것은 지역 곳곳에 존재하는 소재를 지역 활성

〈도표 5-1〉 지역활성화의 마케팅 모델 ①: 가치의 창조

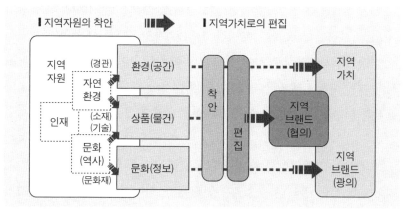

출처: 미야조에 켄시 (2012)

화를 위한 '지역 자원'으로 선택하는 것, 즉 착안하는 것이다(도표 5-1 참조).

　그렇다면 무엇을 지역 자원으로 선택할 것인가? 지역의 어떤 소재를 지역 자원으로 볼 것인가에 대한 선택이 중요하다. 대상에 대한 내용은 연구자들에 따라 다양한 견해가 있다.

　사사키는 지역이 갖고 있는 자원을 자연, 지방 산업, 역사·문화에서 만들 수 있는 것으로 ①특산품 ②관광 ③문화·환경 등 세 가지로 구분할 수 있다고 했다.[64]

　칸은 지역 자원은 실로 다양하고, ①자연자원인 광물자원, 온천, 해양, 산악지대 등의 경관 ②역사자원인 유적, 건축물, 거리풍경, ③산업자원으로 농림업, 축산업, 수산업, 생업, 제조의 역사, ④생활 자원으로서의 전통 음식, 생활 형태 등이다[65]. 종합적으로 '자연과 마주하는 사람과 영위하는 모든 것'이 지역 자원이다.

　다무라는 소비자가 관심이 많은 지역 자원을 크게 나누면 ①역사유산 ②녹지 ③도시 ④향토문화로 나눌 수 있다. 또한 향토문화의 네 가지 구분으로 ①명소·옛터, 역사·전통, 거리·경관, 공예·공업 ②자연, 기후·풍토, 농수축산물, 온천, 기념품 ③상업시설, 오락시설, 숙박시설, 미술관·박물관, ④이벤트·축제, 향토 예능, 현지 요리로 나눌 수 있다.[66]

사세보의 지역 자원

　사례를 통해 예를 들면, 사세보시佐世保市의 지역 자원으로서 자연, 역

64)　사사키 가즈나리(佐々木一成), 2011, 『지역브랜드와 매력 있는 거리 만들기』, 학예출판사.
65)　세키 미츠히로(関満博), 2012, 『지역을 장식하는 일하는 방법』 치쿠쇼보(筑摩書房).
66)　다무라 마사노리(田村正紀), 2012, 『관광지 어메니티』, 하쿠도우(白桃書房).

사, 산업, 문화의 관점에서 자원을 정리해본다.

그 첫째는 자연자원이다. 사세보는 천연의 양항良港(좋은 항구)에서 발전한 도시이며 멀리는 히라도平戸섬까지 펼쳐져 있는 리아스식 해안과 아름다운 다도해의 '구쥬구시마九十九島' 등 자연을 품고 있다.

또한 섬을 조망하는 '유미하리다케弓張岳', '에보시다케烏帽子岳' 등의 산도 시내에 있으며 옛 군부였던 산간마을山間部 등도 시 구역으로 편입되어 바다도 있고 산도 있는 아름다운 도시가 되었다. 둘째, 역사 자원으로 에도 시대에는 히라도平戸와 나가사키長崎를 잇는 히라도 거리의 역참[67]이 있었으며 메이지明治(1868~1912)에서 쇼와昭和(1926~1989) 이전에는 일본 해군의 군항으로 번성했다. 전후戰後에는 기타마쓰우라北松浦지역의 석탄 산업이 번성해 해상자위대나 미군기지의 관련 시설과 사적을 볼 수 있다.

셋째, 산업자원으로는 옛 군항의 자원이 계승한 조선업, 테마파크 하우스텐보스 수족관, 동물원 등의 시설로 연간 관광객 약 500만 명이 찾고 있으며 일본에서 가장 긴 건물형태로 유명한 아케이드 상가와 상업, 차·과일 등 농림업, 99개 섬과 해산물 등 수산업, 도자기(미카와치야키, 三川內燒) 등 다양한 자원이 있다.

넷째, 문화자원으로는 인접지인 히라도平戸 고토五島에 걸쳐 있는 '그리스도 문화'(다수의 교회), 전후 당시를 풍미한 미국 문화(재즈바, 햄버거 등)도 유명하고 최근에는 하우스텐보스의 네덜란드(유럽) 문화도 특징이다. 이러한 사세보시佐世保市의 다양한 지역 자원에 착안한 가치창조로

---

67) 전통시대 공공 업무를 수행하기 위하여 설치된 교통 통신기관.

서 'SASEBO 토키다비'라는 착지형 관광[68]을 만들었다.

오미하치만시의 지역 자원

오미하치만시近江八幡市는 시로시타마치城下町가 '전통·건축물 보존지구'로 되어 있는 한편, 근대 건축가로 유명한 윌리엄 보리즈가 살았던 곳으로 거리 곳곳에 그가 설계한 건물이 남아서 죠우시타죠城下町의 운치(일본풍)와 메이지의 양옥(서양풍)이 조화롭게 이뤄진 도시다.

이 지역에 본거지를 두고 있는 노포 과자 회사 '타네야たねや'는 이런 지역 자원에 착안하여 화과자와 양과자 2개의 브랜드를 만들고 자원을 이용한 관광형, 문화형의 주력매장(플래그십)을 일본식 건물과 서구식으로 건축하여 지역 만들기를 하고 있다.

지역 자원의 풍부함은 지역의 풍요로움

히로이広井에 따르면 공업화 및 산업화로 성장해온 사회를 '정상형 사회'라고 파악하고 거기서는 각 지역의 풍토나 문화, 전통이라는 '공간적 다양성'에 사람들의 관심이 쏠리고 '풍요로움'을 누리게 된다고 한다.[69]

(진행하고 있다 혹은 뒤쳐지고 있다는 시간적인 좌표축에는 위치할 수 없는 것이다)

또한 커뮤니티를 '인간이 귀속 의식을 갖고 구성원 사이에 일정한 연대, 또는 상호부조의 의식이 작용하고 있는 집단'으로 정의하고 정상형 사회에서는 지역 커뮤니티의 중요성이 높다는 것을 주장하고 있다. 즉, 히로이는 정상형 사회에서는 삶의 풍요로움으로써 지역의 공간적 다양

---

68) 여행자의 수용지역에서 개발되는 관광프로그램으로, 여행자는 방문지 현지에서 집합, 참여, 해산하는 것과 같은 관광형태를 취한다. 특히 인바운드에 있어서는 관광입국을 위한 중요과제인 지방유치 촉진에 효과가 있다고 해 주목을 받고 있다.

69) 히로이 요시노리(広井良典), 2009, 『커뮤니티를 물어보다』筑摩書房.

성을 지니고 있으며 이를 인식하는 공동체의 의식과 확산의 중요성을 주장하고 있다.

지역 자원이 없는 지역은 없다

자연과 산업은 어느 지역에나 존재하며 역사와 문화에는 깊이의 차이가 있을 뿐, 자연과 산업이 없는 지역은 없다. 각 지역에는 실제로 그 지역에 사건이나 소재가 존재하는 것이며 그것을 어떻게 착안하여 고유의 자원, 특징이 되는 자원으로 찾느냐는 것이다. 그래서 무리하게 '애니메이션 콘텐츠'나 'B급 맛집'에 의존할 필요가 없는 것이다. 어디까지나 그 지역민들에게는 본질적인 삶의 풍요로움을 향한 의도된 노력이어야 할 것이다.

지역 자원 찾기: 착안

'착안'이란 어떻게 보아야 할까? 우에다는 지역 자원(자연 자원·산업 자원·인적 자원 등)을 고려하여 그 시대에 맞는 활성화의 씨앗을 찾는 것을 "착안"이라고 한다. 지역사람들이 평범하다고 생각하는 지역 자원을 지금까지 보지 못했던 관점(외부의)으로 새로운 의미를 부여하는 것을 '착안'이라고 한다. [70]

즉, '착안'이란 지역 자원을 새로운 관점(예를 들어 외부의 시점) 으로 주목하는 것이며 지역사람들이 일상적으로 흔하다고 생각하는 사물에서도 새로운 의미를 갖고 있는 경우가 많다. 많은 논자들이 주장하듯이 지역 자원은 지역에 다수 존재하고 있지만 어떠한 의도를 갖고 착안하지 않으면 지역 자원으로 취급하지 않는다. 지역 활성화를 추진할 때는 그 지

---

70) 우에다 타카호(上田隆穗), 2011, 『일본 마케팅 저널』 120, 일본마케팅협회.

역의 본질적인 생활의 풍요로움을 염두에 두고 풍요로움을 위한 소재를 자원으로 찾을 수 있는 마케팅 감각이 중요하다.

그렇다면 지역 자원을 찾아내고 발굴하기 위해서는 어떤 관점이 필요한 것일까?

지역에 있는 소재로부터 가치를 찾아내는 객관적인 관점을 갖는 것이 중요한데 오랫동안 지역에 살던 지역민들은 지역에 있는 소재를 모르고 지나는 경우가 많다. 자기 자신을 분석하듯이 살고 있는 지역(지역)을 객관화할 수 있는 분석력과 인지능력이 필요하다. 역으로 '외부 시각'(외부로부터의 관점)으로 지역을 보는 것이 지역 자원의 발견으로 이어진다.

구체적으로 외지에서 생활한 사람이 가끔 귀향했을 때 깨닫는 지역의 장점이나 변화, 외지에서 방문한 관광객이나 이주자가 외부와 비교를 통해 느끼는 지역의 장점이나 과제다. 신선한 발견과 자각이 중요하다.

'외부적 관점'의 사례

사례 ① 벳푸시(오이타현): 관광객과 외지인의 시각

벳푸 온천에서 지역주민들이 일상적으로 즐기던 온천 찜 요리가 관광객에게는 '온천, 족탕'이외의 제3의 온천 체험으로 지금은 곳곳에서 즐기는 관광자원으로 인기를 끌고 있다. 외지인의 시각이 지역 주민에게는 일상적인 것을 지역 자원으로 만든 것이다.

사례 ② 미에현三重県 안테나숍 '미에 테라스三重テラス'

'미에 테라스'의 운영 주체는 미에현三重県이지만 매장 실내 디자인뿐만 아니라 상품 매입이나 신제품 개발은 츠카모토 타로塚本太朗라는 외부 인재가 담당하고 있다. 지역의 전통 자원인 '이세무멘伊勢木綿'에 착안하여 일본의 감각을 더한 파우치나 책 표지등을 개발했다. 그 밖에도 수도권의 소비자들에게 소구할 수 있는 패키지나 신상품을 제안한다.

사례 ③ 오부세쵸(나가노현) 세라 커밍스, 외국인의 관점

나가노현長野県 오부세쵸小布施町에서 지역 활성화에 임하는 '오부세도小布施堂' '마스이치이치무라枡一市村 주조장'이 있다. 이곳은 전문경영인 이치무라가 맡고 있는데 2001년에 채용한 외국인 세라 마리 커밍스 Sarah Marie Cummings가 지역 활성화에 함께하고 있다. 커밍스는 오부세쵸의 지역 자원에 착안한 시책을 추진하며 활성화를 가속화하고 있다.

외국인이 본 오부세小布施의 매력과 지역 자원의 발굴 등 명확하게 '외부의 시각'으로 활성화 대처를 적극적으로 추진하고 있다. 예를 들면 '오부세션'이라는 주제로 좌장을 맡아 문화계 인사 강연회를 통해 오부세의 매력을 전하고 있다. 매월 1회 정기적으로 개최한다. 외부의 문화계 인사나 회사경영자가 오부세小布施를 방문하여 지역에 대한 조예나 지식이 심화되어 이들이 오부세의 지역 자원을 발견하고 지역 가치를 알리는 활동을 하고 있다.

사례 ④ 나카가와 마사시치中川政七 상점: 기업 경력을 바탕으로 경영자 자신이 외부 시각으로

나카가와 마사시치中川政七 상점 13대 당주인 나카가와 준中川淳은 대학을 졸업한 뒤 2년간의 후지쓰 근무를 거쳐 2002년 나카가와 마사시치 상점에 입사했다. 타 지역에서 경력을 쌓은 뒤에 귀향하여 전통 기술과 현지의 경영을 객관적인 시각으로 분석하고 타 기업의 경력을 활용하여 현지의 신제품 개발, 판매 방법의 개선, 경영 개혁 등을 이루었다. 12대 이와오巌雄(나카가와 준의 부친)도 대학졸업 후, 온워드 가시야마オンワード 樫山에 근무한 후 나카가와 마사시치 상점에 입사하여 의류업계에서 터

득한 상품기획의 경력을 바탕으로 찻잔, 화살촉, 대나무제품 등 다기 전반으로 품목을 늘렸다. 이처럼 전통공예의 경영인이 타 업종 경력을 활용하여 외부인의 시각으로 끊임없이 변화하는 시대에 적응하는 노력이 주목된다.

사례 ⑤ 카미야마쇼(도쿠시마현): 자원을 평가할 수 있는 전문적인 시각

토쿠시마현德島県 나카야마간中山間에 있는 카미야마쵸神山町는 낡은 주택을 수리하여 예술인이 거주하거나 지역기업 혹은 IT벤처기업이 활용할 수 있는 지역 자원화에 노력하고 있다. 주택을 어느 정도 수리하면 되는지 어느 업종이 적합한지에 대한 현황부터 이용가능 여부, 자산평가 등 객관적 평가 기준이 지역 활성화의 밑거름이 되어 명확한 재생, 활용 등 실질적인 성공으로 연결되는 듯하다.

카미야마쵸는 지역 활성화에 임하는 NPO 법인회원들이 이러한 능력과 자격을 갖춘 인재로 구성된 것에 기인하는 것이다. 객관적인 자산평가와 활용 방안을 찾아내는 '외부적 시각'을 갖고 있는 인재가 존재하고 있는 것이 지역 활성화의 발전을 위한 중요한 요소가 된다.

지방 제과기업이 관광형, 문화형 매장을 구축한 사례처럼 외지의 건축가, 디자이너 등 외부 전문가에게 건축 설계나 디자인을 의뢰하거나 해당 지역을 견학·방문하여 지역 활성화와 관계되는 지역 자원 소재를 새롭게 발견하고, 관계를 통해 지역 활성화가 되는 경우도 많다.

지역 활성화 전략을 공모전이나 경연대회로 꾸미는 것도 당연히 외부의 주목을 끌 수 있지만 외부에 의존하지 않고 지역의 행정이나 기업, 주민 각자가 해당 지역을 방문하는 관광객의 의견을 듣거나 지역 명소 등을 소셜미디어를 활용해 정보를 수집하는 등 외부의 관점을 수렴하는 방법은 다양해지고 용이해졌다. 지역민들이 문제의식을 갖고 자주적이며 주체적으로 지역의 자원을 발견하는 활동이 중요할 것이다. 기존 관광서비스 만족도 설문조사뿐 만이 아니라 새롭게 고객 접점을 찾는 방법을 연구하여 외부와의 교류 기회를 늘려야 할 것이다.

2) 지역 자원의 편집[71] (지역 자원을 지역 가치로 만드는 것)

지역 가치에 대한 '편집'에 대해 우에다上田는 "이용 가능한 자원을 몇 개의 집단으로 묶어 소수의 소구주제를 제안하고 방향성을 통합하여 강력한 매력으로 만들어 가는 것"이라고 한다.[72] 보다 구체적으로 말하자면 사물과 기후·산·강 혹은 작가의 능력을 이용해서 알리거나 역사와 문학형태에 있어 사물과의 관계를 통해 스토리가 있는 생산품이나 이벤트를 기획하여 지역에 좋은 이미지나 동경심을 유발하도록 만드는 것이다.

지역 가치의 편집

① 생산품(물건) 편집은 지역의 전통적인 소재나 기술을 현대생활에 맞도록 기능과 디자인을 통해 새로운 지역상표로 만드는 가치창조를 들 수 있다. 이미 살펴본 바와 같이 나카가와 마사시치 상점中川 政七商店(나라), 타다후사タダフサ(니가타) 등을 예로 들 수 있다.

② 환경(공간)의 편집은 경관연출이 대표적인 예이다. 시가현 오미하치만시滋賀県近江八幡市의 '타네야'(히무레 빌리지日牟禮ヴィレッジ)처럼 기업(제품)의 이미지를 표현하는 건물이나 공간 연출이 지역의 이미

---

71) 원서에 '편집'이라는 용어 사용, 변형, 응용정도로 해석(역자 주).
72) 우에다 타카호(上田隆穂), 2011, 『일본 마케팅 저널』 120호, 일본마케팅협회.

지를 높이는데 일조했다.

③ 문화(정보)편집에서는 어떤 주제에 정보를 체계화하거나 역사나 문화적 소재로 구성하여 소비자에게 공감을 유도하는 방안이 꼽힌다. 역사를 거슬러 올라가다 보면 지금과 연결되는 화제성 있는 가치를 발견하는 경우가 많다.

영화 촬영지에 방문하면 해당 장면이 떠오르고 감동하게 된다. 문학작품의 무대 또한 마찬가지다. 평소에는 별 볼일 없던 길거리나 건물이라도 의미를 부여 하면 소비자는 이에 대해 공감을 한다. 또 화제성 유발에 있어 '아날로지'(유추·비유)라는 기법이 있다. 예를 들면 '시부야 대학'은 대학이라는 주제로 '유추'하여 발상을 하고 프로그램을 개발하고 있다. 동아리 활동을 통해 주제에 교감하는 회원 분과를 만들거나 모임을 하고 관내 점주가 매장에서 강의를 하는 등의 독특한 발상으로 신선한 프로그램을 선보이며 활발한 활동을 하고 있다.

편집 기법

편집 기법으로는 ①하나의 테마를 도출해 구성 요소를 묶는다('SASEBO 토키다비', '시부야 대학', '홋카이도 IKEUCHI 아웃피터스' 등) ②하나의 주제로 집중하여 강조한다('타다후사'의 상품 구성) ③이야기를 만들어 구성요소와 관계 되는 장면이나 내용을 상상할 수 있는 조합을 구성한다('타네야', '롯카테이' 등) ④아날로그로 방식으로 시작한다('시부야 대학' 등)등을 들 수 있다.

예를 들면 'SASEBO 토키다비'는 지역의 여러 가지 스포츠 체험이나 도예 강좌, 당일 관광 등을 '토키다비'라는 하나의 브랜드로 구성하여 소구한다. '타다후사'는 기존 고객의 요구에 따라 다양한 상품을 준비했으나 상품을 인기 상품 위주의 100개로 축소시켜 기본으로 2개 품목과 고품질(스텝업) 4개 품목으로 구성한다. 와다 외(和田, 2009)는 가가와현香川県 나오시마直島에서 아트프로젝트를 선도하는 '베네세 아트 사이트 나오시마benesse_artsite'의 대표 후쿠타케 고이치로福武聰一郎의 활동을 참조하여 "어떤 것을 활용하여 없던 것을 만든다"를 인용해서[73] '지역 브랜드의 구축이란 지역자산을 파괴해서는 안되며 지역자산을 단지 보존하고 유지하는 것도 아니다. 존재하고 있는 지역 자산을 살리고 지금까지 없었던 새로운 가치를 창조하는 대응이다'라고 한다. [74]

또한 지역 활성화의 지역 자원에서 지역 가치로 만드는 편집에 참고가 될 수 있는 발상을 기업전략 사례에서도 흔히 볼 수 있다. 예를 들면 미츠이 부동산의 '보존하며, 되살리며, 창조한다'는 전략과, 1980년대 세이부 백화점의 '확拡·탈脱·초超' 등이 있다.

미츠이 부동산 '보존하며, 되살리며, 창조한다'

미츠이 부동산은 본사인 도쿄도東京都 츄오구中央区의 니혼바시日本橋 지구 재생 사업에 '보존하며, 되살리며, 창조한다'를 콘셉트로 하여 재생 계획을 입안하고 있다. 바로 가치창조의 발상법, 접근법이다.

1980년대 세이부 백화점 '확·탈·초'

세이부 백화점이 세존セゾン 그룹에 속해있던 1980년대, 백화점 사업의 중장기 전략을 구상할 때, '확拡 백화점'(기존 백화점의 강점을 늘려, 기존의

---

73) 후쿠타케 소우이치로(福武聰一郎), 2006, 「자연과 역사의 현대미술」, 아키모토 유지(秋元雄史)·안도 타다오(安藤忠雄) 등, 「나오시마 세토내 예술의 낙원」, 新潮社.

74) 와다 미츠오(和田充夫) 외, 2009, 「지역 브랜드·매니지먼트」, 有斐閣, p.6.

경영 자원을 살려 간다), '탈脫 백화점'(본업인 백화점 업 뿐만 아니라 새로운 사업이나 활동을 창출한다), '초超 백화점'(신규와 기존 등을 조합해 새로운 것을 창출한다)이라는 3개의 접근전략으로 다양한 혁신적 정책을 도출했다. 이러한 전략으로 잇달아 신제품과 신규 서비스를 기획하고 개발하여 당시 선진적·혁신적인 기업으로서 타사와의 경쟁에서 우위를 점했다.

3) 두 가지 차원의 지역 브랜드

도표 5-1처럼 새롭게 만드는 지역 가치를 지역의 '지역 브랜드'로 정의한다면 '지역 브랜드'에는 두 가지 방향이 있다. '제품의 지역 브랜드화'(협의의 지역 브랜드)과 '지역 자체의 브랜드화'(광의의 지역 브랜드)이다.

제품의 지역 브랜드화

'제품의 지역 브랜드화'란 지역의 산품, 기술, 전통문화 등을 지역 자원으로 정의하고 현재에 적합한 활성화의 계기로 새로운 의미부여나 편집을 통해 새로운 가치로 만들어 가는 것이라고 할 수 있다. 나카가와 마사시치中川政七 상점의 예를 들면 고급 마직물 '나라 무명奈良晒'으로 유명했던 노포지만 최근에는 전통 소재를 현대적인 디자인과 쓰임새를 살리는 제품을 개발, 제조, 판매하여 현지 기업이나 타 업종과의 협업을 강화하고 취급 품목도 일본식 소품까지 확대하고 있다. 최근에는 도요오카 가방豊岡鞄(효고현兵庫県 도요오카시豊岡市), 고센니트五泉ニット(니가타현新潟県 고센시五泉市), 하사미야키(나가사키현 하사미마치) 등 각지의 전통공예 제조 및 판매 컨설팅을 통해 각 지역 브랜드 전략을 지원하고 있다.

이와 같이 농산물과 해산물, 섬유, 전통 공예품 등의 지역 생산품을 많은 소비자에게 알리고 판매를 유도하는 '제품의 지역 브랜드화'를 다양한 지역에서 적극적으로 전개하고 있다.

지역의 브랜드화

또한 광의의 지역 브랜드로는 지역자체를 외지인들에게 알리고 지역의 산품을 구입하거나 관광 방문을 유도하고 정착하고 싶은 가치를 느끼게 하는 지역 자체의 브랜드화가 있다.

예를 들면 지방 과자 제조사인 '타네야たねや'(시가현滋賀県 오미야와타近江八幡), '롯카테이六花亭'(홋카이도北海道 오비히로시帯広市)는 제품으로 지역 브랜드화를 꾀하고 있다. 관광형 매장(히모테 빌리지日牟纏ヴィレッジ, 롯카테이의 '나카사츠나이 미술촌中札内美術村' 등)이 있고 산품 재료의 확보(농원 운영), 고용의 확보와 인재육성, 지역의 문화기회 제공이나 연구 장소를 지원하는 등 지역 문화 공헌을 적극적으로 벌이고 있다.

이와 같은 사례에서 테마파크 형태로 일시적인 화제성 유발이나 집객을 노리는 것이 아니라 근본적으로 지역 자원을 활용하는 것을 활성화의 핵심으로 설정하여 새로운 의미에서 자원을 편집하고 각 지역을 상징하는 공간과 환경으로 만들고 있어 '지역의 브랜드화'에 노력하고 있다고 볼 수 있다.

타네야의 관광형 매장인 히무레 빌리지日牟禮ヴィレッジ는 오미야와타近江八幡의 지역 상징이라는 인식을 관광객에게 전달했다면 그곳이 지역 브랜드화의 거점이 되었다고 할 수 있다.

이처럼 '지역 브랜드화'란 산품의 지역 브랜드화보다 넓은 의미로 자연환경이나 역사, 문화 등의 지역 자원을 포함해 지역 전체의 특징부여와 독자성을 명확히 하는 것이다.

그리고 부가가치를 통해 시장에서 인지도를 높이고 산품이나 관광객 집객 등의 효과를 높이는 것과 동시에 지역에서도 주민의 정주의식(현지에 대한 애착·자부심, 지속적인 거주)을 높여 사업자간 제휴를 촉진시키는 것이다.

2. 가치의 전달과 제공

1) 지역 가치의 전달

지역 활성화 마케팅의 다음 단계는 앞서 얘기한 바와 같이 창조한 지역 가치를 수용자인 소비자와 기업, 단체 등에 '전달'하는 것이다. '전달'은 기존 대중에게 인지도 향상을 위한 정보 발신에서 소비자 개개인의 공감을 낳고 기억을 남기는 체험과 참여를 유도하는 동기가 요구된다.

즉 단순한 이벤트가 아닌 개인이 가치를 체험하고 교류를 함으로써 가

〈도표 5-2〉 지역활성화의 마케팅 모델 ②: 가치 전달 및 제공

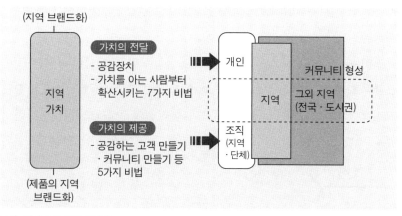

출처: 미야조에 켄시 (2012)

치를 서서히 스스로가 이해하고 납득할 수 있는 것('참여' 커뮤니케이션 개념)이 중요하다. 이러한 수용자의 공감은 또 다른 공감대를 전달하고 작용으로 이어져 공유자와 커뮤니티(고객 그룹)를 형성하게 된다(도표 5-2 참조).

가치 전달의 방법론을 구체적인 사례부터 정리해 보자.

① 인지와 가치를 전파한다.

기업이 소비자를 대상으로 하는 마케팅, 커뮤니케이션 기초 이론에 있듯이 소비자의 의사 형성과 구매행동에 맞춰 인지, 관심, 욕망, 구매행동의 단계에 따라 미디어, 프로모션 등을 적정하게 선택해야 한다.

지역 브랜드를 불특정 소비자에게 알리는 것이 최우선이라면 TV나 신문 등 매체광고와 프로모션이다. 2000년대 초반 미야자키현의 탤런트 출신 지사인 히사쿠바루 히로오東国原英夫가 매스미디어 집중 노출을 통해 미야자키현 및 지역 특산품의 지명도를 단기간 내 높인 것이 대표적인 사례이다.

또한 최근 지역의 '마스코트 캐릭터', 예를 들어 '구마몬くまモン'(구마모토현熊本県), '바리상バリーさん'(에히메현愛媛県 이마바리시今治市), '사노마루'(도치기현栃木県 사노시佐野市) 등은 지역의 지명도를 높이는데 크게 기여했다.

그러나 이 책은 일부러 '가치를 아는 사람부터 확산시킨다'라는 것을 생각하고 싶다. 에노모토(榎本元, 2008)는 "소비자를 둘러싼 정보환경은 크게 변화하고 있다.[75] 디지털정보화의 진전에 따른 소비자 개개인이 얻을 수 있는 정보량이 비약적으로 증가해 동영상이 일상화되고 정보의

---

75) 이 항목은 에노모토 하지메(榎本元), 2008, 『바뀌는 커뮤니케이션인과 도시가 경영 계획한다』『시빅 프라이드』선전회의, pp.187-188을 참고로 기술.

질도 계속 향상하고 있다. 스마트폰을 이용하면 언제 어디서나 정보 소통이 가능하다.

예를 들면 이전의 관광은 포스터를 보고 이를 통해 관심이 생기고 안내 책자로 상세한 정보를 얻게 되지만 지금은 여행지에서 라면이 먹고 싶으면 스마트폰으로 검색해 맛집에 간다. 메일 발송 등 정보의 쌍방향화도 가속화된다. 지금까지 정보의 수신자였던 소비자 개개인이 정보의 송신자로 미디어가 되어 새로운 정보를 발신하기 시작한다.

블로그나 SNS(소셜 네트워크 서비스) 정보의 발신 장치는 부족하지 않다. 이전의 라면집 정보는 먼저 방문한 소비자가 올린 내용일 수도 있다. 소비자 평가 지표를 참고하는 것도 소비자 발신을 다른 소비자가 참고하고 있다. 이런 정보환경에서는 기업이나 행정 등의 일방적이고 강요하는 홍보 커뮤니케이션을 실시해도 소비자의 인식에는 영향을 주지 않는다.

원하는 정보를 전하기 위해서는 소비자를 관심을 끌 수 있는 커뮤니케이션 기법이 필요해졌다. 지역의 정보를 개개인에게 전달하기 위해서는 소비자가 원하는 정보의 질과 내용을 파악하여 소비자가 영위하는 생활과 동일선상에 커뮤니케이션 접점을 중점적으로 전개하여 소비자를 적극적으로 끌어들일 필요가 있다. 소비자가 인지한 지역 정보는 가공되고 증폭되어 스스로가 정보의 발신원이 된다. 그런 정보 체험의 장치가 필요하다.

따라서 가치를 인정하는 소비자(고객층)에게 가치가 전달되면 종래의 커뮤니케이션 시대에는 상상할 수 없었던 형태로 단숨에 정보가 확산되어 각 계층에서 가치를 서로 인정하는 정보교환이 활발해져서 가치가 전해진다. 이런 시대에 접어들었기 때문에 불특정 다수의 소비자에 대한 대중적인 홍보가 필요 없는 것이 아닐까?

② 공감하는 정보: 배경이 되는 정보(진실성, 문화성) 전달

타네야たねや는 제품의 제조공정을 견학하거나 오미近江의 세시기歲記와 문화성을 전하기 위해 특징 있는 매장 공간을 설계하여 고객에게 제공하고 있다. 매장에서의 식사가 가능하여 음식을 먹거나 문화를 즐길 수 있는 소통의 장을 제공하고 가치의 전달을 도모하고 있다.

또한 시가滋賀 관련 정보지를 발행하고 시가현滋賀県이나 오미近江의 풍토와 문화 등에 대해 (타네야 관련도 소개하면서) 일반 소비자에게 전달하는 활동도 하고 있다. 2010년 7월부터 『시나미鄙美』라는 정보지를 연2회 발행하기 시작했고 2013년부터 『라·코리나』라고 명칭을 변경해 발행하고 있다.

롯카테이六花亭는 자연·역사나 문화의 의미를 살리고 상품과 매장을 토대로 직원들이 활기차고 정성스럽게 고객을 맞이하여 소비자과 교감을 형성하고 있다. 사장이 교토의 노포 과자점에서 견습생으로 있던 시절 다도를 통해서 배웠던 것, 즉 "다도에는 의식주의 모든 것이 있다. 건물만으로는 안 되고 다기만으로도 안 되고. 대접하는 마음이 있어야하며 그림 등도 필요하다"는 가치관이 롯카테이 매장 공간연출과 문화 체험의 확산으로 이어지고 있다.

③ 가치를 확실하게 전달하고 알리는 방법의 연구

나카가와 마사시치中川政七의 사례에서 노포의 재생과 경영에 대한 자문으로 나카가와 준 사장이 중요하게 여긴 것은 판매 현장에서 상품의 매력을 올바르게 전달하여 소비자의 공감을 얻는 것이었다.

매장 구성도 제품 하나하나를 부각시켜 제품의 가치가 고객에게 전해지도록 꾸몄다. 외부에서 채용한 창의력이 우수한 디자이너가 매력 있는 매장으로 탈바꿈 시켰다. 과거 백화점 매장에서 싸구려로 팔리던 시

절 판매 방식과는 사뭇 다른 것이다.

④ 공감확산, 소비자가 '자신의 것'처럼 여기는 프로그램 만들기

소비자가 '내 것'처럼 생각하기 위해서는 우선 소비자의 관점에서 기능과 가치를 볼 수 있는 관점이 중요하다. 나카가와 마사시치中川政七 상점을 보자. 매장 POP의 경우 소비자에게 기능을 상세하게 설명하고 일상생활에 어떻게 활용하는지를 알기 쉽게 만들었다. 이를 통해 판매사원들보다 상품에 대한 가치를 명확하게 설명할 수 있게 되었다.

또한 판매사원은 고객에게 제품의 매력을 설명하고 이에 대한 고객의 반응이나 관심 사항을 판매 현장에서 듣는다. 이러한 고객의 소리를 제품제조에 반영하는 선순환이 생겨나도록 한다. 상품의 제조과정이나 상품 활용법 등에 있어서도 고객 체험을 통해 가치 전달을 통해 공감을 부르는 유효한 수단이 된다. 그 밖에 체험을 통해 추억이 될 수 있는 것도 중요하다.

예를 들어 'SASEBO 토키다비'를 평가하는 부분은 공감하는 인재의 참가 촉진(관여)이다. 참가자가 함께하는 '토키다비 도시락', 독특한 도시락을 통해 참가 의식 및 애착심을 조성하는 계기도 보인다. 광고업계에서 최근 자주 언급되는 'engagement화(자기관련)'라는 개념이 지역 활성화에도 적용된다는 것을 보여주는 듯하다.[76]

---

76) 'engagement'란 소비자를 주위의 컨텍스트(문맥)로 브랜드 개념으로 끌어 들여 개인화, 애착을 높이는 것이라고 말한다(ARF 미국 광고 조사 협회, 2006년).

⑤ 직원이 확실하게 가치전달자가 될 수 있도록 직원의 이해도를 높인다

롯카테이는 사내문화를 형성하기 위해 매일 발행하는 사내 신문 로쿠린六輪을 통해 사장과 직원간의 일상적인 교류는 물론, 직원들에게는 의욕을 고취시키고 주인의식(engagement)을 높이는 사내문화를 만들고 있다.

타네야たねやは는 사원과의 인터널 브랜딩Internal Brand에도 오랜 기간 적극적으로 대응하고 있다. 사내 콘셉트북을 만들어 경영자인 야마모토 도쿠지山本德次의 지역 및 제품에 대한 신념을 직원과 공유하고 최고 경영자의 생각을 직원들에게 주입시켜 공감을 얻고 고객 접객에 유의해왔다.

⑥ 가치에 대한 외부 평가와 평판을 활용한다

나카가와 마사시치 상점의 대표적인 상품이 된 '하나후킨花ふきん'은 전통 소재와 기술을 현대적인 기능과 디자인으로 가치를 만들어 2008년도 굿 디자인상 금상(경제산업대신상)을 수상했다. 우수한 고객 평가로 각광을 받아 1장에 735엔의 고가임에도 불구하고 발매 이후 15년 간 꾸준히 매출이 늘어나 인기상품이 됐다.

또한 아오모리현青森県 히로사키시弘前市의 '부나코ブナコ'는 아름다운 참나무(너도밤나무)를 가공해 멋진 곡선미와, 디자인의 우수성, 품질, 안전성을 인정받아 1966년 이후 경제산업성에서 선정한 '굿 디자인상'을 여러 차례 수상했다. 지방 중소기업의 가치를 확산시키는 것은 쉬운 일이 아니지만 일본 내수에 충실하면서도 명확하게 가치를 인정받을 수 있는 해외 전시회에 출전하면서 해외에서의 제품평가를 통해 역으로 국내에서 인정받는 전략을 활용했다.

부나코ブナコ는 해외의 평판을 바탕으로 일본의 인테리어 디자이너나

건축 관계자가 상품을 알게 되었고 가치를 인정한 디자이너들이 새로운 용도를 부나코ブ+コ에 의뢰하는 등 가치창조의 상승과 순환에도 영향을 미치고 있다.

⑦ 지속적인 발신

고객에 대한 지속적인 정보 제공을 통해 구매 고객을 재구매고객으로 유인하고, 나아가 브랜드 충성고객으로 만들 필요가 있다. 예를 들면 나카가와 마사시치 상점은 전통 공예품이라는 계절상품이나 인기상품이 아닌 일부 비인기 제품을 이용하여 월별 주제나 특정 테마를 부여해 상품구성과 전시를 하고 한번 구매한 고객은 반복 구매고객으로, 재구매고객은 브랜드 충성도가 높은 고객(추종자)으로 단계적으로 발전시키는 가치 전달을 실시하고 있다.

2) 지역 가치의 제공

'가치 제공'은 일반적으로 해당 상품의 판매나 서비스를 제공하는 것이며 이를 통해 가공된 지역 가치가 수신자에게 전해져 가치가 실현된다. 가치제공은 물건의 판로 개척뿐만이 아니라 구입과 이용을 지속하게 하여 지역 브랜드의 충성계층이 될 수 있는 고객을 만드는 것이다. 지역브랜드에 공감하는 관계자들과의 소통을 하는 것이 이상적이다.

① 제품접촉을 통해 체험을 실감나게

아모친미阿藻珍味(히로시마현広島県)는 본사 시설을 관광 매장으로 꾸며 그곳에서 모토노우라鞆の)나 수산가공업의 역사와 문화를 알리고, 아모친미의 수산가공기술 등을 즐기면서 체험할 수 있는 프로그램을 추가했다. 체험프로그램으로 상품의 가치를 소비자에게 전하는 것과 동시에 제품의 접점을 늘려 판매로 연결하고 있다. 지방 명품 과자점인 '타네야たねや'나 '롯카테이六花亭' 등의 플래그십 매장에서는 고객에게 신제품이나 한정 상품으로 손수 만들고 시식과 체험을 통해 상품 판매와 연결한다.

② 가치 인정 고객층에게 최적의 채널 제공

타다후사タダフサ(니가타현新潟県 산조시三条市)는 2013년 7월 인터넷 통신판매 대기업인 아마존이 개설한 일본 각지의 전통 공예품에 대한 기술과 제작 과정을 소개하는 '다쿠미 스토어匠ストア'에서 특집으로 마련하여 새로운 판매 채널이 만들게 되었다. 타다후사는 대기업의 온라인 판매 채널뿐만 아니라 개성적인 라이프 스타일을 추구하는 웹사이트 입점에도 노력하고 있다. 현대적인 라이프 스타일을 추구하는 웹사이트 '북유럽, 생활 소품점'이나 일본의 수제소품 'cotogoto' 등을 통해 세련된 라이프 스타일을 추구하는 제품으로 소비자에게 접근하여 감성적인 소비자를 타깃으로 하는 채널에서 자사제품을 판매하게 되었다.

③ 고객 만들기: 공감과 우호적인 공동체 만들기

고객 중에서도 재구매 고객, 나아가 충성도가 높은 고객의 공동체를 형성하는 것이 중요하다. 타네야는 상품 판매, 음식 등 고객 접점 외에 식재, 조경, 제빵 장인의 육성, 지역문화연구 등 적극적인 전략으로 다양한 지역에서 공동체 육성을 도모하고 있는 점도 주목된다. 나카가와 마사시치中川政七 상점의 나카가와 준中川淳 사장도 "백화점 쇼핑백에 의미가 있던 과거의 '안심 시대'에서 구미의 슈퍼 브랜드 등에 대한 '동경의 시대'를 거쳐 지금은 '공감의 시대'다."라고 말했다. 따라서 제품에 대한 배경이나 스토리를 전달하는 것이 중요하다. 대부분의 경영자는 상품이나 로고를 눈에 띄게 하면 된다는 정도로 이해가 부족하다.

부가가치라고 하지만 바람직하지 않다. 가치를 더하는 것이 아니라 상품이나 패키지, 점포, 접객, 미디어 전개 등 소비자와 연결되는 모든 것을 원활하게 할 필요가 있다. 더욱이 대부분의 제조회사는 신제품 발표를 연1회 또는 많아야 2회 정도지만 지금의 소비자는 매장을 방문하면 뭔가 새로운 것을 찾는 등 수준이 높아졌다. 특히 대부분의 중소기업은 신제품을 자주 출시하는 것은 현실적으로 어렵다. (지속적으로 새로운 일을 하려고 혁신하는 것으로, 그것을 전하는 것으로) 고객이 매장에 와서 소통을 하고 전달하고 싶은 것을 전할수 있을 때 비로소 매장의 의미가 있다[77].

④ 재구입(재구매 및 이용)

타다후사는 판매 후에도 타다후사와 구매 고객과의 연계를 위한 방안으로 식칼전용 패키지(포장)를 개발했다. 패키지에는 '칼 관련 질의 응답표'를 동봉하여 제품의 유지보수 및 점검을 유도하고 수리가 필요한 경우 무료배송과 착신서비스(유료)를 시작했다.

⑤ 지속적이고 안정적인 채널 생성

가치를 발신하는 사람(생산자나 제조사)과 수신하는 사람(소비자)의 관계뿐만 아니라 가치를 만들기 위한 거래처(구입처 또는 협동 참가자)와의 관계 또한 중요하다. 거래처에 머물지 않고 지속적이고 안정적인 거래로 가치사슬을 만들어서 거래처끼리 협력하여 친환경 시스템을 구축하고 지역 활성화의 공동체 혹은 플랫폼이 되는 것이 이상적이다.

---

77) 『아사히신문』 조간 'Be' 프런트러너 2013년 12월 7일자.

3. 순환하는 마케팅 모델

가치 전달에 공감하는 개인(소비자·크리에이터)과 조직(기업·단체)은 쌍방향으로 정보를 교류하고 공동체를 양성한다. 그 결과 해당 지역에 있는 개인과 조직, 나아가 해당 지역 이외의 개인과 조직도 활성화의 주체 혹은 지원자가 되고 참여를 통해 가치창조와 전달, 제공이 선순환이 되어 내실화가 이뤄진다. 수신자 측의 지속적인 공감을 얻는 것이 중요하며 가치를 수용하는(구입·관광 방문) 것부터 참가하는 활동과 지원(기획·기술·자금 등의 제공)으로 발전시키고, 또한 그것을 순환하게 하여 새로운 지역 자원으로 만들고 그 곳에서 또 다른 지역 가치를 창조하는 순환이 일어나는 것이다.

1) 지역 가치를 한층 새롭게 하는 지역 자원화

도표 5-3과 같이 수신자로서 개인은 ①지역생산품을 구매하고 공간이나 문화를 체험하기 위해서 그 지역을 방문한다(내방). ②체험을 통해 지역민들과도 교류한다. 또한 지역에 대한 공감이 높아진 경우에는 ③지역 활성화 활동의 새로운 주역으로 직접 참가하거나(기간 체류) 정주하는 경우도 있을 것이다.

또한 수용자인 기업이나 조직도 ①지역 생산품을 지속적, 장기적으로 구입하게 되면 지역의 안정적인 거래처·구매자가 되어 밸류 체인value chain을 형성하고 지역 활성화 기업의 공동체나 플랫폼이 되어 지역 활성화의 조력자가 된다. ②공감대가 형성되면 지역 가치의 수용자였던 기업과 조직이 이번에는 새로운 지역 활성화의 주역으로 지역 활동에

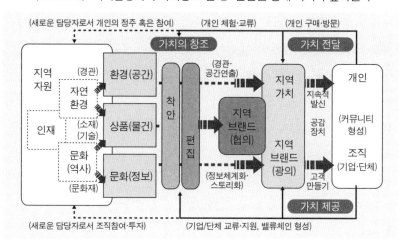

〈도표 5-3〉 지역활성화의 마케팅 모델 ③: 순환을 통해 가치가 높아진다

출처: 미야조에 켄시 (2012)

참여하거나 투자하게 되는 것이다.

2) 새로운 지역 가치의 창조로 순환

당초의 지역 가치 수용자가 이번에는 지역의 인재나 자금 등의 지역 자원으로 참가하여 새로운 지역 가치를 창출하는 당사자로, 애초의 계획하지도 않았던 지역 가치를 창출하는 것으로도 이어진다 . 이와 같이 지역 가치창조의 순환이 생기고 지역 가치가 높아진다.

4. 지역 활성화 마케팅 모델

1) 지역 활성화 마케팅 모델의 개념

지금까지 내용을 다시 한 번 전반적으로 살펴보면 지역 활성화에 임하는 경우 마케팅 모델이 명확해진다. 기업과 소비자의 관점에서 마케팅의 정의를 보면 '가치의 창조와 전달, 제공'이기 때문에 '지역 활성화'란 '지역 생활을 해당 지역민들에게 풍요롭게 하는 전략적인 목표를 두고 해당 지역만이 가능한 매력적인 가치를 창조하여 지역민 혹은 외지인들에게 가치를 알리고(알게 하고 공감을 주고) 한층 더 가치를 제공하는 (제품의 경우는 판매를 통해 주변에 알리고 관광·문화 등은 체험을 하게 함) 것'이 기본적인 활동이라고 할 수 있다. 그리고 지역 활성화 추진이란 '마케팅 코디네이션'이라는 것을 알 수 있다.

2) 모델이 원활(착실)하게 순환하기 위해서 필요한 것

　'지역 활성화의 마케팅 모델'이란 일회성이 아닌 가치의 창조, 전달, 제공이며 제공된 가치가 다시 지역의 자원이 되어 지역 활성화 활동을 강화하는 순환형의 마케팅이다(도표 5-4). 지역 자원을 발견하고 지역의 개성 및 가치로 육성(가치 형성)하며 가치를 발신하여 이에 공감하고 참가하는 개인이나 조직을 늘려 가는 것으로 파악된다. 즉, 앞에서 말한 착안과 편집뿐만 아니라 지속적으로 공감을 자아내는 구조도 중요한 것이다. 가치를 수용하는(소비하거나 관광, 방문하는) 고객뿐 아니라 사업의 참가자와 지원자(기획·기술·자금의 제공)가 늘어나게 된다.

　지역 산품(물건)의 지역 브랜드화(협의)와 함께 환경(공간)과 문화(정보) 등 내실화로 지역 자체를 지역 브랜드화(광의)하는 것이다. 또한 가치 발신에 공감하는 개인(소비자 및 크리에이터)과 조직(기업·단체)은 쌍방향으로 정보를 교류하고 공동체가 된다.

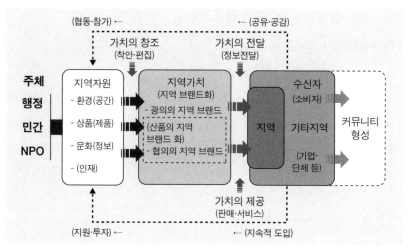

〈도표 5-4〉 지역활성화의 마케팅 모델

출처: 미야조에 켄시 (2013)

그 결과 해당 지역에 있는 개인·조직, 나아가 해당 지역 이외에 있는 개인과 조직도 활동의 주체, 혹은 지원자가 되어 참가를 통해 가치 형성이 순환하고 한층 더 충실해지는 모델로서 생각할 수 있다. 일시적이고 급격한 붐이 일어나는 경우 지역의 한정된 고용인원으로는 생산체제를 따라가지 못하고 소비자의 평판을 떨어뜨릴 위험도 있다. 그러므로 일정한 비율을 유지하고 이를 통해 일자리도 장기적으로 지속될 수 있는 지역 활성화가 바람직할 것이다.

3) 마케팅 모델로 볼 수 있는 것

이 모델은 '지역 브랜드 전략'의 전반적인 개념이라 할 수 있으며 지역 활성화의 바람직한 모습을 보여주고 있다. 다른 관점으로는 지역 활성화가 어느 정도 진행되는지에 대한 과정 평가에도 적용할 수 있다.

지역 활성화 대처의 현황 과제

지역 활성화의 마케팅 모델에서 보다 본질적이고 지속적인 지역 활성화의 전략적인 시사점을 볼 수 있다.

첫째, 지역 활성화는 '가치의 창조'(지역 브랜드화의 실현)로 끝나는 것이 아니라 '가치의 전달 및 제공'을 목표로 해야 한다. 예를 들면 각 지역의 지역 활성화라는 전략의 대부분은 우선 화제성에 주안점을 두고 판매 가능한 지역 산품을 기획하고 개발하는 것에 주력하여 상품화가 이뤄지면 만족하는 사례가 대부분이다. 그러나 문제는 그 이후의 가치 전달(정보 발신 등), 가치 제공(판로 개발·판매 서비스 등)이다. 전체적인 흐름을 파악한 후 대응전략이 중요하다.

나카가와 마사시치中川政七 상점의 나카가와 준 대표는 다음과 같이 말했다. "일본의 제품은 우수하지만 판매규모가 적어 고전하는 이유로 제조사의 가치 전달이 다소 부족한 것을 제기한다. 고객에게 긍정적인 감정이 전해져야 좋은 것이다. 그런데 제조사는 제조에만 집중하면 고객의 의견을 파악하지 못한다. 예를 들어 카펫회사의 경우 '카펫은 품위와 품격이다'라고 하는데 아무리 품질이 좋아도 가치를 소비자가 느끼지 못하면 팔리지 않는다. 카펫의 장점을 보면 '카펫은 먼지가 나지 않고 마루바닥재 보다 청결하게 생활 할 수 있다는 것이 가장 큰 강점'이었다. 브랜딩이란 정보를 정리하여 올바르게 전하는 것이 중요하다."[78](참고문헌 정리)

다음으로는 전체를 아우르는 코디네이터 기능이 중요하다. 지역 활성화의 전략에 있어서 지역브랜드화 등 가치의 창조뿐 아니라 가치의 전

---

78) 『아사히신문』 조간 'Be' 프런트러너 2013년 12월 7일자.

달과 제공 등 전체를 바라보고 추진하는 코디네이터가 핵심이라는 것이다. 기업의 경우는 경영자, 지역 행정의 경우는 단체장이지만 리더뿐 아니라 추진하는 지도층이 이 마케팅 모델의 전체흐름을 인식하여 현재의 상황을 파악하고 대응하는 것이 필요하다.

정리 제5장을 통해 생각하는 것

- 지역 자원: 활동이나 소재가 많아도 이를 찾아내지 못하면 활성화 전략을 수립하지 못한다. 지역 자원으로 활용할 수 없다는 것이다. 가공하는 방법(착안, 편집), 전달하는 방법(전달), 창조하는 능력(착안력, 실현력→이야기화→조합 능력→공감 유도 능력)을 설계하고 준비하는 것이 필요하다. 그리고 단독으로 실행할 것인지(자신의 지도력), 협업으로 실행할 것인지(산업집적으로서의 브랜드화)를 결정해야 한다.
- '가치의 전달'은 기존 소비재의 광고 커뮤니케이션 관점에서 불특정 대중을 위한 정보 발신이 아니라, 틈새시장의 제품이라도 정보 발신이나 체험프로그램을 통해 공감을 얻고 지속적인 인식을 심어줘야 한다. 틈새시장에서도 개성이 뚜렷하면 확실하게 소비자의 공감을 얻어 점차적으로 (일정 층까지) 확산하게 되어 좋은 결과를 기대할 수 있다.

제2부

지역활성화
매니지먼트

제6장.
지역 활성화 매니지먼트 모델

지역 활성화의 전략은 기업 전략과 유사한 점이 있다. 기업은 중장기적인 비전을 바탕으로 전략을 수립하고 실행·추진해 나가는데 이를 토

〈도표 6-1〉 지역활성화의 매니지먼트 모델

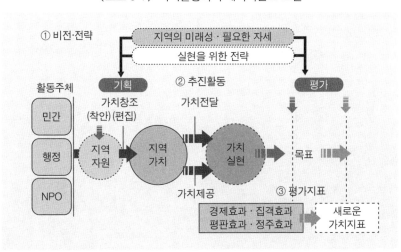

출처: 미야조에 켄시 (2014)

대로 시장에서 성과가 나온다. 성과는 당초의 전략 목표를 얼마나 달성했는지를 평가하는 일련의 과정이다. 지역 활성화의 전략도 유사한 과정으로 구상·계획·실행·평가 등으로 추진한다고 볼 수 있다. 도표 6-1과 같이 ①비전 및 전략의 수립 ②대응행동(가치의 창조·전달·제공) ③ 결과의 평가까지 일련의 흐름이다.

지역 활성화 대처의 주체는 이 책 제1부에서 살펴본 바와 같이 먼저 민간기업의 사례를 들 수 있는데, 지역의 자치단체(행정)도 당연히 주체이며 지역 주민의 의지로 결성한 NPO 법인 주체로 시행하는 것도 최근 수년간 두드러진 현상이다. 지역 활성화의 추진 주체는 도표 6-1처럼 일련의 과정으로 진행하는 것을 알 수 있다(지역 활성화의 추진 주체에 대해서는 제7장에서 자세히 다룬다).

1. 지역 활성화 비전

1) 장기적인 비전

지역 활성화의 비전이란 장기적으로 지역의 상황과 현재를 토대로 미래의 모습을 구상하는 것이다. 해당 지역민들의 풍요로움과 행복이 어떻게 실현되고 있냐는 것이다. 풍요로움이란 경제적 풍요와 안정된 상황도 있지만 지역주민들이 활기찬 하루를 보낼 수 있는 건강하고 보람 있는 사회적으로 충실한 상태도 포함된다.

2) 중기적인 전략

지역 활성화 전략이란 당면한 대처의 목표, 목적이 되는 것으로 최근 과제를 어떻게 해결하고 1~2년 앞을 내다보며(단기적으로) 어떻게 추진하고 활용할 것인지 고려하는 것이다.

예를 들면 '산품을 팔고 싶다', '정주자(인구)를 늘리고 싶다'라는 과제를 인식하여 설정하는 주제라는 것이다. 다만 눈앞의 단순한 목표 설정은 구체적인 시책을 계획할 때 일회성 이벤트나 화제성이 있는 산품, 캐릭터 제작 등으로 치우칠 수 있어 주의할 필요가 있다. 위의 지역 활성화 목표를 근거로 기간을 짧게 하여 현재의 시각으로 보면 '누구에게', '무엇을', '어떻게'라는 전략을 세워 목표에 부합하는지를 확인하는 것도 중요하다(도표 6-2).

〈도표 6-2〉 지역활성화의 비젼에서 전략기획

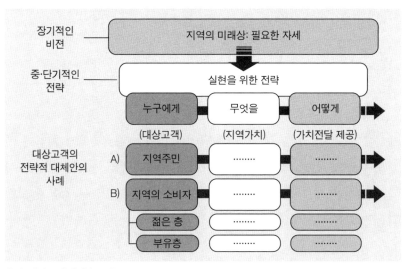

출처: 미야조에 켄시 (2014)

'누구에게', '무엇을', '어떻게'에 대한 전략을 구상해야 하는데 지역 활성화 전략에 있어서도 '누구에게'는 대상 고객, '무엇을'이란 그 지역의 지역 가치, '어떻게'는 가치의 전달이나 제공 기법을 활용할 수 있다. 대상 고객은 지역 주민이나 지역외의 고객이 되지만 지역뿐만이 아니라 특정계층, 예를 들면 젊은 층이나 혹은 부유층으로 대상을 정할 수 있고 외국인이나 예술가, 크리에이터 등도 대상이 될 수 있다.[79]

그리고 전략적 대안 중에서 장기적 비전의 적합성과 다른 지역과의 관계성도 검토하고 전략을 수립해야 한다.

2. 대처활동과 진행과정

대처활동이란 5장에서 이미 얘기한 바와 같이 ①지역자원에 착안하여 지역가치로 편집하고 지역자원을 지역가치로 창조한다 ②가치를 시장에 전달한다 ③가치를 시장에 제공하고 이루고자 하는 지역 활성화의 마케팅 모델에서 제시한 추진활동이다.

지역 활성화 대처의 순서와 과정

지역 활성화를 어떤 영역에서, 어떤 과정으로 시작하고 실행하는지는 비전이나 전략적으로 당연히 중요하다. 그래서 우리는 우리가 해야 할 일을 명확히 하고 이해관계자들에게 공유하고 노력하는 것이 바람직하다. 지역 활성화 대처 과정에서는 지역 브랜드(지역 자원 브랜드)에 대한

---

79) 유럽과 미국 등에서는 지역 활성화를 '시티마케팅'이라고 부르는 경우가 많은데, 이는 활발한 도시 간 경쟁으로 지역의 가치를 높이고 다른 도시와의 차별화를 꾀하며, 그것을 시장에 제공해 실현하는 마케팅 전략의 구축과 실천이 중요해지고 있다.

소비자의 행동과정을 보여주는 와다 외(2009)가 유효한 아이디어를 던져주고 있다.(도표 6-3)

　와다 외(2009)는 "지역 브랜드의 영역에는 '사고 싶다', '찾고 싶다', '살고 싶다' 등 3가지 영역이 있고 거기에 '교류하고 싶다'를 추가해서 4가지 영역이 있는 것으로 파악한다. 체험 가치에 의한 지역 브랜드 창조로는 세로축에 소비자와의 관계 정도(즉 심리적 계약의 성숙도)를 놓고, 횡축에 소비자에 끼치는 경험 가치를 두면 그 두 가지가 '사고 싶다'는 욕구가 낮은 단계에서 '방문하고 싶다', '교류하고 싶다', 살고 싶다'로 육성해야 한다는 인식을 나타내고 있다. 그리고 최종적으로 '살고 싶다'는 지역 브랜드 구축을 위해서는 이들 4가지 관리 영역을 단계적으로 조합한 체

〈도표 6-3〉 와다 외(2009) 지역브랜드 매니지먼트론

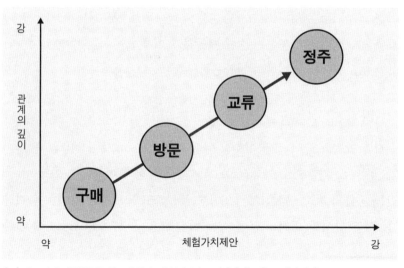

출처: 和田充夫·菅野佐織·德山美津惠·若林安保(2009)「지역브랜드·매니지먼트」

험가치 제안이 필요하다고 했다. [80]

물론 산품 등 (협의의) 지역 브랜드화를 통해 판매를 하고 이를 통해 매출과 고용이 확보되며 지역의 경제적인 기반으로 지역 활성화의 사업이 이뤄지는 축적과정을 거쳐서 정착하는 것을 흔히 볼 수 있다.

다만, 애초에 지역 활성화의 인재가 부족한 지역에서는 이주와 정주 촉진이 먼저 이뤄지지 않으면 활성화 정책을 추진할 수 없는 경우도 있다.

도쿄 도내의 교통 광고나 안테나숍에서 현(안테나숍을 낸 현)이나 특정 지역으로 이주하면 일정 금액의 이주지원, 생활을 보조해준다는 내용을 볼 수 있는 데 이런 배경에는 이유가 있다. 행정기관에서는 '이주·정주' 촉진이, 민간기업에서는 '구매·소비' 촉진을 우선하는 경우가 많다.

시마네현島根県 아마쵸海士町의 지역 활성화 대응 과정[81]

시마네현島根県 오키군隱岐郡 아마쵸海士町는 시마네현 앞바다에서 50km위치에 있다. 인구는 2005년 약 2,600명이고 고령화율은 36% 정도로 오늘날 일본의 전형적인 지방 과소지역이다. 아마쵸는 2000년 전후 행정재원의 고갈로 지역 운영에 심각한 위기를 맞았고 재정재건단체로 전락할 위기에 처해졌다. 그러나 지금은 지역 활성화의 성공적인 사례로 전국적으로 유명한 지역으로 탈바꿈했다. 방문자 수도 점점 증가

---

80) 와다 미츠오(和田充夫)외, 2009, 『지역 브랜드 매니지먼트』, 有斐閣, pp.6-8.
81) 사에키 유우(佐伯悠), 2013, 「지역 활성화에 있어서의 대처 과정의 사례와 그 적용」, 아오야마 가쿠인 대학 대학원 국제매니지먼트 연구과 리서치 페이퍼를 참고.

추세에 있다.

기사회생하게 된 것은 (연간계획으로 정한) '자립촉진 기획'이었다. 한마디로 선택과 집중에 특화된 시책이라고 할 수 있다. 즉 버릴 것을 버리고, 남길 것을 남기는 집중을 강화하는 전략이다. 버린 것은 철저한 비용절감이다. 구체적으로는 자치단체 직원의 급여 및 인원 삭감이었다. 그 결과 아마쵸(海土町) 공무원의 급여는 전국 최저 수준이 되었다.

한편으로 남긴 것, 아마쵸가 생존을 위해 선택한 것은 지역의 산업진흥이다. 종래의 기업 유치에 의한 지역 부흥정책은 외딴 섬이라는 조건을 제쳐두고 어디까지나 자발적인 산업화를 지향한 것이었다.

신산업 부흥을 구상하는 가운데 아마쵸가 주목한 것은 '지역 브랜드'였다. 이에 단지 지역의 산품을 판매하는 등의 어설픈 계책을 강구한 것이 아니라 지역 자원으로 경쟁 우위를 높일 수 있는 것에 한정하여 집중적으로 자원을 투자하는 전략을 택했다. 즉, 경쟁 우위를 구축하는 지역자원이란 '바다', '바람', '소금'을 중심으로 한 해산물과 농산물, 그리고 지역 특산인 천일염이었다.

이런 과정을 통해 탄생한 지역 특산품이 '소라카레さざえカレー', '이와카키하루카いわがき春香', '오키우시隠岐牛', '아마노시오海土乃塩'다. 특히 '소라카레'는 전국적으로 널리 알려졌고 유명한 지역 특산품 브랜드가 되었다.

산품의 개발이 진행되는 가운데 아마쵸는 두 개의 과제를 수립했다. 각 사업의 일괄 관리와 판로 개척이다. 두 가지 과제를 전담하는 조직은 2005년에 설립한 제3섹터 '주식회사 후루사토아마ふるさと海土'이다. 마을 직원과 그들의 헌신적인 공헌을 토대로 회사는 서서히 독자적인 판

로를 개척했다. 그 성과가 '소라카레'이며 이외에 3가지 지역산품이 탄생했다.

아마쵸는 다른 지방자치단체처럼 대부분 중앙행정에 의존하는 전형적인 지방이었다. 이곳이 재정 재건 단체로 전락할 위기를 맞자 내부에서는 기존 전략으로는 재기할 수 없다는 판단에서 앞서 말한 것 같은 완전히 독자 노선을 택하게 되었다. 그 결과 아마쵸에서는 미케츠쿠니御食国라는 예로부터 전해온, 타지역에는 없는, 풍부한 지역자원의 존재를 알게 되었다.

지금은 88개의 일자리(2004~2007년)가 만들어졌고 U·I턴을 중심으로 한 93가구, 170여명의 이주자가 탄생했다. 아마쵸의 지역 활성화 추진 과정은 지역의 숨어있던 자원을 독자적으로 개발하여 관광객, 방문객 증가(시찰)등 궁극적으로 정주자가 늘어나는 과정으로 지역 활성화를 추진하고 있다.

3. 평가지표

지역 활성화 대처의 최종 단계에서 고려해야 할 점은 효과에 대한 평가다. 지역 활성화의 평가지표로는 일반적으로 다음 4가지 지표를 꼽을 수 있다. ①경제효과(재화 창출) ②집객효과(번성) ③구전효과(타인추천), ④정주효과(주민 거주) 등의 4가지다. 그리고 이들 지표 중 하나 혹은 모든 것을 제고시키는 것이 지역 활성화의 정의라고 할 수 있다.

1) 지역 활성화의 평가지표

- 경제효과(재화 창출) 생산액(생산자, 제조업체), 소비액(소매, 서비스), 고용자수(고용창출), 설비투자액
- 집객효과(방문객 증가, 붐비는) 내방객수(이벤트 집객, 시설 방문자수, 관광객수)
- 구전효과(타인 추천): 소비자 인지, 평가, 이미지, TV, 잡지 등의 정보 발신량
- 정주효과(사람이 산다): 거주 인구 또는 각 지역의 상황에 따른 비전과 전략의 평가 지표가 존재할 수 있다. 즉 정주 인구가 증가하는 것만 으로는 지역 활성화가 아니고 생산액만 증가하는 하는 것도 지역 활성화가 아니라는 의미다. [82]

2) 지역 활성화 평가 지표의 논점

또한 상기 내용 이외의 지역 활성화 평가 지표의 논점은 다음과 같다.

- 주체 및 평가 대상: 프로젝트 단위로 평가하거나 시책을 전개하는 지역(행정) 단위로 평가할 것인가
- 평가기간 단기(연도 등) 평가인가, 중장기 평가인가
- 평가지표항목: 경제적 평가지표인가, 정서·정성적 정보(혹은 사회적 가치)를 어떻게 평가해야 하는가?
- 평가지표의 선택: 프로젝트(혹은 조직) 개별로 지표를 선택하여 평가

---

82) 지표는 '평소에 익숙한 통계 작성이 용이하거나 이미 통용화되는 지표'가 바람직하다. 데이터를 입수하기 쉽고 정기적으로 검증이 가능하기 때문이다.

할지, 포괄적인(전국 통일적인) 지표로 모든 프로젝트를 공통적으로 평가할지

- 경제적 효과와 사회적 효과: 지역 활성화의 관점에서 바라보는 사회적 효과를 평가 지표로 파악하는가는 중요한 과제이다.

또한 마케팅(브랜드 충성도 접근)과 사회학(공동체론 접근)의 측면으로 정리한다.

마케팅: 브랜드 충성도 접근

다무라(2011)는 지역 브랜드(협의)에도 일반적인 소비재 중심의 브랜드 충성도 이론을 적용하고 있다. 이를 통해 브랜드 지표의 개념을 지역 브랜드 평가에 적용함으로써 지역 활성화 평가 지표로 설정하는 것이 가능해진다.

- 호감도: 지역 브랜드에 호감을 가진 소비자의 비율(%)
- 사용: 지역브랜드를 사용하는 소비자의 비율(%)
- 추천의도: 지역 브랜드를 타인에게 추천하고자 하는 소비자의 비율(%)
- 가격프리미엄: 지역 브랜드가 경쟁제품 대비 비싸도 구매하고 싶은 소비자 비율(%)

지역 브랜드를 협의적인 물건(특산품 등)으로 국한하지 않고 광의적 개념으로 지역이라고 하면 지역 활성화 평가에도 적용할 수 있다.

사회학: 공동체이론에서 접근

히로이広井에 의하면, 공업화·산업화로 성장한 사회에 도래하는 사

회를 '정상형 사회'라고 하고 ①각 지역의 풍토나 문화·전통이라고 하는 '공간적인 다양성'에 사람들이 관심을 보이고 '풍요로움'을 누리게 된다(나아가고 있다 /뒤쳐지고 있다는 시간적인 좌표축 위에는 자리매김 할 수 없는 것이다). ②커뮤니티는 '인간이 사물에 대해 귀속 의식을 갖고 있으며 또한 그 구성원 간에 일정한 연대, 또는 상호부조 의식이 작용하고 있는 집단'이라고 정의하고, 정상화 사회에서는 지역 커뮤니티의 중요성이 높다는 것을 주장한다.

이 관점에서 지역 활성화의 기준점(지표)을 정의하면 다음과 같다.

- 지역 사회 확산(참여도·공감도)
- 외지에서 지역을 지원하는 커뮤니티의 확산: (예) 제품, 서비스, 관광 등으로 형성, 발신, 유통 등 가치사슬에 관련된 기업, 단체 혹은 가치제공 자원인력의 커뮤니티 결성 정도, 참가인원 등을 고려할 수 있다.

지자체의 사회적 효과 지표화 시도

지방자치단체에서는 도야마현富山県, 구마모토현熊本県 등이 지역 활성화로 인한 사회적 효과의 지표화를 시도 하고 있다. 예를 들면 구마모토현은 2010년 이후 새로운 도전을 순조롭게 진행하고 있다.

구마모토현은 카바시마현정의 기본이념인 '현민 행복량(AKH·Aggregate Kumamoto Happiness)의 최대화한다는 개념을 현민과 공유하고 효과적인

〈도표 6-4〉 구마모토현 현민행복량의 구성

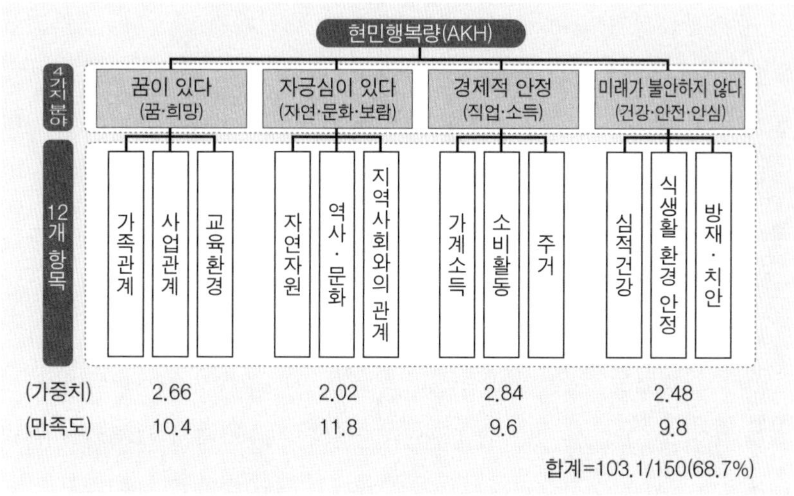

(가중치)	2.66	2.02	2.84	2.48
(만족도)	10.4	11.8	9.6	9.8

합계=103.1/150(68.7%)

출처: 구마모토현 (2013) 「현민행복량 지표화 조사」 구마모토현 기획진흥부 기획과, p. 1.

시책을 펼치기 위해 2010년도부터 행복량의 지표화에 힘쓰고 있다.[83]

이 지표는 행복의 요인을 "꿈(희망)", "긍지", "경제적인 안정", "장래/희망" 등 4가지로 분류해 요인별 만족도와 가중치를 현민(縣民)을 대상으로 설문을 통해 측정하는 것이다.

3) 지역 활성화 사업의 평가 과제

예를 들면 오미하치만近江八幡의 지역 활성화 대처를 사례로 살펴보자. '타네야たねや'의 지역 활성화 사업에 대한 평가는 1999년 '히무레노

---

83) 구마모토현(熊本県, 2013) '현민 행복량의 지표화에 관한 조사' 구마모토현 기획진흥부 기획과, 이 시산법에 따르면 2013년도의 구마모토현민 행복량지표는 100을 최고로 환산한 경우 68.7점(2012년도는 69.5점)이라는 것이다.

샤日牟禮の舎'의 개장 이후 매출과 고객 유치 실적은 높아졌지만 오치만시의 인구증가와 판매규모 등 경제지표는 호전되지 않았다. 경제지표 자료는 지역행정 단위로 밖에 파악할 수 없고 민간기업이 시행하는 개별사업의 성과는 파악할 수 없다는 문제가 있다. 그러면 모처럼의 개별 프로젝트도 지역 활성화 성과에 대한 인정을 받지 못하고 침체를 동반하여 성과가 가려질 수 있다는 우려도 생긴다.

새로운 지역 활성화의 평가지표 책정을 위해서

따라서 ①경제적 효과를 평가하는 지표, 사회적 효과를 평가하는 지표를 통합하고, 또한 ②지역 활성화 프로젝트 단위에서 행정지역 단위(복수의 프로젝트가 종결된 결과로서)로 평가하고 ③이해관계자간 사업의 효과를 알 수 있으며(지역 활성화의 대처가 얼마나 공헌하고 있는지 알 수 있다) 평가 지표 마련이 필요하다.(도표 6-5 참조)

〈도표 6-5〉 새로운 목표 설정·평가지표화의 접근

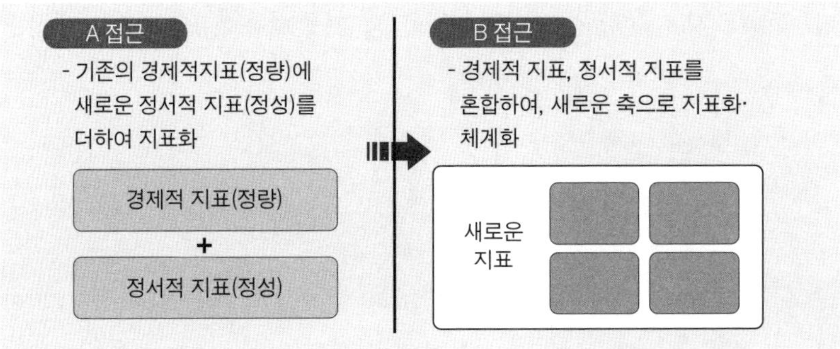

출처: 미야조에 켄시 (2014)

제7장.
지역 활성화의 주역

지역 활성화 대처 주체의 개념

지역 활성화의 접근 방법은 2가지의 형태가 있는데 ①지역 주체형의 대처, ②전국적 지원형이다. (도표 7-1).

지역 주체형의 대처

일정 지역을 대상으로 해당 지역에 조직(민간, 행정, 주민단체 등)을 활성화하는 방법이다. 이 책의 1부에서 살펴보았듯이 타네야(오미하치만), 롯카테이(오비히로 도카치 지방), SASEBO 토키다비(사세보) 등이 대표적인 사례이다.

전국적 지원형의 대처

복수의 지역(혹은 일본 전국)을 대상으로 어떤 기능을 통해(그 주체의 본업·본분 영역에서) 지역을 연계하여 활성화에 임하는 것이다. 대형소매업 등이 지역산품을 매입해 전국적으로 판매를 하는 사례나 잡지사가 지속적으로 전국의 다양한 사례를 기사를 통해 소개하는 경우다.

A: 지역 주체형의 대처

〈도표 7-1〉 추진 주체에 따른 2가지의 지역활성화 접근

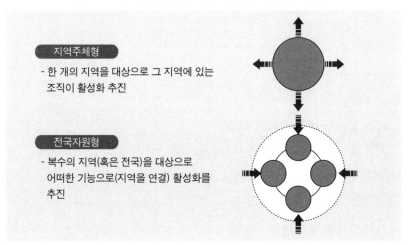

출처: 미야조에 켄시 (2012)

1. 지방자치단체(행정)

현이나 시정촌市町村 등 지방자치단체는 지역 활성화의 중요한 주체
이다. 중장기적인 종합계획 등의 정책을 바탕으로 산업과 고용 정책, 도
시정책, 관광, 교육·문화, 의료·복지 등의 각 분야에서 정책 결정, 제도
마련, 예산수립 등을 통해 해당 지역의 지역 활성화를 꾀하고 있다.

1) 새로운 정책투자

행정기관의 지역정책으로서 다수의 지역에서 공장(제조업) 유치, 대형 유통점(소매업) 유치 등 다양한 노력을 하고 있다. 최근에는 농산품(농업)과 연계할 수 있는 제과업체(제조 판매업) 유치를 통해 6차 산업화의 촉진이나 차세대를 겨냥한 첨단 ICT(정보통신기술)의 인프라 정비 등 새로운 투자와 지원을 하고 있다.

예를 들어 돗토리현鳥取県은 '기업입지촉진법', '농상공 등 연계촉진법'을 활용해 오카야마현岡山県의 제과업체인 '겐키치조앙源吉兆庵'을 현에 유치하고 풍부한 과일 자원을 활용한 제품개발을 2013년 3월부터 추진했다. 어떤 의미에서는 '6차 산업화' 추진의 사례라고 할 수 있다.

도쿠시마현徳島県은 국가 및 시정촌 사업자와 연계해 약 275억 엔을 들여 현 전역에 광섬유망을 구축하고 전국 최고 수준의 통신 환경을 만들었다. 2011년 TV 방송이 디지털방송으로 전환되면서 지역 방송국 이외는 전파 수신이 어려워져 케이블 TV(CATV)가 대안으로 급부상할 것으로 예상했다. 이에 따른 인프라 정비가 향후 카미야마쵸 등의 지역 활성화로 연결되었다(제11장 참조).

2) 민간과의 연계와 활용

지방자치단체의 독자적인 형태가 아닌 민간기업과 연계하여 민간기업의 장점을 활용하는 사업도 늘어났다.

다케오시 도서관(사가현 다케오시)

사가현佐賀県 다케오시武雄市는 시립도서관 운영을 '지정관리제도'를 활용해 컬쳐 컨비니언스 클럽(CCC)의 도서관컴퍼니를 지명하고 새로운 형태의 도서관을 추구하며 리뉴얼 공사를 시작했다(2013년 4월). 구체적으로는 츠타야TSUTAYA서점[84]나 DVD 대여점, 스타벅스를 관내에 유치하여 커피를 한 손에 들고 독서와 대화를 할 수 있는 새로운 형태의 도서관이다. 도서관 시설과 운영방안을 혁신적으로 수립하여 지역 활성화에 새로운 의미를 부여하고 있다.

① 특징

도서관과 서점을 융합한 것이 특징으로 20만 권의 도서를 두고 대여는 물론 책을 구입할 수도 있다.

도서 분류에 있어서도 소비자 편의 위주로 되어 있어 여행과 취미관련 도서는 판매 (서점)와 대출 (도서관)로 자연스럽게 연계하여 지금까지 없었던 새로운 경험을 체험 할 수 있다. 잡지는 30m 정도 길이의 진열대에 놓여있어 기존의 서점과 도서관과는 전혀 다른 도심 속의 전문 서점 같은 느낌을 준다. 약 600개의 신간 잡지를 구비하여 질적으로도 후쿠오카의 서점 수준이 아닐까(이에 시내는 물론 사가현 등 외지에서 찾는 것도 이해가 된다). 거의 모든 책을 카페 좌석에서 볼 수 있어 언제 찾아가도 질리지 않고 늘 가고 싶은 도서관으로 자리 잡아가고 있다.

내부 공간 연출도 세련되고 장서 부분은 2층까지 꽉 차 있어 마치 '도서 산맥'같은 느낌이 든다.

전문도서는 서적별로 열람을 할 수 있는 책상과 의자가 있어서 조용하고 폐쇄적인 학습실로 이용할 수 있다. 다른 곳의 개방형 형태로 된

---

84) 일본의 유명한 서점.

〈사진 7-1〉 다케오시 도서관

출처: 컬처컨비니언스 클럽 HP(2014년 6월19일)
http://www.ccc.co.jp/showcase/sc_004056.html?cat=life

공간과는 대조적이다. CD·DVD 코너는 독립된 거대한 돔 구조로 압도적인 집중감이 인상적이다.

직원들도 도서관 안내석에 앉아 있는 경우도 있지만 서점 직원처럼 각층을 다니며 동영상 등 조작이 서투른 장년층에게 안내를 하거나 책 검색 등을 도와주는 등 새로운 서비스를 제공하고 있다.

또한 츠타야TSUTAYA의 자동 대여기가 여러 대 설치되어 있어 책을 빌리는 경우 합리적으로 운영하는 최첨단 공간으로 인식되고 있다. 도서관에서 "T포인트 카드 있으세요?"라고 묻는 것은 꽤 신선한 체험이다. 폐관 시간도 종래는 관공서처럼 18시였지만 개보수 이후에는 21시로 연장하여 퇴근길에도 이용하기 쉬워졌다. 많은 사람이 다양한 목적으로 방문하고 있다. 이곳에서 지적인 욕구를 충족시키고 도시적인 공간을 만끽하며 나만의 편안한 공간과 시간을 보낼 수 있다. '생활을 더 풍요롭게 하는 도서관'으로 자리 잡게 되었다.

② 고객 반응

현지의 중·고교생의 학습이나 가족 단위의 이용객이 대부분인 것은 당연하다. 그러나 외지인의 방문객도 늘었고 중·장년층도 상당수 눈에 띈다.[85] 또한 도서관 앞에는 할인점 쇼핑센터(SC)가 있어 가족단위도 많이 볼 수 있다. 쇼핑은 SC에서 하고 커피는 스타벅스에서 즐길 수 있다.

③ 컬처 컨비니언스 클럽(CCC) 운영과 도서관 개혁

컬처 컨비니언스 클럽Culture Convenience Club은 '도서관 운영전문회사'가 조직적으로 운영한다. 다케오시武雄市의 도서관 운영 지침을 기본으로 1년 정도 기간으로 개보수공사나 제도 변경 등을 실현했다.

구체적이고 정량적인 수치로 개보수 전후를 비교해보면 면적은 300평에서 500평으로, 도서는 18만권, 자유열람도서 9만권에서 장서, 자유열람도서가 각 20만권으로, 좌석 수는 187석에서 279석으로, 개관일은 매주 1일 정기휴무에서 연중무휴로(개관일수 295일에서 365일로), 개관시간은 10:00~18:00에서 9:00~21:00로 확대되었다.

그 결과, 이용자는 연간 약 26만 명(2011년도)에서 개보수 이후 연간 약 100만 명으로 대폭 증가했다. 이 중 신규 이용자가 57.4%로 신규 열람객의 증가가 현저히 높아졌다. 한편 운영 경비는 종래의 연간 1억 2천만 엔에서 1억 1천만 엔으로 줄었다(직원 수는 19명에서 62명으로, 사서 15명에서

---

85) 2014년 3월의 다카하시 사토시(高橋聡, 컬처 컨비니언스 클럽 주식회사 집행 임원, 엔터테인먼트 사업 본부 즈칸칸 컴퍼니 사장)의 '경제 정책 포럼' 강연 및 히와타시케 이스케, 2014, 「沸騰!図書館」角川書店, p.156 참조.

13명으로 변경 됨).

미디어 전략은 기자발표회에서 출발했지만 시의 도서관으로서 당연히 시의 홍보과와 연계할 수 있었고 시의 홍보지에 정보 고지공간이 설치되는 등 시민들에게 정보를 전달할 수 있는 것은 민간기업으로서는 놀라웠다고 담당자는 말했다.

다케오시 도서관 활성화의 주요 요인으로는 도서관을 통한 시민가치 실현이 주효했다고 분석했다. 즉, ①T 카드를 도서관 카드로 만든 점(대여자의 80%가 이용) ②유형변환(검색중심의 기존 십진분류법이 아닌 쉽게 검색할 수 있는 시민 관점) ③휴식공간과 커피 ④공간 설계 ⑤이벤트·강연회 등의 적극적 유치 등이다.

④ 지역 활성화 관점에서의 효과

다케오武雄 도서관은 다케오 시민에게 지역에 대한 자부심이나 자신감을 주는 시설이다. 건물자체의 화려함이 아닌 문화와 첨단 정보를 한 곳에서 편안하게 즐길 수 있는 일정한 넓이의 공간, 장소가 아닐까? 적어도 지금까지는 지역에 없던 정보나 자극이 생겨 안심하고 연구할 수 있는 거대한 공간을 도서관측에서 제공하는 듯하다.

이 도서관의 공식 안내서에는 다케오武雄 시내의 음식점과 명소, 온천 등을 소개하는 여행안내 책자가 되기도 한다. 전국에서 이 도서관을 찾은 사람이 공식 안내책자를 통해 시내의 음식점이나 온천으로 편하게 발길을 옮길 수 있는 등 현지 관광과의 연계를 하게 되는 셈이다.

컬처 컨비니언스 클럽은 2013년 12월, 홋카이도北海道 하코다테시函館市에 '하코다테 타카야 서점函館蔦屋書店'을 개설했다.

이곳은 다이칸야마 츠타야代官山蔦屋 서점과 다케오시 도서관의 운영

전략을 혼합하여 운영하는 것으로 보이며 지역에서 새로운 공공성과 문화정보를 공유하는 공간으로 꾸미기 시작한 것으로 해석할 수 있다.

와카야마현 쿠시모토쵸

와카야마현和歌山県 쿠시모토쵸串本町와 와카야마 히가시어협和歌山東漁協은 2010년 대기업 수산 회사를 유치해 혼슈本州 최대 규모의 참치 양식장을 구축했다. 현재는 양식 참치 가두리가 41곳으로 총 6개 기업이 운영하고 있다. 긴키 대학近畿大学 '긴다이 참치近大マグロ', 마루하치 수산丸八水產, 요시다 혼죠よしだ本鮪, 마루토丸東, 기슈 우메모토 참치紀州梅本マグロ" 회사 등의 참여로 참치 양식의 일대 산지가 되었다.

당초에는 기존 어업 종사자들의 반대도 있었지만 참치의 먹이인 선어를 최저 가격 보증으로 매입함으로써 '어업 종사자의 안정적인 수입 확보, 생활의 안정→어업인 고용의 증가→ 정주 촉진'이라는 지역 활성화의 선순환을 낳고 있다.

니가타현 쓰바메시

니가타현新潟県 쓰바메시燕市은 2007년부터 금속가공 연마 장인의 인재를 육성하는 연수시설인 '쓰바이치 연마소 1번관'을 개설하여 젊은 인재를 대상으로 기술연수를 연간 예산 1,700만 엔(시설관리비 200만 엔, 사업위탁비 1,500만 엔)으로 실시하고 기술전문 인재 육성을 하고 있다. 지역의 중소기업이 개별적으로 실시하기 어려운 사업을 시와 공동으로 하는 형태이다. 지난 7년간 11명의 연수생을 배출했다.

3) 지역 주민의식의 활성화

행정기관의 새로운 시도로 주목받는 것은 지역 주민이 지역의 장점과 가치를 새롭게 발견하고 삶의 보람을 갖으며 일상의 업무나 생활을 활성화하려는 의식개혁에 임하기 시작한 것이다.

구마모토현 '구마모토 서프라이즈'[86]

2011년 3월 JR하카타역博多駅에서 JR가고시마鹿児島 중앙역까지 규슈 신칸센九州新幹線 전 구간이 개통했다. 구마모토는 신오사카와 직통으로 연결되어 호재라는 의견과 단순하게 통과역이기에 별 효과가 없을 것이라는 의견으로 나뉘었다.

의견은 분분했으나 구마모토로 외지인을 유입시켜 활성화를 통해 이미지 향상 등을 목적으로 구마모토현과 시민단체는 2009년 4월 '신칸센 원년위원회'를 설립했다. 이 위원회는 3가지 사업을 계획했다. 첫째, 현 내의 지역 만들기, '신칸센 원년 전략'이라고 했다.

둘째, 규슈 신칸센의 동쪽 거점인 오사카를 중심으로 간사이関西지역을 대상으로 구마모토현의 인지도 제고와 관광객 방문 촉진이다. 이 사업을 총괄하는 조직을 '구마모토 인지도 향상위원회'로 정했다.

셋째, 간사이 지역에서 구마모토를 방문한 관광객들에게 현지에서 대접하는 '구마모토 방문 추진회'라는 활동이었다. 그 중에서도 '구마모토 현 방문 추진회'는 구마모토현을 10개 지역으로 분할하여 지역자원을 발굴하는 활동을 조직적으로 전개했다. 신칸센으로 방문한 고객을 구마모토현 소재 지역으로 어떻게 방문을 유도할 것이냐는 문제를 지역과

---

86) 히로타 아키미츠(廣田章光), 2014를 근거로 기술.

연계하여 해결하고자 했다.

해결 방법으로는 교통연계와 지역자원개발 등이 거론되었다. 신칸센 개통에 따른 활용계획 143건을 준비하여 각각의 계획을 담당할 현県청 직원을 정하고 지역 주민과 함께 활동을 벌였다.

'구마모토 서프라이즈'란 2011년의 규슈신칸센 전체 노선 개통을 계기로, 구마모토 현민이 자신의 주변에 있는 매력적인 가치를 재발견하고 이를 보다 많은 사람에게 전파하고자 하는 사업이다.

결국은 많은 사람을 유입시켜 관광 자원이 되는 것은 물론 여러가지 매력적인 요소를 발굴하여 현민 개개인의 일상을 보다 풍요롭게 하는 (현민 행복량을 향상시킨다) 것을 최종적인 목표로 하는 사업으로 자리매김 하였다.

신칸센 원년 위원회의 위원장을 맡은 이시하라 야스야石原靖也가 2009년 7월 자문위원으로 초빙한 사람이 구마모토현 출신의 코야마 테도우 小山蕉堂였다. 코야마小山는 "실제로 살고 있는 당사자는 잘 모르고 나처럼 한 번 정도 왔던 사람이 느낄 수 있는 구마모토의 '매력'을 현 외의 사람에게 전하는 것이 중요했다"고 회상한다.[87]

또 '구마모토 서프라이즈'는 현민 주변에 있는 '행복한 매력'을 발산하고 전국에 확산시킨다는 의미가 있다. 동시에 그것을 실행하기 위해서는 현 전체가 전력을 다하는 의식 개혁이 필요하다고 호소했다. 그는 "동시에 관광 캠페인이라고 하면 관광객 집객에만 집중하기 쉽다. 규슈 신칸센 개통은 현민이 하나가 될 수 있는 축제로 모두가 한마음이 되는 계기이다. 관광객을 부른다는 단순한 발상을 탈피하여 현민의 의식과 체질을 바꾸는 것이 미래를 위해 필요하다고 생각했다. 현민 스스로가

---

87) 『Pen』 2013년 9월 1일호, pp.32-33.

느끼지 못했던 구마모토의 매력을 깨닫고, 맛보고, 즐기는 것부터 시작해 그것이 결과적으로 현 외부로 전해지면 된다"고 한다.[88]

이런 움직임은 구마몬〈くまモン〉 탄생의 배경이 되었으며(제10장 참조), 단순히 마스코트 캐릭터의 화제성, 지역캐릭터 상품 매출 증대라는 것에 그치지 않고 본질적이고 사회적인 활성화 효과를 주목하게 된 것으로 연결되었다.

4) 지역행정에 필요한 지역마케팅 및 조율기능

'지역 브랜드 전략'의 관점에서 지역 활성화를 추진하기 위해서는 대응시책과 활동 전체를 아우르는 조율 기능이 필요하며 지역 활성화의 주체로서 민간기업, 지방행정, 혹은 NPO등을 꼽을 수 있지만, 상호간의 연계가 반드시 필요하다.

지역 활성화의 목표(혹은 평가)에 있어서도 종래의 경제 효과로 추구할 수 없는 새로운 지표, 예를 들면 사회에 주는 정성적 지표(지역 주민의 행동·의식이나 생활 만족도의 변화 등)도 고려해야 하지 않을까? 적어도 단기적인 경제적 목표가 아니라 중장기적 목표를 내세울 필요가 있다.

특구 제도는 좋은 기회

지방행정에 있어서 특구제도는 각 부처와 연관된 다양한 제도 및 규제를 벗어나 협의와 조정을 통해 하나의 주제로 통합적인 전략 및 지역 비전을 수립하고 이를 실현할 수 있도록 각 부서가 연계해 나갈 수 있는 좋은 기회다.

---

88) 『구마모토 일일신문』 2013년 4월 12일 기사.

모든 지방자치단체가 추진할 수 있는 것은 아니지만 종래의 수직적 지역 활성화 사업의 과제를 해결하고 새로운 지역 브랜드를 창조하고 제공하는, 즉 '마케팅·코디네이션' 기능을 지역 행정이 발휘할 것으로 기대된다.

공공시설 등 종합관리계획제도 요청

또한 국가의 인프라 수명 연장 기본계획이 2013년 11월에 수립되고 '공공시설 등 종합관리계획'[89]이 2014년도부터 지방자치단체에 시행되어 공공시설 등의 현황 및 전망, 공공시설 등의 종합적이고 계획적인 관리를 위한 기본적인 방침을 제시할 필요가 대두 되었다.

이는 지자체가 소유하고 있는 모든 공공시설과 인프라를 대상으로 계획 수립에 근거하여 교부세 조치가 이뤄지는 것으로 지역 행정기관이 그 지역의 활성화를 위해서 중장기적인 대규모 계획을 수립하고 그 계획을 근거로 학교, 도서관·체육관, 공영 주택, 공원, 도로, 다리, 상하수도 등(부서 조직을 초월해) 종합적으로 지역 자원을 재검토하여 가치를 높이기 위한 계획, 실행, 관리의 코디네이터를 해야 할 시대가 온 것이다.

확실히 지역 브랜드에 대해 전체적인 구상을 종합적인 관점에서 전략을 세우고 실행하는 것이 대부분의 지역에서 요구되고 있다.

---

89) 2013년(헤이세이 25년) 11월, 국토교통성의 정책..

2. 민간기업

민간기업의 지역 활성화 노력은 이미 제I부에서 살펴본 바와 같이 자사의 영업전략, 타사(타 지역기업)와의 차별화를 위해 지역의 특징을 내세워 지역자원이나 이해관계자와 연계해 상호작용을 통해 지역에 공헌하며 지역 활성화로 연결된 사례를 살펴보았다.

여기서는 민간기업의 지역 활성화 추진에 있어서 ①산업집적의 대표기업 리더십 ②본 사업 이외의 지역 공헌활동 ③지방 백화점의 지역 활성화 노력 ④지역 금융기관의 지원이라는 관점으로 정리한다.

1) 지역산업 집적도시에서의 기업 활동

대표기업 리더십

전통적인 산업집적도시에서는 수많은 동종업계간의 동일한 가치창조(제조), 가치전달, 제공이라는 특징이 있다. 그러나 장시간의 정체와 미래에 대한 불확실성이 생겨나자 일부 기업은 미래를 위한 선제적인 시도를 하고 당면한 과제를 돌파하려는 노력을 하게 되었다. 나카가와 마사시치中川政七 상점의 나카가와 사장도 얘기했듯이 지방 산업을 이끄는 기업 중에서도 현대적인 가치창출과 제공을 통해 타사를 이끌어가는 '스타성 있는 상징적 기업'이 필요하다.

제4장에서 소개한 니가타현新潟県 산조시三条市의 경우처럼 '타다후사'의 앞서가는 혁신이 있었고 이를 쫓아가려는 동종업계 경쟁사도 회사의 특징을 부각시켜 가치를 발휘한 사례도 있다.

또 산업 집적의 대표적인 사례로서 모범적인 곳으로는 사가현佐賀県

아리타쵸有田町의 아리타야키有田燒가 있다. 아리타쵸에는 세계적으로 유명한 기업이 다수 존재하고 있으며 이들의 활동으로 지역 브랜드화와 지역 활성화가 진행되어 왔다. 그러나 근래에는 인접한 사세보시의 미카와우치야키三川内燒, 나가사키현長崎県 하사미마치波佐見町의 하사미야키波佐見燒가 급속하게 지역 브랜드를 강화하며 새로운 마케팅 환경을 조성하고 있다. 아리타야키도 지역 기업이 다수 모여 있는 지역으로 자체의 브랜드화를 강화할 필요가 있어 활성화에 대한 대처가 기대된다.

지역 브랜드 강화=지역 브랜드화 추진

산업집적도시에서는 특산품의 브랜드화(협의의 지역 브랜드화)를 여러 기업이 공동으로 대응함으로써 지역 자체의 브랜드화(광의의 브랜드화)가 진행되고 있다. 개별기업의 중소 브랜드를 하나로 합쳐 하나의 라이프 스타일 브랜드로 통합하고, 나아가 해당 업종뿐만 아니라 그 지역의 다른 업종을 포함하여 지역 브랜드화 하는 움직임이 있다.

예를 들어 교토 상공회의소가 주도한 '교토 커넥션', 쓰바메산조燕三条 지방산업진흥센터의 '쓰바메산조 프라이드Pride' 등이다.

쓰바메산조 프라이드 계획(니가타현)

'쓰바메산조 프라이드 계획'이란 니가타현新潟県 유은산조乳隱三 지역의 지명도를 높이고 농상공 등 모든 지역산업의 활성화를 도모하기 위해 시작되었다. 쓰바메산조의 지역브랜드 확립을 목표로 재단법인 쓰바메산조 지방산업진흥센터가 중심으로 2013년부터 사업을 시작하였

다. [90]

쓰바메산조 지역은 전국적으로는 식기와 칼 등 금속 가공 기술의 집적지로 알려져 있지만 시나노강信濃川의 풍부한 수자원과 비옥한 대지를 기반으로 하는 농업도 활발하다. 이에 제품을 접목시켜 '식탁'이라는 이미지를 착안해 '자연 환경과 친화적인 유기농 생활'이라는 새로운 지역 가치를 창출하고 가치 전달과 제공을 시작했다. 이는 '공업과 농업', '전통과 최첨단의 제조업'이 공존하는 쓰바메산조만의 가치관이기도 하다. 구체적으로 '지역 산품'(유기농 야채, 식재료, 물·술, 서양식기, 주철식기, 주방용품 등 계획), '관광'(자연, 사토야마 체험, 산업관광, 전통공예공장 견학, 거리 걷기 관광 등 계획), '지역촉진'(지역상징 등의 계획) 등의 조합으로 이루어진 쓰바메산조 프라이드 계획을 수립했다. 이를 통해 쓰바메산조의 매력을 표현하는 라이프스타일

(생활형태)을 만들고 홍보를 통해 상호간의 시너지효과를 높여 지역 전체의 활성화를 이루고자 했다. 또한 도표 7-2의 로고를 만들어 지역산품과 관광·음식 서비스 등에 적용하여 지역 브랜드를 강화하고 있다.

〈사진 7-2〉 쓰바메산조 프로젝트 로고

TSUBAMESANJO
organic lifestyle creations

---

90) 일반재단법인 "쓰바메산조 지방산업진흥센터" HP http://www.tsjiba.or.jp/brand/ (2014년 6월 27일).

2) 사업 이외의 지역 공헌 노력

민간기업의 전통공예나 지방명과 등의 사업을 통한 지역 활성화 대처에 대해 제1부에서 알아보았다. 몇몇 기업(신흥기업 등)은 사업 이외에 지역 공헌 활동 등을 하는 것을 알 수 있다.

크로스컴퍼니

오카야마시에 본사가 있는 크로스컴퍼니(대표이사 사장: 이시카와 야스하루石川康晴)는 최근 수년간 급성장한 의류 전문 기업이다. 본사 소재지인 오카야마현岡山県의 활성화를 위해 2013년부터 '오카야마 아트빌리지 프로젝트'를 시작했다.

첫 번째로 오카야마현 신조무라新庄村에서 먹거리와 음악을 주제로 한 '쿨 오카야마 페스티벌'을 2013년 8월 24, 25일 양일간 개최했다. 또한 '오카야마 푸드 페스'라는 이름으로 이탈리안·프렌치·일식 등 오카야마현岡山県의 고급 음식점이 참가하는 행사를 열었다. 지역의 식재료를 이용한 요리를 제공하고 현지의 와인숍, 제과점 등이 참가했다. 공연 행사인 오카야마 뮤직 페스티벌은 3팀의 연주자를 초청했다.

양질의 먹거리와 체험을 통해 도시의 매력을 알리고 신조무라新庄村의 풍부한 자연을 체감할 수 있는 워크숍도 개최했다. 신조무라에서 대규모 행사가 열린 것은 처음이며 제1회 행사에는 2일 간 3,030명이 입장했다.

크로스컴퍼니는 '경제성장과 사회공헌의 병행'을 기업 이념으로 다양한 CSR(기업의 사회적 책임) 활동을 펼치고 있다. 지역기업으로써 오카야마에 대한 공헌 활동을 중요하게 인식한 이시카와 야스하루石川康晴 사장은 자발적으로 발기인이 되어 지역 경제 활성화와 젊은 창업가의 지원을 목적으로 '오카야마 어워드'도 매년 시행하고 있다.

아트 빌리지 프로젝트는 이를 방침으로 삼아 '과소화가 진행되는 중산간지역(평지에서 산간지역에 걸친)'에 예술 사업을 활성화하여 관광객 유치와 일자리 창출이라는 목적으로 시작하였다. 신조무라는 오카야마현 북서부에 위치한 현 내의 인구가 가장 적은(907명) 마을로 '오카야마 어워드 제1회 행정·지자체 부문'을 수상하며 이 사업의 첫 발을 내딛었다. 이번 페스티벌을 시작으로 2015년 옛 가옥을 수리한 숙박시설과 레스토랑, 2018년에는 미술관을 개관할 계획이다. [91]

3) 지방 백화점의 지역 활성화 노력

지방 백화점은 지역에서 유통, 상업시설의 역할 뿐만 아니라 행사 개최와 문화 지원활동을 통해 지역주민의 사회적, 문화적 공동체의 교류 거점이기도 하다. 더욱이 오랜 시간을 거쳐 지역에 뿌리내린 경우를 흔히 볼 수 있다.

여기서는 마츠야 긴자松屋銀座(도쿄도 츄오구), 미하루야三春屋(아오모리현 하치노헤시), 나카산 아오모리점中三青森(아오모리시), 후쿠야福屋(히로시마시), 이치바타一畑 백화점(시마네현 마츠에시)의 지역 활성화 사업을 살펴본다.

마쓰야 긴자: 그린 프로젝트

마쓰야 긴자松屋銀座는 환경보호와 긴자의 새로운 가치를 창조하기 위해 건물 옥상을 정비하여 테마에 공감하는 기업이나 단체등과 공동으로 소비자가 체험하고 공유하는 정보 교류거점 만들기를 진행하고 있다.

---

91) 『센켄(繊研) 신문』 2013년 7월 24일자 및 2014년 6월 11일 기사.

마쓰야 긴자는 긴자에서 꿀벌을 기르는 NPO 법인 '긴자 꿀벌 사업'에 동참하여 2007년부터 옥상에서 오이·토마토·가지·고야 등을 재배해 텃밭에 꿀벌이 찾아오는 자연 환경을 제공하기 위한 녹화 활동 '긴자 환경 계획'을 시작했다. 녹화활동으로 생산한 꿀은 마쓰야 긴자 지하 식료품관에 있는 꿀 전문점 '라베이유'에서 '긴자 꿀'이라는 상표로 판매되고 있다.

2012년 8월에는 이 텃밭에서 기른 채소를 재료로 호텔 세이요 긴자의 총주방장이 직접 요리하는 야채카레를 즐길 수 있도록 수확축제를 개최했다(호텔 세이요 긴자는 마쓰야 긴자 멤버에게 소개받아 2009년부터 활동에 참가하였고 긴자 꿀벌 사업에서 채밀한 꿀을 사용한 제과의 개발·판매 등도 하고 있다).

〈사진 7-3〉 마쓰야 긴자 옥상에 설치된 [긴자 그린프로젝트] 텃밭

마쓰야 긴자는 2012년 6월부터 '소라토니와ソラトニワ' 사업을 시작했다. 옥상 텃밭 옆에 '소라토니와 긴자'라는 휴식공간과 Web 라디오 방송국 스튜디오를 설치하여 지역 활성화를 위한 정보 발신 활동을 하고 있다.

"집 밖으로 뛰쳐 나가서, 거리를, 그리고 인생을 더 즐기자!"는 콘셉트로 '사람, 물건, 문화'를 실감나게 연결하여 거기서 파생되는 가치를 체험하는 사업이다. 즉 성인을 위한 '대면 반상회'로서 지역 밀착형, 사용자 참여형 등 다양한 형태의 이벤트 및 콘텐츠를 행사장(옥상 무대 및 공간 등)이나 가상공간(컴퓨터나 스마트폰으로 정보 발신과 Web 라디오 방송에 의한 정보 전달) 등 다양한 채널을 통해서 복합적으로 전개하고 있다.

'소라토니와 긴자'의 면적은 434㎡로 옥외에 파라솔을 설치하여 의자 40개, 벤치형 6개를 배치하였다. 또한 약 20개의 화분에 물푸레나무, 기장대풀 등 관엽식물을 심고 옥상 단열 효과가 있는 인터블록(코마츠 정련제)을 깔아 고객들에게 쾌적한 환경의 도심 휴식공간을 제공하고 있다.

'소라토니와 긴자'는 노스 프로덕터(n.o.s. ·productor) 주식회사가 운영하며 스튜디오에서 개성 있는 Web 라디오 프로그램을 매일 정오에 방송한다. 방문객들은 외부에서 스튜디오의 모습을 보며 즐길 수 있다.

방송은 컴퓨터나 스마트폰 전용 앱으로 들을 수 있으며 미디어를 통해 정보 발신이나 공동체 교류를 강화하고 있다. 또 앱을 통해 긴자 지구 전문점(예를 들어 문구점, 향의 노포 '하토이도鳩居堂'나 젓가락 전문점 '긴자 나츠노銀座夏野') 등에서 할인 혜택을 받을 수 있는 '소라토니와 티켓'을 배포하여 시청자들을 지역 전문점으로 유인하고 있다. 마쓰야 긴자뿐만 아니라 긴자 지구 전체의 활성화도 목표로 하고 있다.

이와 같이 마쓰야 긴자는 도심 속에 위치하며 자연을 체험할 수 있는 텃밭을 설치해 야채나 꽃 등을 재배하여 곤충이 찾아오는 자연 환경보전의 중요성을 소비자에게 전달하면서 지속적으로 인식하도록 했다. 소위 새로운 생활의 풍요로움을 제안한 것이다. 자연식재료를 활용한 음식을 선보이고, 긴자 주변의 음식점이나 전문점이 참가하여 고객이 매장을 찾아오도록 하는 등 지역자원을 활용하여 지역 활성화에 힘쓰고 있다.

지역 백화점의 지역 활성화 노력

마쓰야 긴자 이외에 최근 주목받는 지역 백화점의 전략으로는 ①지역 특산품의 지역 브랜드화 ②지역 자원 매장에서 정보 발신 및 집객 활용, ③지역 주민 교류 거점화를 통한 사회성 제고 등 3가지 방향으로 정리할 수 있다.

① 지역산품의 지역 브랜드화

아오모리青森의 '나카상なかさん 백화점'은 지역 특산품을 자체적으로 가공하여 만든 '기타노렌北のれん'이라는 브랜드를 아오모리점青森店·히로사키점弘前店의 식료품 매장에 입점하였다. MD 운영의 노하우와 상품 구색을 갖춰 백화점뿐만 아니라 지역의 호텔과 연계하여 매장(선물가게)을 운영하고 있다. '키타노렌北のれん'이라는 브랜드로 다수 지역에 매장을 개설하고 있다.

더욱 적극적으로 발전시키면 신용구매력을 활용해 다른 지방으로 확대하여 상품외판을 늘릴 수 있고 '아오모리 관광물산'을 통해 지역백화점을 순회하는 도큐핸즈의 '트렁크 마켓'과 같은 형태의 '매장'도 가능하다.

삿포로 마루이 이마이丸井今井의 홋카이도 지방특산품 전문점인 '기타키친きたキッチン'(삿포로 신치토세 공항)이나, 오카야마의 텐마야天満屋 '후루사토관ふるさと館' 등도 지역 특산품 매장의 일종이다. 히로시마의 후쿠야福屋와 히로시마현은 포괄연계협정을 맺고 현과 정보교환을 통해 기념품을 개발하는 사업을 시작했다(2012년 10월 발표).[92]

2012년 11월에는 연말연시용 7개 품목을 선보였고, 2013년도에는 10

---

92) 『닛케이 MJ』 2012년 10월 22일 기사.

여 개 품목까지 구색을 늘릴 예정이다. 공동 개발한 '세토우치 히로시마 보물상자瀬戸内ひろしま宝箱'는 7종류로 굴과 사케 세트 등이 있다. 지사의 편지와 히로시마 관광정보를 동봉했다. 현은 선물상품의 공동개발을 통해 관광진흥과 연계하는 것 외에 육아휴직 촉진운동 등 현의 사업 안내를 후쿠야(福屋) 매장 내에 현수막으로 고지한다. 2019년에도 양자 간의 포괄연계협정을 체결했다. [93]

② 지역자원 매장에서 정보 전달 및 고객 유치 활용

지역 백화점은 소재지의 병원, 문화·스포츠 시설 등과 연계하여 전문가와 정보를 공유하거나 강연회·세미나 등의 개최를 늘리고 있다.

예를 들면 아오모리현青森県 하치노헤시八戸市의 미하루야는 백화점과 가까운 호텔·병원 등의 전문가를 초빙해서 강연 이벤트를 열거나 대학 문화센터의 작품전 등을 개최하는 등 지역과 연계한 행사를 적극적으로 전개하고 있다(하치노헤 뉴시티 호텔 조리장이 개발한 현지 맛집 제품 판매, 하치노헤 적십자병원 안마사의 안마 프로그램, 하치노헤 플라자 건강세미나, 하치노헤 건축공학과 졸업설계전 등). 이러한 이벤트 개최를 통해서 고객 상호간의 이용도 늘고 있다.

③ 지역 주민의 교류 거점화에서의 사회성 발휘

백화점의 지역 활성화 대상 범위는 제품으로만 그치지 않는다. 지역민의 행복지수를 높여서 정주하고 싶은 도시로 만드는 활동으로 확산되고 있다.

예를 들면 마츠에시의 이치바타一畑 백화점은 지역의 노년층을 대상

---

93) 히로시마시, https://www.city.hiroshima.lg.jp/soshiki/108/920.html.

으로 추억이나 고민 상담 등 폭넓은 주제로 전문 상담사가 응대하는 코너를 매장 주차장 한 켠에 마련했다. '주민이 불안하지 않은 행복한 지역으로 만드는 것이 백화점의 사명'(나카무라 카츠스케 전 이치바타 사장)이기 때문이다. 또 오키나와현 나하의 미쓰코시三越는 합창단이나 연주자 등이 매장에서 미니 콘서트를 하겠다는 제안을 흔쾌히 받아들여 발표회와 교류의 장소로 제공하고 있다.

　지방 백화점은 공동체(연결)의식이나 동반자로서 평가를 긍정적으로 높일 수 있는 정신적인 효과, 말하자면 사회적인 효과를 발휘하고 있다. 지역 활성화로 업종의 특성을 정착해가는 지방백화점은 매장이 소재하고 있는 지역과 어우러져 경제적, 문화적, 정신적 등 다양한 측면에서 지역의 풍요로움을 실현하기 위한 활동 방침을 명확히 하고 이에 백화점의 자원인 매장(장소)·상품·인재 등의 경영자원을 살려 마케팅 조율 기능을 발휘하여 지역 활성화에 공헌하는 것으로 중요하게 인식되고 있다.

　백화점의 지역 활성화 대처는 다른 업태(인터넷 업종, 저렴한 가격의 물품 판매 업태)와는 다른 특성을 발휘하게 되어 백화점이 지역 고객으로 뽑혀서 지지를 얻는 결과로 이어진다. 말하자면 백화점은 지역 활성화에 대처하며 업태 특성을 확립해 나갈 것으로 인식되기 때문이다.

4) 지역금융기관

　지방은행·신용금고 등의 금융기관은 기업과 단체의 활동을 재정적으로도 지원하지만 새로운 경영계획 수립, 영업전략 입안 등 기업 활동의 상단부터 제품판로 확대 등 하단까지 경영성과에 대해 전반적인 대응을 늘리고 있다.

아사히 신용금고[94]

도쿄도東京都 다이토구台東区의 아사히 신용금고는 2013년 2월 다이토 구와 산업 진흥과 관련한 제휴 협정을 맺었다. 같은 해 4월부터 중소기 업진단사 자격증을 소유한 직원을 구청에 파견해 중소기업의 판로 확대 나 경영개선계획 수립 등의 상담업무를 시작했다.

구체적인 활동으로는 중견 행원을 구청 내에 상주시켜 은행과의 네트 워크를 활용한 지원(예를 들어 판로확대나 신상품 개발에 직면한 기업에게 기존 고 객을 소개하는 등)을 실시하고 있다. 거래처에는 지원금이나 융자제도 등 구청의 산업진흥정책 정보를 적극적으로 제공하고 관민 일체가 된 지역 산업의 활성화 촉진을 돕고 있다.

3. NPO

지역주민이 주체가 되어 발족한 비영리 활동 법인(NPO)의 대표적인 사례로 도쿠시마현德島県 카미야마쵸神山町에서 지역 활성화(제11장)의 중심적인 역할을 하는 NPO 법인 '그린밸리'의 탄생 과정을 살펴본다.

1) 그린밸리(도쿠시마현 카미야마쵸)

도쿠시마현 카미야마쵸는 지역주민이 주체가 되어 시작한 특정비영리

---

94) 『일본경제신문』 2013년 2월 15일 기사.

활동(NPO) 법인 '그린밸리'(이사장 오오미나미 신야大南信也)가 지역 활성화에 중요한 역할을 담당하고 있다. 상세한 활동 전반에 대해서는 11장에서 자세히 설명하고 이번 장에서는 NPO 출범 초기의 활동을 살펴본다.

앨리스 귀향 추진 위원회와 국제 교류 협회

사업의 배경은 현지에 남아 있던 미국 인형의 역사를 거슬러 올라가는 것에서 시작된다. 도쿠시마현이 추진하려던 '국제문화마을 조성사업'에 지역주민이 주체가 되어 자체적으로 가능한 일이었다. 미래가치를 염두에 두고 활동을 시작한 것이 현재의 지역 활성화로 연결된 것이다.

오오미나미 신야는 모교인 초등학교에서 학부모회 임원으로 근무하던 중 어느 날 교내에 전시되어 있던 파란 눈의 인형을 발견했다. 태평양 전쟁 이전 악화로 치닫던 미·일 관계에서 양국의 우호를 위한 친선 인형 교환 프로그램의 일환으로 펜실베니아주 윌킨스버그시에서 기증한 인형을 오랜 세월 보관하고 있던 것이다.

오오미나미大南는 기증자를 찾기 위한 계획을 수립하여 학부모회 동료 등과 1991년 인형을 미국으로 보내기로 했다. 인형의 귀향을 위해 미국으로 떠난 이들은 현지에서 열렬한 환영을 받았다.

이를 계기로 지역 간의 교류를 지속하기 위해서 오오미나미는 1992년 '카미야마쵸 국제 교류 협회'를 설립, 회장으로 취임했다. 1993년에는 윌킨스버그시에서 방문단을 결성하여 이곳을 찾았고 두 도시의 교류는 계속되었다[95].

협회는 초중고교에서 영어를 가르치는 외국어 지도 조교인 ALT

---

95) 오오미나미(大南)는 1970년 대 미국 스탠포드 대학원에 유학해 당시 마이크로소프트나 애플 등과 같은 벤처기업의 설립과 더불어 전 세계에서 재능있는 젊은이들이 모여 다양한 벤처 창업 등을 벌이는 실리콘밸리 지역의 창조력이 넘치는 문화나 라이프스타일 경험을 했다.

(Assistant Language Teacher) 조직을 결성했다. ALT는 학생들의 발음 향상과 국제 관계 이해 등의 제고를 목적으로 교육청 주관으로 각 학교에 배치되는데 이들은 교습 과정 연수를 받아야한다. 이 연수기관의 주체로 국제교류협회가 자원한 것이다.[96]

지역 주민의 가정에서 민박 형태로 숙소를 제공하였다. 파티 또한 미국의 윌킨스버그시에서처럼 각자 요리를 준비하여 삼삼오오 즐기는 형식으로 치러진다. 민박 형태로 진행된 ALT 운영은 긍정적인 평가를 받아 2007년까지 지속됐다.

국제문화 마을위원회

오오미나미 일행은 1997년 4월 '국제문화마을위원회'를 발족했다. 당시 도쿠시마현이 계획하던 장기계획의 일환으로 국제 문화촌 조성사업이 있었는데 오오미나미 등은 관 주도의 정책 추진이 아닌 주민이 직접 주체가 되어 카미야마쵸를 국제적인 도시로 만들고자 했다. 그들은 사업의 일환으로 1999년부터 '카미야마 예술가인 레지던스(KAIR)'와 '어댑트(adopt)[97] 프로그램'을 시작했다.

미국의 사례를 바탕으로 시작한 '어댑트 프로그램'은 도로에 인접해 거주하는 주민이 일정 구간을 정해 도로 청소 등의 미화를 담당한다. 오오미나미는 '카미야마에서도 주민이 지속적으로 도로 청소를 하는 것이 문화마을로 자부하는 지역의 책임'이라고 생각했다. 그 후 2004년에는 KAIR 사업 등을 본격적으로 전개하기 위해 카미야마쵸 국제교류협회를 NPO 법인 '그린밸리'로 개편했다.

---

96) 시노하라 타다시(篠原匡) 2014, 『Jr. 카미야마 프로젝트』, 닛케이 BP사, pp.173-174.
97) 아답트(Adopt)란 입양한다는 의미이다.

그린밸리의 목표는 '일본의 시골을 멋지게 변화하도록 하는 것'이다. ①'사람'을 콘텐츠로 한 창조적인 시골 만들기 ②다양한 인재의 지혜를 융합하여 '세계적인 카미야마' 만들기 ③'창조적 과소에 의한 지속 가능 지역 만들기' 등의 세 가지 가치를 내걸었다. 예술가, 장인, 창업가, ICT 전문가 등 창조적인 인재가 살고 싶은 '창조적인 카미야마'라는 이미지로 연결했다(KAIR에 대해서는 제8장에서, 그 외의 지역 활성화 대처 전반에 대해서는 11장에서 상세하게 기술한다).

B: 지역 활성화를 지원하는 전국적인 활동

각 지역(혹은 일본 전역)을 대상으로 특정한 계획을 세운 뒤(그 주체의 본업·본분영역) 지역을 연계하여 활성화를 이루고자 하는 형태를 구상할 수 있다. 대형 소매업 등이 지역 특산품을 매입하여 전국을 대상으로 판매하는 사례나 잡지에서 지속적으로 기사를 작성하여 전국에 소개하는 사례도 있다.

4. 대형 백화점: 지역자원 발굴과 전통기술 계승 활동

전국에 걸쳐 있는 대형 백화점은 지역의 소재나 전통 기술을 살려 현대적인 기능이나 디자인으로 가치를 높인 상품을 소비자에게 지속적인 판매를 하며 지역 활성화를 추진하고 있다.

〈도표 7-2〉 대형백화점의 지역활성화(지원)의 대처

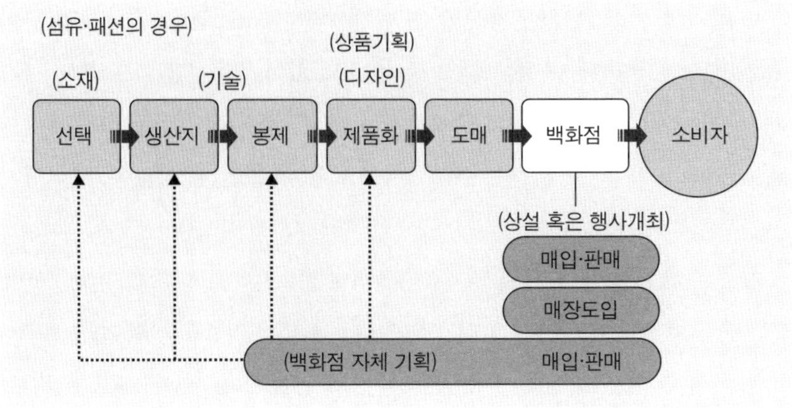

1) 상품 구입 및 판매(행사 또는 상설 판매)

전국 각지에서 특색 있는 제품을 찾아내 자사의 백화점에서 판매한다. 상설 판매와 기간 한정으로 판매하는 경우가 있다. 대부분 기간 한정으로 판매한 후 평가를 통해 상설판매로 전환하는 경우가 많은 편이다.

미쓰코시 '카유안'

미쓰코시 백화점의 '카유안菓遊庵'은 전국 각 지역의 명물 과자를 선별하여 판매하는 매장이다. 1950년 전국 노포 과자 제조업체가 '매장의 신용'과 '기술육성'을 목적으로 '전국 명산과자 공업협동조합'을 결성해 니혼바시 미쓰코시日本橋三越 본점에서 개최한 '전국 명물과자 부흥을 위한 판매전'이 계기가 되었다. 제2회부터는 '전국 명과전'이라는 이름으로 현재까지 매년 1회씩 개최되고 있다.

1984년부터는 니혼바시 미쓰코시 본점에서 '전국 명과전'을 주제로 전통 명과 매장을 개설했고 점차적으로 취급 제품을 늘려서 1988년부터 '카유안'이라는 브랜드를 만들었다.

니혼바시 미쓰코시의 '카유안'은 현재 약 80개 브랜드의 지방 명과가 요일별로 입고되며 많은 고객으로 붐비고 있다. 전국의 미쓰코시 14개 매장과 이세탄伊勢丹 마츠도점松戸에서 취급하고 있으며 온라인에서도 판매한다. 2014년 7월, 니혼바시 미쓰코시 카유안의 제품은 도쿄명과(아사쿠사浅草 '카메쥬亀十' 등 26곳), 교토명과(산죠三條 '와카사야若狭屋', 카메야亀屋 '토모나가友永' 등 6곳), 전통명과(후쿠오카현 '코즈키 히카리湖月翡', 아이치현 '미노다다美濃忠' 등 24곳) 등이 있다. 또한 다노시미초이스(니이누마新沼 '마루야 본점丸屋本店', 후쿠오카福岡 '이시무라 만세이도石村萬盛堂' 등 12곳), 매월 한정 상품(사가현 '무라오카 소홍포村岡総本舗', 아이치현 '키요메모치총본가きよめ餅総本家' 8곳) 등 총 76개 매장의 명과가 입고되어 중장년 부인 층에 인기가 높다. 적은 비용으로 다양하게 구매할 수 있는 것이 특징이다.

양갱을 주제로 한 행사 개최

일본의 전통 화과자인 '양갱' 축제(YOKAN. 양갱 COLLECTION)이 2010년 긴자 미쓰코시를 시작으로 JR오사카 미쓰코시三越 이세탄伊勢丹(2011년), 마루이 이마이丸井今井 삿포로 본점(2012년), 후쿠오카 이와타야岩田屋(2013년)와 미쓰코시 이세탄三越伊勢丹 등에서 매년 열리고 있다.

이 행사는 양갱을 만드는 전국의 80여 개 지방명과점이 참가하여 선보이는 200여 종의 양갱은 물론 양갱의 역사, 제조비법 등에 대한 토크쇼 등을 통해 다양한 볼거리를 제공하고 있다. 행사는 양갱이라는 단순한 제품만으로도 소비자에게 신선하고 또렷한 인상을 심어주었다. 또 이와 같이 전국의 과자 회사를 모아 행사를 치른 것은 백화점의 마케팅과 코디네이션 기능을 최대한 발휘한 것으로 평가할 수 있다.

2) 매장 도입(행사 혹은 상설매장화)

지역의 우수한 상품을 취급하는 매장을 백화점에 도입한다(기간 한정 행사, 혹은 상설매장화) 위의(1)항의 경우처럼 상품을 매입하여 소수의 품목으로 구색을 갖추기보다는 본격적으로 대규모 매장으로 구성이 가능하다. 백화점 지하 식품 매장에 전국의 화과자와 다양한 국가의 명산품을 모아서 구성한 매장이나 '후쿠미츠야(이시카와현 가나자와시)', (사케)의 마츠야 긴자松屋銀座·다마가와 다카시마야玉川高島屋)의 단독매장 등이 대표적인 사례이다.

또한 '이마바리 타월', 도야마현富山県 타카오카시高岡市의 '노사쿠' 등 가정용품, 생활 잡화, 전통 공예 매장 등도 볼 수 있다.

3) 자체 기획 개발과 상품 판매

단지 제품을 구매하고 판매하는 것 이외에도 상품 기획, 유통 과정 상단에서 기획하고 이를 상품화하여 판매도 하고 있다. 미쓰코시 이세탄의 '재팬 센시즈'(2011년 ~), 다카시마야의 '일본의 카타치'(2011년), 'NIPPON 이야기'(2014년) 등이 대표적인 예이다. 이를 통해 전통 공예업은 안정적으로 판로를 확보하여 전통 기술을 계승하고, 젊은 인재 육성에 기여한다.

〈사진 7-4〉 미쓰코시 이세탄 '재팬 센시즈' 다카시마야 '일본 카타치'

대형 백화점들은 일본 내의 지역기업과 협업하여 자체 개발을 확대하고 있다. 지역기업과 제휴를 통해 발주에서 납품까지 필요한 시간인 리드타임을 단축해 고객의 의견을 제품에 반영하기 위한 구조로 전환하는 목적도 있어, 단지 타사와의 차별화나 수익향상의 목적만이 아닌 산지와 고객을 연결하는 것으로 상품의 질적 향상이나 새로운 가치를 창출하기 위한 노력을 하고 있다. 이처럼 지역 활성화와 관련한 백화점의 역할은 실질적으로 범위가 상당히 넓고 깊은 편이다.

미쓰코시 이세탄 '재팬 센시즈'

미쓰코시 이세탄은 세계적으로 통용되는 일본의 장점을 고객에게 알리고 새로운 가치창조를 목표로 '재팬 센시즈'를 벌이고 있다. 전통, 기술을 축적하는 제품, 일자리, 인재를 백화점과 연결하여 고객의 요구에 응대하는 활동이다. 2011년부터 신주쿠, 니혼바시, 긴자 등 3개 지점을 중심으로 범전국적인 캠페인을 시작했다.

'해외에서 높은 평가를 받고 있는 일본의 전통과 최신 기술이 국내에 소개되지 않고 잃어버리고 있다'는 위기감이다. 생산 거점이 해외로 이전하거나 판로가 좁아지는 등 일본의 제조 거점 지역은 쇠퇴하게 되었다.

미쓰코시 이세탄은 제조업을 통해 일본의 지방, 지역의 장점, 강점을 살려서 '일본을 건강하게 만들고 싶다'고 한다. 대표적인 사례로 비쇼尾州(모직물), 이마바리今治(수건), 교우젠京友禅(전통 문화) 등 산지 기업의 제품에 디자이너, 크리에이터의 감성을 더한 경우이다.

미쓰코시 이세탄은 고객의 관심도에 따라 이러한 제품들을 분류하고 편집했다. 다이이치 직물第一織物, 코마츠 염색小松精練 등 소재를 만드는

회사와 협업으로 최신 기술을 적용해 개발했다. 한정상품으로 판매하는 제품은 대부분 매진되었다. 2014년 4월부터, 아오모리 아이ぁぉもり 藍, 토미히로는 쿄우젠京友禅과의 협업제품도 판매하고 있다.

이와 같이 미쓰코시 이세탄의 '재팬 센시즈'는 ①지역 제품의 현대적인 기능과 디자인을 접목, 선별하여 제품 구성 ②일본의 새로운 창조 활동의 소개 및 행사 전개, 그리고 ③지역 산지에 밀착한 상품개발과 판매, 대기업 백화점과의 협업 등 3가지 영역에 관련되는 것이며 특히 지속하고 있다는 점이 주목되는 것이다.

이 3가지 이외에 또 다른 대처 방안으로 일본 제품의 해외 진출도 지원한다. 2014년 2월 미국 뉴욕에 한시적인 매장을 개설하여 일본의 패션·예술, 식품, 거실용품 등 약 50개 품목의 전시와 판매를 병행했고 이 중 14개 품목을 재편집하여 2014년 4월부터 이세탄 신주쿠 본점에 매장을 개설했다.

영업실적으로 2주간의 캠페인이 진행되는 동안 주요 3개의 '재팬 센시즈' 매상은 2011년 29억 엔, 2012년 56억 엔, 2013년 59억 엔으로 행사 기간 중 전체 백화점 매출의 19%을 달성했다. [98] 2014년은 최근 3년간의 캠페인을 변형하여 새롭게 연중 형태의 기획을 시작했다. 연중 형태의 대표적인 사례는 호쿠리쿠의 현지 제조업체와의 협업으로 2014년 봄부터 여름까지 매상은 3억 엔으로 연간 6억 엔에 이를 전망이다. 또 판매 중점 지역을 정해서 2014년 봄, 아오모리의 '아오모리아이ぁぉもり 藍' 등을 중심으로 새로운 가치를 만들었다.

---

98) 『繊研신문』 2014년 7월17일 기사.

2014년 가을에는 야마가타山形와 아키타秋田, 2015년 봄에는 호쿠리
쿠北陸, 가을에는 교토京都·오사카大阪에서 개최 예정이다.

5. 편집능력을 높이는 전국적 기업의 지역 활성화

대형 백화점 이외의 기업에서도 지방 특산품, 전통공예 기술 등에 대
해 전국을 대상으로 상품홍보 및 판매 활동이 활발해지고 있다.

빔스[99]

빔스ビームス는 미야기현宮城県의 전통공예와 협업한 신제품을 개발해
판매한다. 센다이시仙台市가 2013년부터 벌이고 있는 전통산업 고부가
가치 문화 지원 사업에 동참했다. 수요 감소나 후계자 문제뿐만 아니라
동일본 대지진으로 인한 직간접 피해 등 전통산업을 둘러싼 불리한 상
황에서 전통공예업체와 상호 협력하여 상품개발을 통해 수요를 개척하
려는 것이다.

세계 각국에서 수집한 디자인과 전통적인 수작업을 결합한 제품을 발
굴하여 판매하고 있는 페니카(フェニカ)가 레이블이 맡았으며 이번에 3
개의 제품을 개발했다.

하나는 "인디고 목각인형"으로 기존에는 사용한 적이 없는 청색을 사
용했으며 가격은 1,600-3,500엔, 두 번째는 백석포의 화지에 곤약을 발

---

99) 『繊研신문』 2014년 2월 4일 기사.

라 건조시킨 후 무늬를 입힌 "타쿠모토 염색" 문서보관함으로 15,000엔.

또 하나는 아프리카의 납결 염색을 모티브로 TV나 디지털 시계 문양을 센다이(仙台)의 독자적인 염색기법인 "토키와형[100] 常盤型"으로 표현한 손수건을 1,000-2,000엔에 판매하고 있다.

렉서스(도요타)

도요타 자동차의 고급 브랜드인 LEXUS(렉서스)의 브랜드 체험 거점인 'INTERSECT BY LEXUS-TOKYO'가 2013년 8월 도쿄 아오야마青山에 매장을 열었다. 도요타는 렉서스의 우수한 기술을 전 세계에 알린다는 의도로 계획한 '크래프티드 포 렉서스CRAFTED FOR LEXUS'캠페인을 이곳에서 시작했다.

렉서스는 전국 각지의 전통 기술기업 14개사와 협업을 진행한 상품(18개 아이템)을 개발하여 'CRAFTED FOR LEXUS'라는 브랜드로 판매하고 있다.

이 사업에 참여한 장인들은 각각 독자적인 제조기술을 갖고 있으면서 렉서스와 공유하는 디자인 철학을 가지고 있다. 제품은 전통적인 예술성과 뛰어난 디자인이 더해져 우수하고 혁신적인 특징을 갖고 렉서스 오너들의 생활을 더욱 고급스럽고 차별화된 라이브스타일로 바꿔갈 것이라고 웹사이트를 통해 밝혔다.[101]

구체적인 상품의 면면을 보면 다음과 같다. 목제 디자인 잡화 브랜드

---

100) 에도시대부터 도호쿠 지방에 전해지는 염색기법.
101) CRAFTED FOR LEXUS 웹사이트. http://www.lexus-int.com/jp/crafted-for-lexus(2014년 6월 15일).

'Hacoa'(후쿠이현 사바에시) USB 메모리 스틱(9,800엔), 제본회사 '이토 바인더리'(도쿄도 스미다구) 드로잉 파소드(2,000~2,700엔), 가죽제품 전문제작 매장 아틀리에 'RHYTHM'(가고시마현) 스마트폰 케이스(5,300엔), 라이프 스타일 잡화 브랜드 'SyuRo'(도쿄도 다이토구) 키트레이(8,500엔) 등, 남성용 디자인 상품이 주를 이룬다.

그 밖에도 도예품인 'ONE KILN'(카고시마시), 모자 브랜드 'Sashiki'(가나가와현 치가사키시), 천연섬유 숄 브랜드 'tamakiniime'(효고현 니시와키시), 호후 토트백 'TEMBEA'(오카야마현), 바지 브랜드 'orslow'(효고현 니시미야시), 스니커즈 브랜드 'blue over'(오사카시 후쿠시마구), '카네코 안경' (후쿠이현 사바에시), 가방 브랜드 'Roberu'(요코하마시) 등이 있다. 이것이 바로 렉서스(도요타) 식의 지역 활성화 대처방법이다.

제품에 대해서는 회원 잡지 'BEYOND'에 소개하고 생산기지나 회사를 방문하는 여행프로그램으로도 소개되었다.

JR동일본: 노모노

'노모노のもの'는 동일본 각 지역의 먹거리를 중심으로 지역의 매력을 소개하는 지역산품 매장이다. 운영은 JR동일본상사가 맡고 있다.[102]

일정 기간마다 각 지역을 소개하는 전시회를 개최하여 명과, 토속주, 가공품 같은 '제철음식', '현지의 기운', '인연을 맺는것緣のもの'을 소개한다.

매장에서는 현지의 행정이나 은행, 생산자가 추천한 상품을 통해 지역의 매력을 알리고 소비자가 지역으로 유입할 수 있는 동기를 제공하는 활동을 하고 있다. 동일본 지역의 관문으로 사랑받아 온 JR우에노역

---

102) JR동일본 '노모노' 웹사이트. http://www.jreast.eo.jp/nomono/consept/index.html (2014년 6월 27일).

과 중앙선中央線·소부선総武線 방향의 환승역인 JR아키하바라역에 있다.

2014년 3월에 문을 연 아키하바라점秋葉原店은 2층으로 되어 있다. 1층은 토산물 판매와 수제 맥주 코너, 2층은 노모노키친이라는 음식점이 있다. 도호쿠 모듬 덮밥 등 엄선된 식재료를 골라 음식을 제공한다.

매장에는 공예품이나 지역 관련 서적도 비치하여 문화정보를 포함해 새로운 지역의 매력을 선보인다. 점포면적 약 50평(1층 판매점 25평, 2층 음식점 25평)으로 개점 행사로 '산리쿠 노모노 마르쉐'라는 특산물 행사를 개최했다.

JR동일본은 '노모노'를 포함해 "지역 재발견 프로젝트"라는 사업을 추진하고 있다.

지역과의 제휴를 강화해 지혜를 짜내는 '공동 창조'전략으로 철도 연계와 수도권의 판로를 확보한 이점을 살리면서 새로운 지역 상품 발굴이나 전통 문화·축제 등의 관광 자원을 지원하는 지역 활성화에 임하고 있다(도표 7-4).

〈도표 7-3〉 JR동일본 지역재발견 프로젝트 개념도

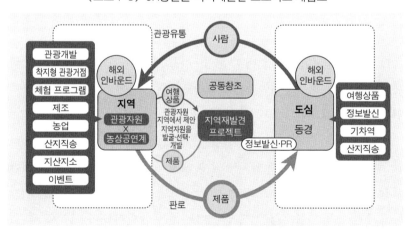

도쿄 및 수도권 소비자에게 지역으로의 관심을 유도하고 지역에 관광객이 올 수 있도록 촉진하는 한편 지역의 생산품을 농상공 연계로 도쿄 및 수도권과 연결하여 홍보와 판매를 강화하고 여행 상품으로 계획하여 추진하고 있다.

6. 단체조직: 전국규모 관점에서의 편집과 소개

1) 디자인 기업

디자인 관점에서 지역의 상품과 관광 등에 주목하여 독자적인 실행을 하는 기업의 대표적인 사례는 디앤백화점(대표이사: 소마 유키相馬夕輝)이다. 1997년 크리에이티브 에이전시 '드로잉 앤드 매뉴얼drawing & Manual'을 설립하여 기업의 브랜딩, 디자인 등 컨설팅으로 시작해 1999년 디자인과 재활용을 융합한 'D&DEPARTMENT PROJECT(디앤백화점 프로젝트)'로 탄생했으며 2000년에 디자이너 나가오카 겐메이가 만든 '롱 라이프 디자인'을 주제로 하는 활동주체로 진화했다.

디자이너가 구상하는 소비의 장을 추구하기 위해 2000년 11월, 도쿄 세타가야世田谷에 매장을 열었다. 2003년에는 디자인과 판매의 복합적인 형태로 굿디자인상을 수상했다.

기업의 '다움'의 원점이라고 말할 수 있는 상품을 복각하여 재판매하는 '60VISION(로쿠 마르비전)'이나 일본에서 오래 이어져온 전통 공예나 생활용품을 전람회 형태로 정보를 발신하는 'NIPPON VISION'을 전개하고 있다. 최근에는 젊은 제작자들과 젊은 생활자들이 교류할 수 있는 기회를 제공하도록 새로운 여행 이미지를 표현한 잡지 『d&design travel』을 연간 3회 발행하고 있다.

오래 지속되고 있는 것 중에서 본질을 다루는 'd SCHOOL'을 비롯해 여행지를 취재한 곳을 매년 정례적으로 찾는 여행 등 물품판매, 음식, 출판·관광을 통해 47개의 일본의 '다움'을 다시 바라보는 활동을 전개하고 있다.

잡지 발간, 상품 판매, 전시회 등의 3종의 사업을 중심으로 D&DEPARTMENT는 지역 활성화의 마케팅에 있어서 가치의 창조, 전달, 제공 등 모든 영역을 일관되게 전개하는 활동체(기업)라고 해도 좋을 것이다.

현재는 지역산품 판매 매장을 국내외 9개를 개설하고 향후에는 47곳의 도도부현都道府県마다 각 1곳 씩 설치하여 전국적인 규모로 '오래 존재하며 지역다운 디자인'을 발굴해 소개할 예정이다. 2012년에는 시부야 히카리에 8층에 뮤지엄, 스토어, 식당을 열었다.

d47 MUSEUM: 새로운 스타일의 '물산 미술관'

'd47 MUSEUM'은 47개 도도부현都道府県을 주제로 한 박물관이다. d는 '디자인'의 d, 47은 '47개 도도부현'을 뜻한다. 박물관 내에는 90cm 길이의 테이블이 47개가 나란히 놓여있어 기획 별로 주제를 바꿔가며 일본의 다양한 디자인을 표현하고 현재와 미래를 느낄 수 있는 공간을 마련했다. 건축, 디자인, 공예, 음식, 패션, 농업, 자연 환경 등 다양한 관점의 주제를 설정하여 다양한 각도에서 일본의 제조기법을 소개한다. 공유공간에서는 지역의 주요 인물을 초대하여 좌담회나 공예품 제작 시연, 강연회나 워크숍 등 박물관의 기획과 연계한 다양한 행사를 개최해 방문객에게 제작자의 의도를 전한다.

관내 d47 design travel store는 각지의 제품을 체험할 수 있거나 d47

레스토랑에서는 지역음식을 맛보며 오감을 통해 일본을 느끼고 각 도도부현의 정보를 얻고 해당 지역을 방문하는 동기를 유발할 수 있도록 한다. 또한 지역에서 활동하는 전문가가 시부야의 특정 공간을 이용해 자신의 작품이나 활동을 소개하는 무대로 활용할 수 있게 하여 기업,외국인 관광객 등과의 새로운 접점을 제공하고 있다.

즉, 전국에서 젊은 층의 전문가들이 모이고 교류기회를 제공하는 새로운 개념의 물산미술형태로 자리 잡게 된 것이다.

D&DEPARTMENT PROJECT는 일본 전국 47개 도도부현의 전통공예나 지역산업에 초점을 맞춰 자연스럽게 활성화를 지원하고 지속 가능한 사업을 목표로 한 'NIPPON VISION'을 2008년에 시작했다. 47개 도도부현의 디자인과 산지, 제작자를 전시회 형태로 소개하는 행사로 1년에 1회, 지금까지 총 4회를 개최했다. 2008년 마쓰야 긴자(松屋銀座)에서 열린 '디자인 물산전 닛폰'에서는 전국에서 젊은 제작자들이 모여 교류를 위주로 선보이는 물산전으로 주목을 받았다.

그 후 2009년 'NIPPON VISION 2 GIFT', 2010년 'NIPPON VISION 3 TRAVEL', 2011년 'NIPPON VISION 4 accessories'와 매년 다른 주제로 일본을 표현하는 창의력을 전시하는 기획전을 개최해 왔다.

이 d47 MUSEUM은 'NIPPON VISION'의 상설전시를 하는 장소이자 일본 최초의 47개 광역자치단체를 위한 박물관이다. 전문적인 가공 편집을 통해 세계를 대상으로 일본의 창의력을 표현하는 획기적인 박물관이다. 면적은 268㎡로 지금까지의 비슷한 규모의 전람회 사례로는 '닛폰47 양조장-47 도도부현 수제 맥주전', '47GIFT 2013-츄우겐(中元)' 등이 있다.

d47 design travel store

'd47 design travel store'는 D&DEPARTMENT가 발행하는 디자인 라벨지『d design travel』편집부가 일본 각지를 취재하여 발굴한 것을 소개하고 판매한다. '지역다움'을 주제로 약 3개월에 걸쳐 꼼꼼하게 취재해 '여행을 떠나고 싶은 자극'을 주기위한 목적으로 발행된『d design travel』

편집부에서 만난 사람, 제품 등을 d47 MUSEUM을 통해 소개하고 판매한다. 일본의 토속산업이나 전통공예를 중심으로 그 지역의 '다움'을 표현하는 상품을 산지와 제작자의 의도를 설명하면서 판매한다.

각지에서 모인 상품에는 편집부가 손 글씨로 작성한 설명이 있어 상품의 배경이 되는 산지나 제조기법 등에 대해 상세하게 소개한다. 매장 한쪽에는 편집부가 지금까지 수집한 47개 도도부현의 관광 정보를 자유롭게 열람할 수 있다. 시부야에서 일본 관광 정보를 손쉽게 얻을 수 있는 거점이 된다(면적 150㎡).

d47 design travel store는 바로 지역 특산품 안테나숍이라 할 수 있다. 엄선된 정보로 소비자가 제품군에 대해 공감을 하면 지속적으로 이용하게 될 것이다. 이러한 기획이나 구성이 우수하면

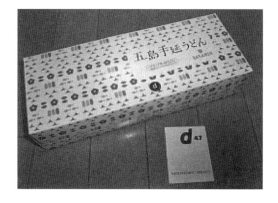

〈사진 7-5〉 고토 우동, 포장디자인에서 지역산품 이미지를 새롭게 하고 있다.

소비자들한테 "(기존의 지역명품인) 제품 ○○가 없다"라는 식의 불만도 없다. 이러한 편집과 제안이 향후의 지역 활성화의 기본방향이나 소매점 본연의 자세도 시사하고 있는 것 같다.

d47식당

'd47 식당'은 47개 도도부현의 음식을 주제로 일본 각지의 제철 재료를 사용한 정식을 맛볼 수 있는 식당이다. 생산자나 도자기 장인의 마음을 전한다. 메뉴에는 시즈오카현 '후지노쿠니 신선한 가라아게 정식'이나 나가사키현 '마츠우라항松浦港의 맛 프라이 정식' 등 월별로 상시 약 10개 종류의 도도부현 정식을 선보인다. 일본 각지의 크래프트 맥주와 국산 와인, 사케도 갖추고 생산자와 산지도 상세하게 소개하고 있다.

와카야마和歌山, 에히메愛媛, 고치高知 등 산지에서 가져온 귤 쥬스, 국산 소재를 사용한 안미츠ぁんみつ나 와라비모치わらび餅 등 디저트도 있고 지역의 식재료를 사용하거나 지역만이 가능한 명물 요리를 선별하여 체험하는 식당이다. 메뉴에 진열된 상품 중 일부는 매장이나 d47 design travel store에서 구매할 수 있다. 또한 생산자를 초청한 연수회나 연구모임 등 음식에 관한 행사도 정기적으로 개최하여 올바른 음식을 알 수 있는 계기를 제공하고 있다(면적 210㎡, 객석 약 60석).

2) 잡지

colocal(매거진 하우스)

'colocal'은 매거진 하우스가 일본의 지역을 주제로 발행하는 Web 매거진으로 2012년 1월에 창간했다. 일본 각지의 지역잡지를 소개하며 지역의 문화, 디자인, 예술, 생활형태, 음식, 자연, 숙박 등의 정보를 제공하고 있다.

2014년 6월에는 '포토이바라키'(이바라키현), '부라리미나토마치 신문'(아이치현), 'MOUSE'(에히메현), 'IC10'(군마현) 등이 소개되었다. 또 '나들이 코로컬' 코너에서는 현 단위별 관광 정보를 일정한 감성으로 편집하여 정리하고 있다. 어떻게 보면, 'D&DEPARTMENT'와 유사한 편집과 정보제공이라고 할 수 있다.

2014년부터는 카이지루시貝印와의 협업을 통해 지역 특산품 상품 기획 개발도 하고 있으며 이 회사의 여성잡지인 '크로와상' 등에 colocal 통신판매 코너를 마련하여 여러 매체와 공조를 하고 있다. [103]

TURNS(다이이치 프로그레스)

2012년 6월, 주식회사 다이이치 프로그레스(본사 도쿄도 쥬오구, 대표이사 사장 가와시마 히로후미川島宏文)는 '사람, 생활, 지방'을 연결하는 『TURNS』를 발행했다. 이 잡지는 지역의 생활 방식을 소개하고 지방 이주를 위한 제품 정보 등을 제공하는 전문지이다. 2021년 4월에 발행한 최신호에서는 '지금 지방에서 일한다는 것', 후쿠오카현의 주식회사 'Youturn', 이세타현 '오이타 크리에이터' 등으로 꾸며졌다.

그 외에도 '리노베이션'(오래된 주택의 재생이나 거리 재생)등의 지역 활성화를 주제로 하는 전문 잡지가 잇달아 창간되고 있다. 특히 앞에서 소개한 'D&DEPARTMENT'나 'colocal'과도 유사한 젊고 현대적인 취향의 생활환경 및 지역 디자인을 소개하는 것이 특징이다. 또 기타 잡지를 발행하는 출판

---

103) corocal 홈페이지. http://colocal.jp/about/ (2014년 6월 27일).

사의 동향으로는 특정 지자체와 협력하는 움직임이 확산되고 있다. [104]

타카라지마사宝島社는 20대 여성을 대상으로 한 잡지 'steady'를 사가현과 제휴했다. 세계문화사는 2014년 봄, 라이프 스타일잡지 '가정화보'를 이시카와현과 제휴했다. 잡지는 특정 세그먼트segment의 독자층(고객층)을 확보하는 특성이 있어 특정 계층에 지역 가치 전달 효과가 높은 편이다. 또 잡지를 통한 통신판매가 가능하여 지역가치를 제공(판매 채널)하는 차원에서도 기대가 높아지고 있다.

타카라지마사

타카라지마사宝島社는 2013년 7월부터 'steady'와 30대 타깃의 여성잡지 'InRed'를 사가현佐賀県과 제휴했다. '여성의 힘 No.1 현県'을 주제로 공동사업인 '귀여운 라보ラボ'를 설립했다. 사업소장으로 사가현 출신의 탤런트 토시키 마오미俊木まおみ를 선임하여 20~30대의 여성층에게 사가현을 알리고 있다.

2014년 2월에는 의류 브랜드 '츠모리치사토'를 생산하는 츠모리 센리津森千里가 디자인한 아리타야키有田焼[105]의 작은 접시를 부록으로 넣은 무크책 'LOVE! 사가佐賀'를 발매했다. 그 밖에도 사케(1,000병 한정)와 우레시노시嬉野市의 홍차(300세트 한정) 등을 공동으로 기획·판매했다. 타카라지마사 측에서는 '독자로부터의 반응은 기대 이상으로 공동 기획 상품이 두 달이 채 안 돼 매진됐다'고 했다.

---

104) 『닛케이 MJ』 2014년 3월 28일 기사.
105) 사가현 아리타에서 나는 도자기.

세계문화사

세계문화사는 2014년 4월부터 1년간 '가정화보家庭画報'를 이시카와현과 제휴했다. '가정화보'는 정기적으로 지역별 특집을 편성하고 있는데, 2014년 2월호 이시카와현 특집은 독자들의 호응이 특히 좋았다. 2015년 봄에는 호쿠리쿠 신칸센이 개통하여 독자들의 수요가 많아진 것을 체감했다고 한다. 한편으로 이시카와현 측도 '가정화보'의 주요 독자층인 50~60대의 여성에게 소구하기 위해 제휴를 결정했다.

2014년 5월호 카가加賀, 10월호 시라야마白山, 2015년 2월호 노토能登, 2015년 3월호 가나자와金沢 등 총 4회에 걸쳐 이시카와현 특집을 다룬다.

통신판매로는 현내県内의 기업과 공동으로 개발한 상품을 판매하기로 하였다. 제1탄으로서 여름 이후 가나자와시의 인기 요리주점 '제니야錢屋'의 도시락을 선보인다. 가나자와 시내의 미즈히키水引 전문점 '츠다미즈 히키津田水引折型'와의 공동 기획 상품 등도 구상하고 있다. 호쿠리쿠 신칸센 개통 후 2015년 4월에는 '가정화보'가 기획하는 여행 상품을 판매하여 1박 2일로 가나자와 시내에 숙박뿐 아니라 특별 이벤트를 계획하고 있다.

제8장.
지역활성화 사업영역 및 주제

지역 활성화의 사업 영역을 '예술', '스포츠', '먹거리와 농업' 등으로 구분하여 사업 현황과 향후 전개를 위한 방법론을 알아본다.

1. 예술

지역 활성화의 사업 영역으로 '예술'은 ①미술관의 거점 활동, ②이벤트 프로모션 ③아티스트 인 레지던스[106] ④예술가 정주 환경 제공 등을 들 수 있다.

1) 미술관

---

106) 예술가를 일정기간 내 지역에 초빙하여 작품활동을 지원하는 사업.

가나자와 21세기 미술관[107]

가나자와 21세기 미술관은 '새로운 문화의 창조', '새로운 도시의 활기 창출'을 목적으로 가나자와시의 중심가에 2004년 10월에 개관했다.

①이 세상의 '현재'와 함께 사는 미술관 ②지역에 활기를 불어넣고 시민과 함께 만드는 참가 교류형의 미술관, ③지역의 전통을 미래로 연결하는 세상을 이끄는 미술관 ④아이들과 함께 성장하는 미술관이라는 건립이념을 내세웠다.

건축가 조합인 '세지마 가즈요妹島和世+니시자와 다치에西沢立衛/SANAA'가 설계한 지상 1층, 지하 1층에 원형에 통유리로 둘러싸인 것이 특징이다. 시야를 가리는 외벽이 없고 보도에서 잔디로 이끌려 안으로 들어가는 듯한 구조로 되어 있다.

1층은 유리로 되어 있어 전시 및 세미나를 볼 수 있고 카페와 매장은 외부에서도 볼 수 있다. 출입구는 4곳으로 되어 있어 사방에서 자유롭게 들어갈 수 있다. 들어가면 내부에 무료 입장공간이 있고 공간

〈사진 8-1〉 가나자와 21세기 미술관

107) 『일본경제신문』NIKKEI 플러스 1(토요일판), 2014년 4월 5일 기사 및 2012년 11월 경영정보학회에서의 아키모토 오사(秋元雄史)관장의 강연을 참고.

도 넓으며 친근하고 안락한 건물구조로 되어 있다. 교류 공간에는 화랑이 있고 시내 예술 단체와 학교 전시회 등에 대관도 가능하다.

작품을 소장하는 기본 방침으로는 ①1900년 이후에 제작되었고 역사적 가치가 있는 작품 ②1980년 이후 제작한 것은 새로운 가치관을 제안하는 작품 ③가나자와와 관련 있는 작가가 창작을 하고 창조성이 풍부한 작품 이라고 되어 있다.

소장하고 있는 작품의 특징은 체험형이나 건물과 어울리는 예술 작품이 많다는 점이다. 아르헨티나 레안드로 에를리히의 '수영장'은 보는 각도에 따라 수영장 안팎에 있는 것처럼 느껴지는 작품이다. '심리적 교감을 통한 인터랙티브 예술'로 보는 것뿐만 아니라 오감으로 체험할 수 있는 작품이 많다.

또한 가나자와 21세기 미술관은 교육 사업에도 적극적이며 연령별로 구분하여 예술가 간담회나 전문가 강연회 등 프로그램, 가나자와의 초등학생을 대상으로 창작 연구회 '키즈 스튜디오 프로그램', 학교와 제휴한 '박람회여행', 가나자와 청년 예술가들의 '가나자와 젊은 꿈 챌린지·아트 프로그램' 등을 지속적으로 개최하고 있다.

〈사진 8-2〉 가나자와 21세기 미술관(수영장)
(레안드로 에를리히 작품)

또한 광장에서는 미니 SL 시승회, 아트 마켓 등 지역 시민과의 친근감

을 형성하기 위한 '광장 사업프로그램'을 벌이고 있다. 이와 같은 건물 외형과 전시 내용, 예술 공동체 활동 등으로 긍정적인 평가 속에 개관 1년 만에 지방공립미술관으로는 이례적으로 157만 명의 관람객이 방문했다.

미술관은 예술 작품전시 및 세미나 등 연구 모임 위주로 공간구성을 한 기존의 미술관과는 차별화를 두고 지역 공동체 활동의 핵심 거점으로 활용하고자 한 것이 참신하다고 할 수 있다. 이후에 설립된 공공미술관에서는 자주 볼 수 있게 된 풍경이지만, 가나자와 21세기 미술관은 새로운 측면의 장을 펼쳤다고 할 수 있다.

도와다시 현대미술관[108]

'예술의 거리'를 목표로 하는 도와다시十和田市의 핵심 시설이다. 미술관이 있는 '공공기관 거리(관청거리)'에 작품을 곳곳에 전시하고 있다. 미술관 앞 '플라워 호스'(한국작가 채정화 작)와 아오모리현 출신의 팝아트 작가 나라 미치노奈良美智의 '요로시쿠걸 2012(夜露死苦ガール)'가 있는 벽화 등 작품을 찾아 감상하는 재미도 쏠쏠하다. 즐기는 예술로서 거리와 익숙해지고 있다.

민간기업의 미술관 조성

제1부에서 다룬 것처럼 아모친미(히로시마), 타네야(시가), 롯카테이(홋카이도)등도 자사 매장에 미술관, 갤러리를 두거나 예술촌을 조성하여 예술을 통한 기업 가치 전달과 지역 공동체 활동의 활성화 지원을 하고 있다. 미술은 기업 가치를 높임과 동시에 지역 소비자와의 교류 접점을

---

108) 『일본경제신문』 NIKKEI 플러스 1(토요일판), 2014년 4월 5일 기사를 참고로 기술.

늘릴 수 있고 실천하기 쉬운 지역 활성화의 테마라고 할 수 있다.

공립 미술관의 새로운 활동

도쿄 우에노上野에 소재한 도쿄도東京都 미술관은 2012년 11월부터 도쿄의 전통 공예를 지원하는 새로운 사업을 시작했다.[109] 이곳에서는 장인과 디자이너의 만남을 제공하고 상품화 및 판매도 하고 있다.

전통 기술을 살리면서 일상생활에서 애용할 수 있는 21세기 명품을 목표로 2011년 12월부터 공모를 시작해 칠보공예, 상아, 비갑 등 34명의 장인이 후보로 등록했다. 공방 견학을 한 디자이너는 총 103명. 그 결과, 제안한 265건의 아이디어 중에서 디자이너의 프리젠테이션 및 심사를 거쳐 선정된 10건의 제품을 상품화하기로 결정했다. 상품화된 제품은 도쿄도 미술관 1층 매장에 '도쿄·크래프트&디자인'(TC&D)이라는 브랜드로 판매하게 되었다.

예를 들면, 여성용 스카프 전문 디자이너 미나미데 유코南出優子는 저렴한 가격의 원단을 사용하는 것으로 전환했다. 38cm의 원단 폭은 스카프로 사용하기에는 너무 짧지만 포켓치프로 기획한 상품이다. 노타이 및 쿨비즈 영향으로 포켓치프가 유행하기 시작하여 잔무늬 치프는 뮤지엄 숍에서 품절이 될 정도로 인기 상품이 되었다.

TC&D는 전시회 등을 통해 박물관 매장 이외의 국내 및 해외에 취급 매장을 확보하고 전통공예 전문 웹사이트에서도 판매한다. 수익은 판매자, 디자이너, 장인이 나누는 구조다. 도쿄뿐만 아니라 일본의 전통공예는 기술 전수자 부족 등으로 위기에 처해 있는데 지역의 우수한 기술

---

109) 『일본경제신문』 2012년 11월 27일 석간 기사.

을 후세에 이어주는 역할을 공립미술관이 대신하고 있다.

아키타현립미술관은 2013년 9월, 인근 지역에서 이전해 재개장했다.[110] 안도 다다오安藤忠雄가 설계한 콘크리트 마감의 내, 외장은 미술관 건물로는 흔히 볼 수 있지만 폭 20m가 넘는 거대한 벽화인 후지타 쓰구하루藤田嗣治 '아키타의 행사'(1937년)를 전시하기 위해 별도의 전시공간을 설계하였다. 훤히 트인 3층에서 격조 있게 벽화를 내려다보며 감상할 수 있다.

'카나발루 후カーナバルの後', '기타히라의 역사北平の力士' 등 저명한 후지타藤田 작품도 즐비하다. 구관은 1967년에 개장하여 노후화가 심해 개조 또는 재건축이 필요했다. 오가사와라 히카루小笠原光 관장은 "이 기회를 절호의 기회라고 판단하여 과감한 투자로 '후지타의 미술관'으로서 재탄생하게 됐다"고 한다. 본격적인 후지타의 개인 미술관이 국내외에 눈에 띄지 않는 것에 주목했다.

미술관의 기본방침 첫 번째는 '후지타 츠구하루藤田嗣治 작품에 의한 문화 창조'라고 새롭게 표기하였다. 재개장 이후에는 '아키타 행사'를 핵심으로 후지타 관련 기획전을 계속했다. '후지타의 미술관'이라고 하는 콘셉트를 명확히 하는 것으로 도호쿠東北와 관동関東지역에서도 많은 관람객이 찾아와 최근에는 연간 1만 수 천 명이었던 내방자수가 반 년 만에 8만 명까지 증가했다.

이제까지는 미술관을 지역에 건축하는 것만이 우선순위였을지 모르지만 앞으로는 미술관의 역할을 검토하고, 소장품의 특 장점을 내세워

---

110) 『일본경제신문』 2014년 3월 28일 기사 참조.

개성을 도모하며 광역으로부터 예술관광으로 집객을 도모하는 거점이 되거나 지역의 미술교육이나 공동체의 핵심으로 만드는 등 예술가와 기획자 지원과 육성, 지역 전통공예 산업진흥 등 예술을 주제로 하는 지역 활성화의 핵심 거점이 될 것으로 한층 기대하고 있다. 일본 전국에는 설립한지 30년 전후의 공립 미술관이 많아 앞으로 리모델링이 필요한 가운데 위와 같은 사례를 참고로 하는 활동이 확산될 것이라 믿는다.

2) 이벤트 프로모션

아트 페스티벌은 원래 해외에서 시작된 것으로 일본에서는 2000년대부터 확산되기 시작했다. 니가타현新潟県 도카마치시十日町 등 에치고츠마유越後妻有지역에서 2000년에 시작된 '에치고츠마유越後妻有 아트트리엔날레'가 최초라고 할 수 있다.

아티스트들은 지역의 자연과 문화를 배우고 관광객은 행사장 주변을 거닐며 작품을 감상하며 지역에 대한 이해를 높인다.

미술 초보자들도 예술과 관광을 즐길 수 있는 행사로 지역 활성화와 사람을 연결하는 활동으로 주목받고 있다. 이번에는 일본경제신문, NIKKEI 플러스 1에서 '이번 가을에 방문하고 싶은 예술제 랭킹'에서 상위를 차지하는 행사를 나열한다. [111]

세토우치 국제 예술제 (카가와현 아즈시마쵸 · 나오시마쵸 등)

세토우치 국제 예술제는 세토우치해瀬戸内海에 있는 카가와香川 · 오카야마岡山 두 개 현 12개의 섬과 2개의 항구를 전시회장으로 하여 페리로

---

111) 『일본경제신문』 2013년 9월 28일 기사 참조.

이동하며 작품을 즐길 수 있다. 제1회는 2010년 105일간 개최되어 93만 명의 관람객이 찾아 인기 있는 예술제의 선구자적 존재가 되었다. 이는 여행과 예술을 접목한 축제의 형태를 추구하여 지역방문객을 늘린 공이 크다고 한다.

3년 만에 두 번째로 열린 2013년에는 새롭게 5개 섬이 더해져 총 23개 지역에서 200여 점의 작품이 전시되었다. 기간은 봄, 여름, 가을 3계절, 108일 간의 개최로 2013년의 방문객 수는 107만 명을 달성했다. 봄(3월 20일~4월 21일) 26만 3천 명, 여름(7월 20일~9월 1일) 43만 5천 명 , 가을(10월 5일~11월 4일) 37만 2천 명이다. [112]

행사장별로는 구사마 야요이草間弥生의 작품이 전시되어 있는 나오시마直島(방문자 수 26만 5천 명)가 가장 많았다. 주요 행사장인 쇼도시마小豆島(이상 19만 6천 명) 는 이미 인지도가 높아져 많은 관광객이 방문하는 관광지가 됐다.

방문객 설문을 통해 인구통계학적 분석을 보면 여성이 67.5%였으며 연령별로는 20대(27.6%), 30대(23.9%)가 높고 40대(14.6%), 50대(12.1%), 60대(9.7%)를 크게 웃돌았다.

고객 거주지별로는 가가와香川가 36.1%로 가장 많은데 간토関東(17.8%)·간사이関西(16.5%)의 비율이 높다는 것도 주목할 만하다. 이전 행사에 방문한 관광객은 32.2%로 67.8%가 첫 방문객이다. 세토우치 국제 예술제를 계기로 신규 숙박시설이 생겨났고 섬과 섬을 잇는 항로도 교통량이 증가했으며 방문객과 도민, 고립되었던 섬 간의 교류도 활발해졌다.

---

112) 데이터는 기타가와 플람 세토우치 국제 예술제 실행위원회 감수, 2014, 『세토우치 국제예술제 2013』, 미술출판사, pp.322~327.

2013년 예술제가 성공했느냐는 질문에 대해 대성공(29.9%)과 성공(54.4%)이 높은 비율로 나타났고 다음 개최를 희망하는 사람은 '꼭 개최 희망'(49.4%), '개최 희망'(33.9%) 순으로 호평을 받았다.

2019년에는 32개국 230조 214점(작품수), 관람객은 총 1,178,484명이다(2019, 총괄보고서)

아이치 트리엔날레

연극과 춤, 공연 등으로 거리를 수놓는 일본 최대 규모의 국제 예술제다. 아이치현愛知県 나고야시名古屋市와 오카자키시岡崎市에서 열리는 아이치 트리엔날레는 국내·외에서 100여 쌍의 예술가가 참여한다. 3년마다 열리는 이 예술제는 2013년에 두 번째로 개최되었다. '흔들리는 대지'라는 주제로 지진 재해 후의 세계에 관한 작품을 위주로 다뤘다. 2019년에는 4월부터 2020년 3월 1일까지 열렸으며 총 66,811명이 입장했다. (애뉴얼 리포트, 2019)

이번에는 오카자키시도 참가하여 영향력을 강화했다. 도심지역에 축제회장이 집중적으로 위치하고 있어 효율적으로 행사를 둘러볼 수 있다. 연극이나 오페라 등의 무대공연 이외에 참가자 1,000명이 연등으로 거리 퍼레이드도 개최했다. (2013년 8월 10일부터 10월 27일)

나카노조 비엔날레

군마현 나카노조초에서 열리는 나카노조 비엔날레가 열리면 산촌마을과 상가 온천가 등 6개 권역을 무대로 젊은 작가 등 113개 작품의 현대적인 예술품으로 넘쳐난다. 옛 철도역 터와 폐교를 활용한 미술전람회로 2년에 한 번씩 개최된다. 2013년에는 9월 13일부터 10월 14일까지 1개월간 개최했다. 2019년은 8월 24일부터 9월 23일까지 열렸다.

이 외 지역에서는 '도와다＋和田 오쿠이리세奧入瀬 예술제'(아오모리현 靑森県 도와다시＋和田市), 도심부에서 개최하는 '롯코 미츠·아트 예술 산책'(고베시), '고가네초 바자'(요코하마시) 등이 있다.

3) 아티스트 인 레지던스

아티스트 인 레지던스Artist in Residence(이하 AIR)는 국내외에서 예술가를 일정기간 초빙해 체류를 지원하는 활동을 말한다. 일본에서는 1990년대 전반부터 AIR에 대한 관심이 높아져, 주로 지방자치단체가 주최하고 실시하는 사례가 늘어나고 있다.[113]

유럽과 미국에서는 1950년대부터 60년대에 걸쳐 AIR 활동을 본격적으로 정비하여 예술가가 다른 문화권이나 환경에 머무르며 창작활동을 하는 것으로 발전시킨 바 있다. AIR은 예술가가 새로운 구상이나 연구에 몰두하도록 시간을 주는 것을 주목적으로 하여 다른 환경이나 문화에서 생활을 함으로써 창작활동의 새로운 계기를 개척할 수 있는 연구 기회나 상호 계발의 기회를 제공하는 것이다.

이러한 관점에서 AIR은 무엇보다도 예술가의 자유가 보장되어야 하며, 전람회나 페스티벌 등의 발표를 전제로 체류하는 활동과는 차별화된다. 또한 기존의 미술관이나 극장과 같은 형태로는 전부 대응할 수 없는, 새로운 표현 방법의 가능성을 모색하는 인큐베이션(부화) 장소의 갈

---

113) 아티스트 인 레지던스의 연혁과 현황에 대해서는 하기와라 야스코(萩原康子), 2001, '우리나라의 아티스트 인 레지던스 사업의 개황' 'AIR_J'를 참고. http://air-jinfo/resource/article/now00 (2014).

망에 대한 대응이기도 했다. [114)

일본은 1990년대 유럽과 미국의 주일대사관이 주체가 되어 모국의 예술가를 일본 각지에서 초빙하는 형태로 AIR이 시작되었다고 한다. 1992년에 오스트리아 대사관이 가나가와현神奈川県 후지노쵸藤野町의 오래된 민가를 보수하여 '오스트리아 예술 하우스'로 모국의 예술가를 초빙하고 있다.

같은 해인 1992년에는 프랑스 외무부가 교토에 '관서일불교류회관 빌라 쿠조야마九条山'를 독자적인 전용시설로 건설하여 프랑스가 파견한 예술가와 연구자가 매년 10여 명씩 체류하고 있다.

일본에서 AIR의 개념을 적용한 시설의 시초가 된 것은 1990년에 시작한 '사가현 도예의 숲佐賀県陶芸の森'이다.

도예가를 지망하는 이들에게 창작의 장을 제공하는 창작 연수관과 함께 시나라키야키信楽焼 작품을 전시하는 도예관이 있으며 지역산업과도 연계한 시나라키 산업전시관 등을 갖춘 대형 시설로 구성되어 있다.

일본 내에서 AIR 활동이 본격적으로 전개된 최초의 사례는 1993년의 'TAMA 라이프 21'이다. 다마多摩 지역의 도쿄도 이관 100주년 기념의 일환으로서 히노데쵸日の出町・이즈카이치쵸五日市町(현 아키노시), ·하치오

---

114) 도쿠시마현 카미야마쵸의 AIR의 대처는, 확실히 이 본질에 대응한 것이라고 생각할 수 있다. 또한 AIR가 카미야마(神山) 지역 활성화의 기점이 되고 있지만, 카미야마가 갖고 있는 '다른 환경이나 문화 속에서 보냄으로써 그들의 창작 활동에 새로운 전개를 개척하는 자기 연찬이나 상호계발(機会)의 기회를 제공하는 '지역가치가 상승 '된 것으로 이어지는 본질이 아닐까 생각된다.

지시八王子市·마치다시町田市의 4개 시읍에 스튜디오와 숙박시설을 갖춘 시설을 건설하였다. 석조, 판화, 직물, 도예를 대상으로 각 레지던스에 국내외 4명씩 총 16명의 예술가를 초빙했다.

자치단체별 1개 주체로 운영되는 AIR에서는 '미노美濃·종이의 예술촌', '세토瀬戸 신세기 공예관' 등 지역의 특성을 내세운 곳이 많다.

지역 고유의 문화나 역사, 산업 등과 관련한 분야의 아티스트를 대상으로 입지조건을 살리는 등 지역의 독자성을 발휘하는 경향이 강한 것이 대체로 일본 AIR의 큰 특징이다(하기와라 萩原 2001). 일본에서 AIR의 주된 주체로 지자체가 된 배경은 1997년 문화청의 지역진흥과(당시)가 'AIR사업'을 시작한 것이 요인이라고 한다(하기와라 萩原, 2001).

당시 AIR 사업을 문화청, 도도부현都道府県, 시정촌市町村의 공동주최 사업으로 전국 10개 지역에서 3~5년간 지속적으로 실시하는 것으로 기존의 AIR활동을 지원함과 동시에 신규 출범도 촉구했다. 운영조직은 실행위원회형식이면서 지자체가 참가하는 것이 조건으로 기업의 협찬을 받는 곳도 있다. 현재의 AIR은 'AIR_J' 등 데이터베이스에 따르면 전국 51개소에서 실시하고 있는 것을 알 수 있다.[115]

카미야마 아티스트 인 레지던스(KAIR) (도쿠시마현)

도쿠시마현德島県 카미야마쵸神山町에 관해서는 제7장에서 지역 활성화 추진 주체의 사례로 NPO법인 '그린밸리'를 소개했다. 11장에서도 언급하겠지만 AIR에 관해서는 지역 활성화 정책으로서 이미 오래전부터 시행했고 시간이 지날수록 해외 예술가들로부터 인기 있는 지역이 되고

---

115) AIR와 관련한 데이터베이스가 정비되어 있어 조성금, 시설, 숙박 등의 검색을 통해 정보를 수집할 수 있다. 아티스트 입장에서 보면, 참가하고 싶은 지역의 상황을 알기 쉽다. 다른 지역 활성화의 대처 활동에 비해 AIR의 기반 정비의 깊이를 느낄 수 있다.

있다고 한다. 카미야마 아티스트 인 레지던스(이하 KAIR)는 그린밸리의 전신으로 국제문화마을위원회를 조직한 것에서 시작했다.

1997년에 도쿠시마현德島県이 국제문화마을 조성사업에 이 지역 출신으로 미국 유학 경험이 있는 오오미나미 신야大南信也(현 그린밸리 이사장)가 자원하여 국제 예술가촌의 첫걸음으로 당시 아와지섬淡路島이나 고치의 토사쵸土佐町에서 시행하고 있던 '아티스트 인 레지던스'를 실현하기 위해 기획한 것이 시초다. [116]

KAIR은 매년 국내·외의 아티스트 3명을 초청하여 9월부터 2개월 정도 체류하게 하고 옛 교직원 숙소, 작업실로서 구 보육원 시설 등을 숙소로 제공하며 교통비와 체재비를 포함하여 30만 엔 정도의 제작비를 지원하고 있다.

응모 조건으로는 전문가의 추천장이 필요하지만, 실제 아티스트 선정 기준을 보면 지역과의 교류를 중시하기에 아티스트의 인간적인 태도와 작품, 카미야마쵸와의 친화력에 비중을 우선적으로 적용하고 있다.

최근 응모 경쟁률을 보면 3명 모집에 100명 이상이 지원했다. 지역민으로 구성한 전형 위원이 과거 작품 등을 기준으로 현지 환경이나 문화와의 연계성 등을 고려하여 제1차 전형을 통해 이를 30명으로 압축하고 이후 미술 관련 대학 교수 등으로 구성된 심사위원 전형을 통해 3명을 선발한다. 또 협력을 의뢰하는 대학 교수 자신도 이러한 전형방법이나 취지를 이해하고 협력하는 사람(다른 활동과도 관계가 있는 무사시노 미술대학 교수)에게 의뢰한다.

---

116) 오다 게이코(織田慶子), 2014, 「예술에 의한 지역 활성화 사례 연구」 아오야마가쿠인 대학 대학원 국제매니지먼트 연구과 연구논문을 참고로 기술.

선정 조건에서 가장 중요한 것은 카미야마의 자원을 활용하는 것이다. 경관이거나 카미야마의 특수한 지형에서 생산한 청석靑石이거나 카미야마 주민을 소재로 다룬 영상 등 다양하다.

선정되면 아티스트 1명 당 KAIR의 담당자가 배정되어 생활이나 창작 활동지원을 한다. 예산은 행정 담당자와 지원 담당자가 반반씩 관리하고 있다. 제작자가 필요하면 단체 메일을 통해 사람을 모집한다. 또한 작품 제작을 위해 특별한 기술이 필요하면 담당자가 지역 내에서 조력자를 알아보고 예산적인 측면을 포함하여 다양한 조건으로 조율한다.

첫 해인 1999년 초에는 실행위원회 위원의 상당수가 예술 분야의 지식과 소양도 부족했고 영어도 서툴렀으며 일처리도 매끄럽지 못했다. 이러한 언어장벽을 우려해 처음에는 초빙작가 3명 중 1명은 일본인으로 선발했다. 그러나 오랜 시간의 노력 끝에 의식주 관련한 소통은 언어가 서툴러도 큰 문제가 없기에 외국어 조건은 없어졌다.

작가들은 지역 주민들과 직접 소통하는 경우가 많고 지역 주민들도 예술가들의 작품 제작에 보조역할을 하거나 식사 및 생활지원을 통해 친밀도가 높아졌으며 이제는 예술가들과 격의 없이 지내고 있다. 한편 작가 중에는 작품 활동을 위해 자비를 들여가며 재방문을 하는 경우가 늘었고 아티스트와 현지 주민과의 관계가 매우 친밀해졌다. 초반부터 자연스럽게 아티스트와 아이들과의 교류가 생겼고 과외수업으로도 발전해 지속적인 활동이 계속되고 있다.

일본에서 실시하고 있는 AIR중에서 KAIR은 아티스트가 가장 선호하게 되어 자연스럽게 수준 높은 아티스트들이 전 세계에서 모여들고 있다. 2003년은 정원 3명 모집에 총 응모인원 170명이었다. 이 중 167명이 외국인으로 AIR 중에서는 '세계적인 카미야마'라고 할 수 있을 정도가 되었다. 현재도 응모자 전체의 80% 이상이 해외에서 지원하고 있다.

이와 같이 AIR은 고령화와 과소화가 진행되고 있는 카미야마쵸에 새롭게 불어오는 바람이며 신선한 자극이 되고 있다. 카미야마쵸에서 기존의 특산품 등 상류를 방해하는 일이 없는 '예술'과 다른 문화인 '해외'라는 두 가지 흐름은 시민들의 생활에 다양한 가치관과 다른 가치관을 수용하는 너그러움을 키우고 있다.

KAIR이 이 정도로 장시간 지속되는 이유는 이러한 과정을 과대 해석하지 않고 적정한 대처를 하는 것이 핵심이다. KAIR의 지속적인 활동은 지역에 새로운 문화를 만들어 내고 있다.

무사시노 미술대학의 예술 사업 노력

1997년 도쿠시마현德島県이 계획한 국제문화마을 사업에 기획위원으로 무사시노 미술대학의 이마이 요시로今井良朗가 참가했고 시범사업에 카미카쓰쵸上勝町와 카미야마쵸神山町가 참여한 것이 관계의 시작이 되었다.

당초 이 사업은 현県의 보조금 사업이었는데 현측의 사정으로 중단하게 되었다. 미나미를 비롯한 카미야마쵸 측도 참가의 뜻이 있어 이마이가 제안한 무사시노 미술대학의 연구회 활동이 시작되었다. 이마이는 1999년에 무사시노 미술대학에 신설된 예술 문화 학부에서 '사회와 예술, 디자인을 연결하는 실천적인 것을 배울 수 있도록 하겠다'는 목표로 수행기관을 찾고 있었기 때문에 문화마을 사업이 중단된 이후에도 대학 교육과정의 과목으로 지속적인 과정을 진행하게 되었다.

매년 여름에 3박 4일, 집중 강좌로 재학 중 최대 12학점을 취득할 수 있어 매년 10명 이상의 수강생들이 지속적으로 참가하고 있다. 당초에는 누구나 들을 수 있는 수준으로 수강생이 만족하여 구전으로 확산할 수 있는 것들을 고려해서 주제를 정하고 있다.

해마다 연구회는 원하는 내용이나 참가자도 바뀌어, 최근에는 무사시노 미술대학의 담당 교원이 전문분야와 관련된 정도의 높은 수준을 요구하고 있다.

일관된 점은 어떤 개념이든 지역에 밀착하고 있다는 점이다.

예를 들어 5회째인 2004년에는 산책을 통해 수집한 자연의 소재(흙, 화초, 수목 등)를 믹서에 갈아서 물감을 만들고, 5m×8m의 천에 참가자들이 대걸레, 물총 등의 도구를 사용하여 액션과 함께 궤적을 그리고 거대한 그림을 제작했다. 12회째인 2011년에는 요네도쿠米德 교수의 전공인 '영상'을 주제로 픽레이션Pixilation기법을 이용해 어린이들과 작품을 제작했다. 근처의 강이나 운동장 등 원하는 장소에서 사진을 찍고 사진을 편집하여 동영상으로 완성하는 것이다.

무사시노 미술대학 연구회는 외부에도 널리 알려져 미대 지망생이나 학교의 미술교사 등 외부 참가자도 다수 참여하고 있다. 도쿄의 미술대학이 주관하는 것만으로도 화제성이 있었다.

초기에는 참가대상을 정하지 않았지만 몇 년을 계속하다 보니 요구하는 내용도 바뀌어 최근에는 현지 학교와 공동으로 대응하기도 했다. 끊임없는 변화 속에 쿠션(완충작용)으로 유지하는 것은 의미가 있다고 이마이는 말한다.

지원금이 중단된 후에도 매년 연례행사는 대학 측의 책임이라고 판단하여 과정의 일환으로 지속적으로 개최하고 하고 있다. 이마이는 행정, NPO, 지역 관계자, 참가자, 대학 등이 프로젝트에 대해 관련된 기대가 다른 것은 당연하며, 변화 속에 항상 모색하고 서로 이해하는 것이 중요하다고 생각한다. 행정의 이주 촉진 담당자에 의하면, 무사시노 미술 대학의 연구회는 이주자들에게도 도움이 된다고 한다.

지역 활성화 사례로서 '워크 인 레지던스' 등 AIR의 활동을 토대로 성공하고 있다고 하는 가운데 작은 커뮤니티인 지역 주민과 이주자 간의 관계를 환영회 등으로 교류시간을 일부러 만들지 않고 섬세한 문제로 판단하여 자연스럽게 이뤄지도록 유념하고 있다. 예를 들어 어린이 연구회는 아이들이 집에 돌아가서 이야기를 전하게 되면 간접적 교류를 하게 되어 이주지와의 천천히 거리를 좁힐 수 있는 계기를 마련하는 장이 되었다.

매년 무사시노 미술대학에서는 교원을 포함해 15명 정도가 참가하고 있는데 활동 당시부터 민박으로 지역에 머물고 있다. 또한 초기부터 밀접한 교류가 이뤄져 예술문화학과의 기대 이상으로 실습생(인턴십) 교류도 2001년부터 이루어지고 있다.

이것은 무사시노 미술대학의 취업지원과와 카미야마쵸 행정과의 협업으로 성사된 것으로 연구회와는 별도로 노동 체험 등 카미야마쵸와의 협업으로 현재까지 지속되고 있다.

4) 예술 집적을 통한 지역 활성화[117]

크리에이터나 아티스트를 표방하는 청년들이 빈 점포와 오래된 주택을 창작의 거점으로 하는 시도가 각지에서 잇따르고 있다. 저렴한 임대료뿐 아니라 한적한 거리 분위기에서 가치를 발견한다. 공실 감소와 집객으로 인한 경제 효과를 창출하여 지역 부흥에도 일조하고 있다.

---

117) 『일본경제신문』 2012년 8월 18일 기사 참고.

크리에이터와 아티스트가 사는 마을 조성

지바현千葉県 마쓰도시松戸市의 JR마쓰도역에서 도보 5분. 지은 지 100년이 넘은 오래된 주택에서 도쿄예대 졸업생이나 미술공예, 영상·그래픽, 건축 등 폭넓은 형태의 크리에이터 십여 명이 창작에 몰두한다. 작업실을 대여한 미술가 오오야마 엔리코 이사무大山エンリコイサム는 '여기는 메이지 시대부터 쌀 가게였던 건물로 시골스러운 분위기가 좋다'고 이야기 한다.

마쓰도역 서쪽 출구 주변은 베드타운으로 발전했지만 최근에는 주민의 고령화로 상업 빌딩의 공실이 증가하고 있었다. 현지 부동산 업자는 "신장개업을 하는 곳은 유흥업소가 대 부분으로 거리의 이미지가 나빠지고 있었다"고 말한다. 또한 마쓰도의 발음과 비슷해 폐허를 뜻하는 매드시티Mad city로 비하 섞인 명칭으로 불리기도 했다.

하지만 반대로 '마찌츠크리에이티브' 대표 데라 이모토寺井元一는 '매드시티라고 하는 극단적인 이미지가 예술가들이 모이게 했다'라고 말한다. 이 회사는 빈집이나 빈 점포를 빌려 아틀리에atelier나 공동 주택 대여사업을 하고 있다. '창업하고 싶다'는 크리에이터나 아티스트 등이 희망을 이룬다. 임대료가 1만 몇 천 엔~5만 엔 정도로 도심에 비해 싼 것도 매력이다.

최근 몇 년간 마쓰도역 서쪽 출구에서 반경 500m의 지구에 40개 팀이 넘는 젊은 크리에이터가 도쿄에서 전입해 왔다. 도시의 비싼 집세가 부담스럽거나 재개발된 빌딩가에 매력을 느끼지 못한 꿈나무들이 예술가를 희망하는 욕구와 어울리는 곳이다. 빈 점포는 줄었고 지금은 크리에이터의 거리로서 명성을 떨치고 있다. 현지의 지역모임과 전입자들이 '마츠도 마을 만들기'를 발족했다.

아티스트 창업 지원

크리에이터의 창업 지원으로 성과를 올리고 있는 지자체도 있다. 도쿄도 다이토구台東区가 2004년에 초등학교 폐교 터에 만든 '다이토 디자이너스 빌리지'다. 이곳에서는 지금까지 약 40개 팀이 졸업했고 이 중 20개 팀 정도가 구내에서 창업해 매장이나 사무소를 열었다. 다이토구는 원래 피혁이나 귀금속 장인이 많았던 거리다.

2012년 5월에 개최한 '작품 창작' 이벤트에는 200개 팀 이상의 크리에이터가 참가해 2일간 15,000명이 입장하는 성황을 이뤘다.

요코하마시의 코가네마치黄金町도 최근 수년간 아티스트로 붐비는 지역 중 하나이다. 일찍이 유흥가였던 철도 고가 밑의 공실이 차례차례 작업실이나 의류 잡화점으로 변모했다. 이곳을 거점으로 한 건축가나 미술가는 40여 팀에 이른다.

이곳은 시에서 부동산 임대에 도움을 주었다. NPO 법인 '코가네마치 에리어 매니지먼트 센터'의 야마노 신고山野真悟는 "원래 도매 상가였던 이 지역은 예술적 소양을 가지고 있었다"고 한다.

2012년 5월에는 아티스트를 목표로 하는 청년층과 지역 주민을 대상으로 '코가네마치 예술학교' 강좌를 시작했다. 미술공예와 도예 등을 가르친다. 아티스트의 전입은 현지에도 좋은 자극이 되고 있다.

코가네마치 인근에서 2012년 5월 '하츠코히初黄日 상점회'를 결성했다. 요코하마시 나카구中区의 하츠네初音, 코가네黄金, 히노데日ノ出 등 3곳의 점주 등이 협력하여 '아티스트의 거리' 홍보를 시작했다.

5) 예술을 통한 지역 활성화 가능성

왜 지역 활성화에 예술인가? 왜 지역 활성화의 주제로 '예술'을 다루고 있으며 그것이 여러 지역에서 진행하고 있는 것인가? 그 요인은 다음과 같이 생각할 수 있다.

① 창조적이고 문화적인 테마, 영역이며 지역 주민을 정신적으로 풍요롭게 하는 문화적 효과를 기대할 수 있다.
② 새로운 활동 영역인 경우가 많아 기존 산업과 충돌하는 이해관계나 저항이 발생할 가능성이 적다.
③ 지역의 이미지를 쇄신하거나 향상시킨다.
④ 지역의 남녀노소가 받아들이기 편안한 주제이며, 작품 감상 및 제작 습득으로 문화적인 지역풍토를 조성할 수 있다.
⑤ 구옥·공터를 제작·발표장으로 활용할 수 있다
⑥ 이벤트를 개최하는 경우, 다수의 고객 유치 및 방문이 기대된다.
⑦ 국제적으로 교류하기 쉬운 주제이다.

〈도표 8-1〉 예술을 통한 지역 활성화 발상 구조

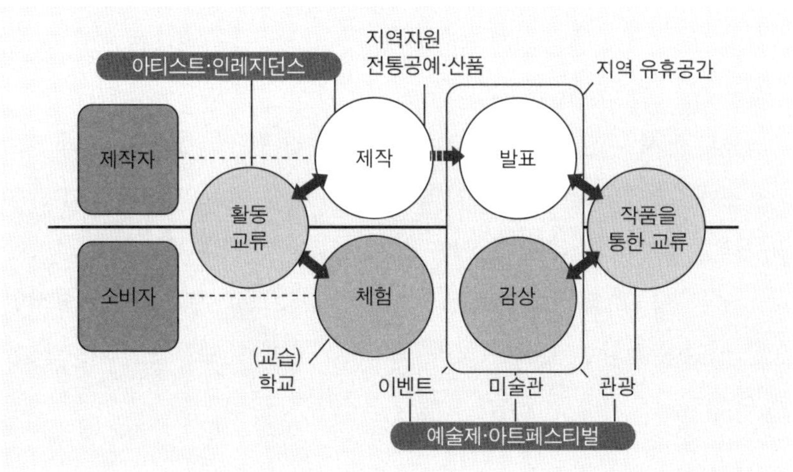

예술의 특성과 지역 활성화에서의 활용

예술에 대한 작가의 활동과 소비자의 대응 행동을 정리하면 도표 8-1과 같이 나타낼 수 있다. 작가는 '제작'부터 '발표'까지 담당하지만 종전처럼 작가의 '발표'에 대해 소비자가 '감상하기'로 접점을 갖고자 하는 것외에 제작과 발표 시 작품을 통한 교류나 소비자의 '체험'에도 접점을 만들고자 할 가능성이 있다. 그만큼 예술 활동이 늘어나 지역 활성화를 위한 행사, 강좌, 여행 등이 활발해질 것이다.

2. 스포츠

스포츠를 통한 지역 활성화는 올림픽, 월드컵 등 국제적인 대회부터 지역의 마라톤 대회까지 다양한 종목, 차원에서 스포츠 대회를 기획하고 시행하는 성과를 거두고 있다. 여기에서는 행정(지방 자치 단체)과 기업의 새로운 활동을 중심으로 한 사례를 살펴보고 향후 방향성을 연구한다.

스포츠를 통한 지역 활성화 가능성

예술과 유사한 개념으로 스포츠를 대입하면 도표 8-2와 같다. 대규모 스포츠대회의 개최를 통해서 지역의 인지도를 높이고 관람객 등의 관광집객력을 높이고자 하는 활성화 정책도 있지만. 지역 주민의 건강이나 교육 등 라이프스타일에 스포츠를 활용하는 것으로 스포츠가 일상적인 생활에 있어 건강한 삶을 실현하는 지역 가치를 내세우는 전략도 구상할 수 있다.

〈도표 8-2〉 스포츠를 통한 지역 활성화 발상 구조

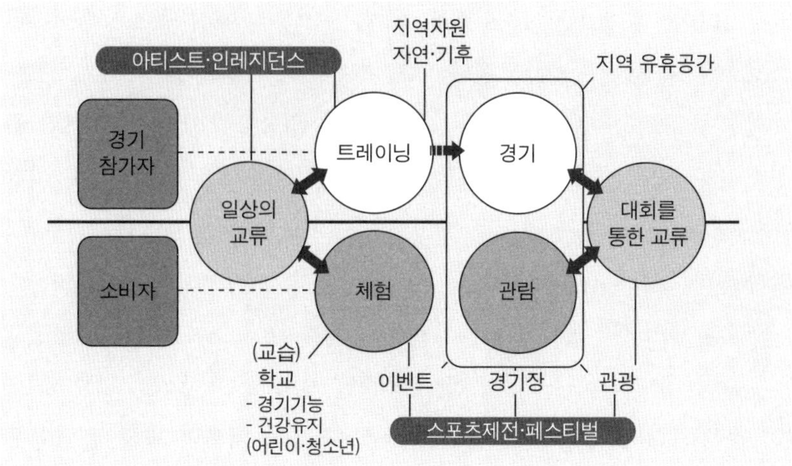

이 장에서는 행정(지방자치단체)이 스포츠를 주제로 한 지역 활성화 사례로서 '사이타마시'(사이타마현)와 민간기업(스포츠 용품 제조사)이 지역 활성화를 실현한 사례로서 '데상트'의 군마현 미나카미마치みなかみ町의 지역 활성화 사례를 다룬다.

1) 행정: 사이타마시[118]

사이타마시埼玉市는 표 8-2의 관점에서 보면 ① 국제적인 경기대회 개최 유치에 따른 지명도 및 이미지 제고, 관광객 유치 제고와 ② 어린이 및 노년층 등 지역 주민의 건강 유지 및 스포츠 경기 기능 향상 등을 목표로 두 가지 관점에서 스포츠를 통한 지역 활성화에 노력하고 있다.

---

118) 『닛케이 MJ』 2012년 9월 24 일자 기사 참고.

사이타마 스포츠 커미션(SSC)

사이타마시는 2011년 10월 스포츠대회 유치를 위한 조직으로 '사이타마 스포츠 커미션(SSC)'을 창설했다. 지방자치단체가 전문 조직으로 스포츠 커미션(SC)을 둔 것은 일본 내 최초이다. SSC는 행정 및 스포츠단체, 경제단체 등이 참여하는 협의회 형태로 사이타마시 산하단체인 사이타마 관광국제협회가 사무국을 맡고 있다. 기존의 관광사업과는 시너지 효과를 낼 것으로 기대한다.

SSC 활동의 핵심 중 하나는 스포츠 대회와 이벤트를 유치하고 관광객과 교류를 늘리는 것이다. 이에 대회장의 확보 및 조정부터 교통 및 숙박, 행정 기관의 절차, PR활동, 자원봉사 모집 등 대회의 개최. 운영업무를 일괄적으로 지원한다.

또 스포츠 인구를 늘리고 시민의 건강증진을 도모하는 것도 SSC의 역할 중 하나다. 사이타마시는 2011년에 수립한 '스포츠 진흥 마을 조성 계획'을 통해 주 1회 이상 운동하는 성인의 비율을 2020년도에 70%로, 2010년의 약 40%에서 대폭 끌어올리는 것을 목표로 하고 있다.

사이타마시의 스포츠 관련 지역자원

사이타마시는 스포츠에 관한 지역 자원으로

① 스포츠 관련 시설이 양호한 편이다. 국내 최대의 축구 전용구장인 '사이타마 스타디움 2002', '코마바駒場 스타디움', '사이타마 슈퍼 아레나' 등 전국대회와 국제대회를 개최할 수 있는 시설이 충분하다. 육상경기장 3개소, 경식 야구장 5개소 등 약 90개의 운동 시설을 보유하고 있다.

② 전국적으로 유명한 스포츠 팀도 많다. 사이타마는 축구리그 '우라

와 레즈浦和レッズ'와 '오오미야 알디쟈大宮アルディージャ'등 2개 클럽의 연고지다. 또한 사이타마현에는 프로야구 '사이타마 세이부 라이온즈西武ライオンズ', 남자 농구 '사이타마 브론코스埼玉ブロンコス' 등이 있다.

③ 과거 10년 동안 '축구 월드컵'이나 '국민 체육대회' 등의 대규모 스포츠 이벤트를 개최하여 교통 규제나 경비에 관한 경찰 측 협조, 자원봉사 운영 등의 노하우도 축적하고 있다.

④ 입지도 좋다. 동일본의 모든 신칸센이 지나는 수도권 북쪽의 관문인 JR오미야역大宮駅이 있어 도쿄 도심 등에서 교통편도 좋다.

스포츠 위원회는 '영화 촬영지 등을 유치하여 지역 활성화로 연결하는 영화위원회와 같은 접근으로 종래 대회 운영 등은 경기단체가 주체적인 역할을 하지만 유치 활동이나 숙박, 교통 등은 위원회가 관여함으로써 지역경제 파급효과를 높인다.

다만 대규모 대회 유치가 쉬운 것은 아니다. 위원회는 우선 일반적인 수준의 대회 유치를 위주로 하는데 정상급 선수가 출전하지 않더라도 참가자와 가족 등의 방문이 많으면 경제 효과가 있을 것으로 기대한다.

위원회는 대회 개최에 한해 참가자 수나 관객 수에 따라 최고 100만 엔을 지원하는 제도도 만들었다. 참가자가 100~200명 규모로 크지 않은 대회에도 최고 10만 엔을 지원한다.[119]

스포츠를 통한 지역 활성화 추진

사이타마시는 2012년 7월 네덜란드 로테르담시의 스포츠위원회와 업

---

119) 『일본경제신문』 2011년 10월 24일자 기사 참고.

무 제휴를 맺었다. 관광 자원이 적은 로테르담시는 도시 활성화 전략으로 스포츠에 집중하여 스포츠를 통한 경제 효과는 연간 1,000억 엔에 이른다고 한다. 업무제휴를 통해 위원회가 보유한 세계대회 유치 등의 노하우에 관한 연구할 계획이다.

그러나 사이타마시에는 유명한 온천이나 레저 시설 등 관광의 핵심이 되는 관광 유인물이 부족하다. 그로인해 관광청은 스포츠 관광을 성장 분야로 내세우는 등 전국적인 관심이 높아지자 스포츠를 주제로 지역 활성화 정책으로 시의 이미지를 높이고 차별화 전략을 추진하고자 나선 것이다.

자전거 경주 대회 '투르 드 프랑스' 개최

사이타마시는 2013년 10월 26일, 자전거 경기 '사이타마 크리테리움 by 투르·드·프랑스le Tour de France'를 처음으로 개최했다. 이 대회는 세계 최고봉의 자전거 경주로 '투르드 프랑스'라는 대회명으로 프랑스 외 해외에서 열린 첫 대회다. 세계 정상급 선수가 출전했다. 첫 날은 2.7km의 경주로를 따라 관람객 9만 명을 포함해 연인원 20만 명이 사이타마 신도심을 메웠다.

세계 약 130개국에서 방영되는 등 해외 유명 미디어에서 경쟁적으로 다뤘으며 사이타마시의 시미즈 하야토清水勇人 시장은 "사이타마시의 도시 이미지 제고에 큰 효과가 있었다"고 한다.[120] 2014년에는 사이타마 신도심 주변을 코스로 개최할 예정이다.

---

120) 『일본경제신문』 2013년 10월 29일자 기사 참고.

2) 기업: '데상트'의 군마현 미나카미초 지역 활성화 지원

군마현群馬県 미나카미쵸みなかみ町는 2011년 7월 스포츠 대기업 '데상트DESCENTE'와 지역 활성화를 위한 제휴를 발표했다.[121] 지역 내에서 다양한 스포츠 이벤트를 개최하는 것 외에 데상트의 지명도나 브랜드를 활용하여 미나카미로의 집객으로 연결한다. 지역의 체류자가 절정기에 비해 줄고 있어 데상트와의 제휴로 관광을 활성화할 방침이다.

데상트는 지방자치단체와의 제휴는 처음이다. 나카니시 에츠로中西悦朗 사장은 '미나카미쵸'는 산악지역과 강이 흐르는 대자연의 중심에 있고 도쿄에서의 접근이 상당히 좋다고 평가했다. 회사는 지자체와의 제휴를 통해 지역 내의 이벤트를 원활히 진행하는 것 외에 개발 중인 신상품의 실용성 관련 시험도 할 방침이라고 한다.

2012년 2월에는 스키, 스노보드 보급 투어를 개최했고 지역 스키장에는 도쿄에서 40명의 초등학생이 참가했다. 이곳의 지역성에 주목해 지역 내의 산과 강, 스키장 등을 이용한 신제품의 현장 실험이나 매장 신설을 염두하고 있다.

민간기업과 제휴를 하며 주목할 것은 지자체 직원의 의식 변화라고 한다. 지금까지는 이벤트의 개최가 우선이었지만 "기업의 대응을 보고 참가자의 감동이 가장 중요하다고 느꼈다"(종합정책과). 키시 요시마사岸良昌 촌장은 "다른 기업과도 협의 중에 있다"고 말했다. 제휴 활동은 더욱 가속화될 전망이다.

---

121) 『일본경제신문』 2011년 7월 28일자 및 2012년 3월 2일 기사 참고.

3) 스포츠를 통한 관광진흥

일본 내에서 스포츠 관광의 선구적 사례는 오키나와현沖繩県의 미야코지마宮古島 트라이애슬론 대회다. 1985년부터 히라요시平良市(현재의 후루시마시)에서 열렸고 국내 굴지의 대규모 대회로 성장했다.

2011년 4월에는 약 1,300명이 참가하였는데 80% 이상이 현 외 지역에서 방문했다. 현지 싱크탱크 '오키긴おきぎん 경제 연구소'(나하시)는 경제 파급 효과를 약 3억 2,600만 엔으로 산출했다.

나가노현長野県 하쿠바무라白馬村에서는 하포우오네八方尾根 관광 협회 등 실행 위원회가 2011년 9월, 산악 달리기인 '트레일 러닝Trail running' 제1회 대회를 개최했다. 겨울 스키, 여름 등산과 함께 가을의 관광 핵심 유인물을 만들겠다는 것이다. 참가자는 약 750명으로, 약 60%가 현県 외지인이었다. 실행 위원회는 숙박이나 특산품의 판매 등으로 약 1,200만 엔의 경제효과가 나타난 것으로 본다.

이러한 스포츠 관광은 자연 환경이나 정비된 스포츠 시설 등을 효과적으로 활용할 수 있어 지역의 새로운 산업이 될 수 있다. 스포츠 참가자뿐만 아니라 관람객, 대회 지원 요원 등이 외지에서 방문하여 숙박 등 소비를 창출한다. 최근에는 이런 부수적인 효과에 주목하는 도시가 늘고 있으며 경쟁도 치열해지고 있다. 앞으로는 지역 특성을 살린 독특한 대회나 '마라톤의 도시'같은 브랜드화 등 더 많은 사람을 모이게 하는 집객 전략을 중요시하게 될 것이다(하라다 무네히코原田宗彦 교수).[122]

---

122) 『일본경제신문』 2011년 10월 24일 참조.

3. 먹거리와 농업

1) 농업을 통한 지역 브랜드화

지방자치단체는 지역 산업의 브랜드화를 추진하고 있다. 지방자치단체의 산업정책·고용 정책의 경우 닛케이日経가 실시한 전국 812시구市区 조사(2013년 9월 발표)에 의하면 예전에 흔히 볼 수 있는 '기업 유치'는 38%에 그쳤고 '지역 산업·창업 지원'이 48%로 높아져 정책의 변화가 있음을 볼 수 있다.

예를 들어 아오모리현青森県 고쇼가와라시五所川原市는 '르네사스Renesas' 북일본 세미컨덕터 공장 대신에 '고쇼가와라 사과'의 품종개발이나 특산품인 바지락을 이용한 식품산업 육성으로 전환했다. 또 내각부 국토교통성 등에서는 자치단체·지방은행·NPO 등으로 구성한 '지역조성 플랫폼'에 대한 예산 지원(2014년)을 결정했고 총무성은 여러 지자체와의 연계를 통한 특산품 집약 시설(6차 산업)이나 산학 제휴 거점(상품 개발)을 위한 보조금 제도(2014년)가 생겨났다.[123]

지역 브랜드화의 목적

'지역 브랜드'란 지역 명칭을 이용한 지방 특산품의 브랜드화이다. 광역자치단체나 기초자치단체 등 지자체를 비롯해 조합이나 지역산업단체, 그리고 지역에서 영위하는 중소기업이 지역 브랜드화에 힘쓰고 있다(제5장 참조).

각지에서 벌이고 있는 지역 브랜드화의 목적은

---

123) 『일본경제신문』 2013년 9월 2일자 및 10월 26일자 참조.

- 소비자에 대한 호소력을 높일 수 있다. 지역 특성을 친숙하게 소구하고 소비자가 받아들이기 쉽다.
- 차별화를 꾀할 수 있다. 시장 안에서 독자적인 위치를 차지하는 존재가 된다.
- 부가가치가 높아져 가격경쟁을 피하고 비교적 높은 가격에 판매할 수 있다.
- 사업자 간 연계를 촉진할 수 있다.
- 시민이나 행정 지원을 받을 수 있다: 지역성을 강조하여 지역생활문화를 새롭게 인식하는 사회적 의의가 있다[124] 등을 들 수 있다

이러한 관점에서 농업 분야의 지역 브랜드화가 추진되고 있다.

지역브랜드화의 촉진과 보호

특허청의 '지역 단체 상표 제도'는 지역의 특산품에 지역과 제품 이름으로 상표를 달 수 있도록 상표법을 개정했다(2006년). 사업협동조합이나 농업협동조합이 등록할 수 있게 되어 지역 브랜드화를 촉진하고 지역 브랜드의 보호, 품질, 신용도의 유지에 노력하는 것이며, 전갱이(오이타大分)나 마츠사카규松阪牛(미에三重) 등 농축수산물과 가공품 등 전국에서 550건이 등록되어 있다(2014년 기준).

또 지역 브랜드를 보호하는 제도도 중요해지고 있다. 농림수산성 '산지 표시 보호 제도'로 품질 등의 기준을 마련하고 있다(2013년 9월). 이러한 측면에서 선진 사례로는 프랑스의 'AOP: Appellation d'Origine Protegee'(원산지 명칭 보호) 제도가 있는데 이곳에서는 전통적인 농산물

---

124) 일본종합연구소, 2011, 「농림수산물·식품의 지역 브랜드 확립을 위한 가이드 라인」.

보호를 목적으로 제조지역이나 원료, 제조공정 등의 규정을 충족한 상품에만 인증을 부여하고 와인, 치즈, 버터 등 농산가공품 및 축산가공품이 대상이라고 되어 있다.

일본 소비자들에게 익숙한 '샴페인'(상파뉴 지방 산), '보르도 와인'(보르도 지방 산) 등도 AOP 인증을 받은 지역 브랜드들이다.

2) 농업에서의 6차 산업화

'6차 산업화'란 농림수산업과 2차 산업(가공제품화), 3차 산업(판매)을 융합, 연계하여 새로운 부가가치를 만들어 지역사업의 전개와 신산업을 창출하는 것이다. 예를 들면, 쌀·야채, 과일 등 지역에서 채취한 제1차 산품을 그 지역의 식품 가공업(제2차 산업)이 떡이나 절임, 간장, 된장, 드레싱, 잼 등으로 가공해 기차역 등 직매장에서 소비자에게 판매하는(제3차 산업) 일련의 활동이 전개되는 것이다(도표 8-3 참조).

이러한 농업·공업·상업 연계(이른바 '상농공 연계')는 '상농공 등 연계 촉진법'이 2008년에 입법화되고 '6차 산업화법'이 2011년에 시행되면서 본격화되었으며 그 후 인증 건수는 1,300건을 넘고 있다. 시장 규모는

〈도표 8-3〉 6차 산업화

농림수산업과 2차산업(가공제품화)·3차산업(판매) 등을 융합·연계하여 새로운 부가가치를 창출하는 지역 사업을 전개하거나 신산업을 창출한다.

1차산업	2차산업	3차산업
농림수산업	식품가공업	도·소매업
(예)	(예)	(예)
쌀·야채·과일	밥·절임·조미료·잼	직판장 등 판매

2013년에는 1조 엔으로 추정되지만, 10년 후에는 10조엔 규모가 될 것으로 내다보고 있다. 보조금이나 출자 펀드를 조성하는 등의 지원책을 확충할 계획이다. [125]

이번 장에서는 6차 산업화를 진행하는 대표 사례로서 로쿠세이六星(이시카와石川), 이가노사토伊賀の里(미에三重)를 이야기 해본다.

로쿠세이(이시카와)[126]

주식회사 로쿠세이六星는 이시카와현石川県 하쿠산시白山市에서 농원 경영 '로쿠세이 팜'(쌀·채소 등), 식품가공(떡·절임·반찬·도시락 등), 직판장 '무츠보시(むっつぼし)'등 3개 매장(가나자와金沢·마츠토松任 등)과 통신판매 등을 경영하는 사원 33명(임시 고용 포함 약 100명), 경지면적 약 140ha, 연간 매상고 약 8억 엔의 농업법인이다.

'로쿠세이'는 1977년 경작면적이 줄고 있는 가운데 6가구의 쌀 농가가 토지와 노동력을 공유하고 양상추 재배를 시작하며 탄생했다(나카오쿠 육성생산조합의 발족, 中奧六星生産組合).

로쿠세이의 사장인 가루베 히데토시軽部英俊가 도쿄의 대형건재업체에서 전직하여 온 것이 1997년. 그는 농업에는 문외한이었지만 당시 로쿠세이는 개선해야 할 점이 많다고 느꼈다. 예를 들어 로쿠세이를 브랜드화하여 소비자에게 직판을 하면 수익을 높일 수 있었다. 그는 수도권 백화점을 찾아가 행사에 참석하는 등 판로 확대에 힘썼다.

떡이 팔리는 시기를 면밀히 분석하여 공장을 효율적으로 가동하는 등

---

125) 『일본경제신문』 2013년 3월 11일 참조.
126) 『DIME』 2012년 23호, pp.80-81 참조.

의 변신을 꾀했다. 이전의 사업 경험이 도움이 되었지만 순탄하지는 않았다. 소매점의 담당자가 바뀌면 방침이 급변해 돌연 출하 정지 등 예기치 못한 상황도 경험했다. 그럼에도 회사의 영업 판로를 확대하는 것은 고객의 요구에 응하기 위함이다.

식재료를 고집하는 레스토랑 등 영업전략은 영업 담당자가 어떤 식감의 쌀이 필요한가를 알아내서 상품을 제안한다. 마지막은 요리사나 현장 담당의 맛과 가격 협상을 거쳐 계약한다. 인맥이나 협상능력이 필요하지만 거래처는 고객(소비자)에게 '고집을 맛볼 수 있는 쌀'이라고 홍보할 수 있고 로쿠세이는 적정한 가격으로 판매할 수 있는 등 '윈·윈' 관계를 만들었다.

〈사진 8-3〉로쿠세이 직판장 '무츠보시' JR가나자와역 백화점

이 외 시장 요구도 중시했다. 식품 안전에 대한 요구에 부응하기 위해 무농약 재배에 도전했다. 처음에는 오로지 잡초 뽑는 일만 했지만, 안정적으로 재배할 수 있게 되자 판로가 더욱 확대되었다.

이런 경험을 바탕으로 가루베軽部는 지역의 농업 발전에 매진할 것을 결심했다.

농업 현장에서는 언제 모종을 심고 언제 비료를 주는 등 토양에 맞는 재배법의 계승이 중요하고 후계자가 없으면 기술은 사장된다. 이에 로쿠세이는 농업이탈이 심화되고 있던 전답의 경작을 하청 형태로 시작했다. 경작지는 점차 확대되어 지금은 창업자가 가지고 있던 토지의 28배 (도쿄 돔의 약 26배)가 되어 청년들의 일자리가 되고 있다. 또 소비자는 쌀 농사 체험도 할 수 있어 1,000엔으로 모내기와 벼 베기에 참여할 수 있고 그들이 수확한 쌀을 선물한다고 한다.

이러한 앞서가는 비즈니스 감각으로 로쿠세이의 팬이 늘어나고 영업은 물론, 나아가 지역 농업의 발전으로 이어졌다.

농업 법인화의 장점

- 영업 담당 배치: 로쿠세이는 카레 전문점, 유명 일식집 등 직영을 통해 공급에 따른 중간 마진이 없기에 수익이 발생하고 고객 요청에 부응할 수 있다.
- 대형기계 구입: 경작지를 대규모로 하여 개인이 운영하는 농가에서는 구입하기 어려운 대형기계도 도입하기 쉬워진다. 회사의 저장 시설도 마련할 수 있어 작물을 최적의 상태로 보관하고 품질 유지도 가능하다.
- 계획적인 생산: 고객과 계약을 체결하더라도 소규모인 경우, 기상 이상 등으로 납품하지 못할 가능성이 있다. 경지면적이 넓으면 여유를 갖고 재배하는 등 위험요소를 억제할 수 있다.
- 6차 산업의 형성: 대규모로 작물의 생산뿐만 아니라 가공이나 자사 매장에서 판매 등 경영의 다각화(6차 산업화)가 가능하게 되었다. 이

를 통해 작물에 부가가치를 높이고 높은 수익을 낼 수 있다. 농한기에 가공작업을 하거나 안정적인 일자리를 창출할 수 있다.

6차 산업화는 단순히 농상공農商工 간의 상품 연계뿐만 아니라 사업의 관점을 농업에 적용하는 기회가 되어 농업의 경영화를 촉진하는 것이기도 하다. 이런 사례를 로쿠세이가 보여주고 있다.

이가노사토 모쿠모쿠 수제 농장(미에)[127]

미에현三重県과 시가현滋賀県의 경계에 이가노사토모쿠모쿠(伊賀の里モクモク) 수제 농장(이하, 이가의 마을)이 있다. 연간 50만 명이 방문하는 종합형 농업체험 농장이다. 생산(1차), 가공(2차), 판매 및 레스토랑(3차)의 모든 것을 갖춘, 즉 최근 그 중요성이 부각되고 있는 6차 산업화의 선구자라고 할 수 있는 시설을 운영하고 있는 것이 이가노사토伊賀の里다.

설립된 계기는 1971년 수입 자유화에 따른 축산업의 효율화, 세계화였다. 싼값에 대량으로 수입되는 미국산과 브라질산 돼지고기와 가격 경쟁력이 뒤쳐져 차별화를 위해 지역 축산농가들이 토종 돼지의 브랜드화를 추구한 것이다. 설립 초기는 현지 식재료를 활용한 고부가가치 상품 개발을 시도했다.

부가가치를 제공하기 위해 식재료를 가공하는 것이 가장 바람직했고 지역의 돼지고기를 사용한 햄과 소시지를 판매하기 시작했다. 그러나 결과적으로 흑자는 불과 2개월뿐이었고 나머지 10개월은 모두 적자였다.

소비자 조사를 통해 기능 편익, 즉 맛만 소구한다는 결론이 나왔다.

---

127) 사에키 유우(佐伯悠), 2013, 「지역 활성화에 있어서의 대처 프로세스의 모델화와 적용」 아오야마가쿠인 대학 대학원 국제 매니지먼트 연구과 리서치 자료를 참고로 기술.

우리가 어떤 생각을 하며, 어떤 식재료를, 어떻게 만들고 있는가에 관한 이야기를 소비자에게 전달해야 상품화된 값싼 외국산을 이길 수 있다고 판단했다.

그래서 비엔나소시지 만들기 등 체험프로그램을 계획하여 현지 식재료를 이용한 다양한 체험형 이벤트를 개최했다. 이를 통해 수집한 기술과 정보를 바탕으로 새로운 상품을 개발해 판매를 시작했다. 이러한 노력이 긍정적인 평가를 받아 2010년, 정부가 추진한 6차 산업화 사업의 최우수 사례로 선정되었다.

지금은 주력인 체험형 이벤트의 기획·운영, 가공품 판매와 더불어 회원제 택배 서비스, 숙박시설 운영, 정년 귀농 수요를 예측한 농지 해방農地解放[128], 지역의 6차 산업화의 지원·컨설팅 등 폭넓은 사업의 다각화를 진행하고 있다.

---

128) 농지소유주 변경, 법제도 변경 등 농지개혁운동의 하나다(위키피디아).

새로운 농업에 젊은이들이 모이는 이유[129]

일본 농업 종사자의 평균 연령은 66세, 식량 자급률은 40%를 밑도는데 신규 취농자는 최근 증가하고 있다고 한다.[130] 특히 성장하고 있는 것이 '신규고용 취농자', '신규참가자'이다. 즉, 창업하거나 혹은 회사에 취직하는 형태로 취농을 하는 사람들이다.

기존에는 농가에서 생산한 작물을 농협에서 수매하는 경우가 많았고 일괄적으로 집, 출하, 수송, 결제를 하는 것이 훨씬 효율적이라고 인식하고 있었다. 하지만 쌀과 채소 가격이 하락하자 점차 수매가도 낮아져 이익이 떨어졌다. 그러자 일부 농가가 직판장을 내거나 휴게소나 슈퍼마켓에 직접 산품을 공급하기 시작했다. 이 사업을 대규모로 하는 것이 '농업법인'이다.

앞에서 얘기한 것처럼 '로쿠세이'(이시카와)는 '콩모찌'나 '로쿠세이 쌀 고시히카리'라는 독자적인 상품을 소매점이나 인터넷으로 전국에 판매했다. 지역 특산품인 가가야加賀 채소를 재배하고 직접 먹을 수 있는 식당 직판장의 경영에도 나섰다.

나가노長野의 '톱 리버'는 영업 담당자가 요식업체와 계약을 맺어 직접 납품하고 있다. 즉 사업으로 농업을 활용하여 유통마진을 낮추고 소비자의 의견을 통해 품질을 높이고 기업의 요구에 맞춰 작물을 고가로 판매하게 되었다. 게다가 겨울 농한기에는 한 달 가까이 쉴 수 있어 겨울 스포츠를 즐길 기회도 있다고 한다. 새로운 농업과 관련된 형태가 꾸준히 생겨나는 것이다.

---

129) 『DIME』 2012년 23호, p.79 참고.
130) 농림수산성 『농림수산통계 2011년 신규 취농자조사』.

3) 도시와 지방을 농업으로 연결하는 활동

도시와 지방을 농업으로 연결하기 위해 다양한 활동이 벌어지고 있다. 본가가 농촌인 도시 생활자가 커뮤니티를 만들어 본가 혹은 현지의 농업을 지원한다. 음식과 농업이 연관된 고객 만들기이기도 하다.

세가레 세갈

'세가레 세갈セガレセガル'은 도시에서 활동하는 농촌 출신들도 구성한 조직이다. 코다마 코우지児玉光史가 2007년부터 시작해 2012년, '주식회사 지역 컴퍼니'를 설립했다. 코다마는 나가노현長野県 우에다시上田市 출신으로 친가는 아스파라거스 농가이다. 도쿄대학 농학부를 졸업 후, 주식회사 덴츠電通 국제 정보 서비스에서 근무를 한 후 이 활동을 시작했다.

이들은 주말에 각자 친가와 지역에서 생산한 채소 등을 가져다가 판매하는 등 독특한 방법으로 농업을 지원하고 있다. 활동 초기 3명이었던 모임이 20~30대 약 50명에 이르며 성장했다. 코다마는 "농가의 세가레セガレ는 가업을 이어갈지 말지를 고민했지만 가업을 계승하는 또 다른 방법이 있음을 깨달았다. 도시에서 일하면서 친가나 지역의 상품을 홍보하고 판매에 노력하는 것도 효행, 고향에 대한 효행이다.

세가레 세갈의 구체적인 활동 사례로는 다음과 같다.

• 지역 작물을 보내는 지역 밀착형 선물 개발: 나가노현長野県 히가시신슈東信州의 농산물 카탈로그 선물. 지역 생산자와 특산품을 소개하는 12장의 카드가 들어있고 선물을 받은 사람이 상품을 선택한다. 이후 생산자가 직접 보내는 구조

- 세가레를 연결하고 콜라보 상품 개발: 주미酒米농가 세가레와 양조장 세가레가 협업하여 다이긴죠大吟醸 '오야지나가세オヤジナカセ'를 개발하고 전국 신상품 사케 품평회에서 금상을 수상했다(2012년).
- 세가레 마켓, 친가의 채소판매 시장 개최: 매월 셋째 주 일요일에 도쿄 호사카야自由が丘ほか 외 도내에서 정기적으로 시장을 연다.

농가의 실정을 잘 알고 있으면서 도시 소비자의 요구나 사업 경험 지식도 갖추고 있어 '외부적인 관점'으로 접근하는 세가레 세갈의 사업은 향후 농업 활성화에 매우 효과적인 자극이 될 것으로 기대한다.

롯폰기농원

농가와 청년, 소비자를 연결하는 장으로서 기획한 것이 농업 실험 음식점 '롯폰기六本木 농원'이다.

롯폰기 농원이 실시하는 '농업실험'이란 ①소, 중규모 생산자, 산지의 상표화 ②실질적인 판로 확대의 기회 제공 ③농업, 어업, 낙농 등 신규 취농을 목표로 미래의 농군을 꿈꾸는 청년들의 인큐베이션 기능을 담당한다[131]. 생산자를 표기한 재료로 만든 요리가 긍정적인 평판을 받고 농업인 이외의 소비자의 지지도 높다. 2009년 8월에 시작하여 정성스럽게 농업에 종사하는 농가의 응원 이벤트 등도 개최하고 있다.

최근 행사 사례로는 이시카와현石川県 하쿠이시羽咋市의 농가와 함께 주요 브랜드 쌀 '고시히카리아모레'コシヒカリアモーレ와 감자, 양파 등 채소를 농약이나 화학비료를 사용하지 않고 '심호흡 농법'이라는 방식으로 재배하는 스기하라 신이치杉原晋一 소개(2014년 7월), 야마가타현山形県

---

131) '롯폰기농원' 홈페이지 http://www.roppongi-nouen.jp/aboutus/ (2014년 7월 6일).

덴도시天童市 젊은 취농자 그룹 '안찬다アンツァンダ'의 체리 소개(2014년 6월) 등 '농가 Live special!!'을 개최했다.

또 먹거리로 일본을 소개하는 'EAT for JAPAN'이나 지방에 가서 지역 프로듀서가 기획한 음식을 즐기는 '일본 트래블 레스토랑' 등의 활동도 추진하고 있다.

제3부

종합적인
전개 사례

제9장.
나가노현 오부세마치

1. 오부세마치의 지역 활성화 대처 개요

　나가노현長野県 오부세마치小布施町는 1963년에 지역 인구가 1만 명 아래로 떨어졌고 관광지로도 무명의 도시였다. 그러나 이후 다양한 지역 활성화 대처로 인구가 증가했고 1980년대 이후, 보합세지만 1만 1,000명대를 유지하고 있다. (2021년 인구 11,005명). 연간 관광객은 약 120만 명으로 인구의 100배 규모에 이르고 있다.

　기간산업은 농업이며 농업 생산액(사과, 포도, 화주, 밤, 버섯 등)과 농산물 가공액(밤과자 등)이 지역 총생산액의 60%를 차지한다. 농가 인구도 35%로 전국 평균인 7%에 비해 상당히 높다.

　역사, 문화, 풍토를 살린 매력 있는 도시 만들기나 오부세 밤과자의 지역 브랜드화가 원활하게 되고 있으며 지역 산품을 독특한 환경에서 보고, 먹고, 만지고 배우는 등 체험 프로그램으로 관광객이 증가했다.

　또한 관광으로 지명도를 높인 '오부세'라는 지역 브랜드가 음식과 농업 분야의 연구개발과 농산가공(와인, 주스, 잼 등)을 활성화하여 경지면적의 확대와 농업 종사자의 다양화(법인, 고령자, 여성)를 통해 농업을 발전시키고 있다. [132]

이 장에서는 오부세마치의 지역 활성화 사업에 대해 지역 활성화의 마케팅, 매니지먼트의 관점에서 살펴본다.

1) 지역 자원과 편집

지역 활성화의 마케팅 관점에서 보면 오부세 지역자원으로 대표적인 것은 ①자연자원, 지역 특산품인 밤, ②역사문화자원인 호쿠사이北斎 등이다.

자연자원: 밤

오부세의 밤 재배는 무로마치室町시대부터 시작했고 역사는 600여 년 정도 된다. 이 지역을 흐르는 마츠가와松川의 지형과 산성토양 및 기후가 밤나무 성장에 적합하여 양질의 밤을 수확할 수 있었고 에도시대에는 막부에 진상하기도 했다.

또한 에도시대 후기에는 밤과자를 개발하여 사쿠라이 칸세이도桜井甘精堂, 치쿠후도竹風堂 및 오부세도小布施堂(뒤에 나오는 참나무-이치무라 주조장 그룹)가 노포의 3대 매장으로 '밤양갱'과 '쿠리카노코栗かのこ(밤과자 상품)' 등 밤과자를 만들어 판매하며 발전했다. 오부세는 '밤'이라는 지역의 자연자원을 활용하여 '밤과자'라는 지역 브랜드로 폭넓은 지명도를 쌓아

---

132) 일본정책투자은행 지역기획부 지역진흥그룹, 2009, 「지역경제 활성화 논점메모」, 『지역조사연구 2009년』, No.I, Vol.4, 일본정책투자은행, p.38 참고.

왔다.

역사·문화자원: 호쿠사이北斎

오부세小布施의 역사문화자원으로는 다카이 고잔高井鴻山(1806~1883년) 및 가쓰시카 호쿠사이葛飾北斎(1760~1849년) 등 2인의 인물과 관련된 건축물 및 그림이 대표적이다. 다카이 고잔의 본성은 이찌무라市村이며 현재의 마스이치 이치무라桝一市村 주조장의 원조에 해당한다. 고야마鴻山는 사쿠마 쇼잔佐久間象山이나 가쓰카 이슈勝海舟와도 교류가 있던 문인으로 말년에 도쿄에 민간 교육기관을 개설했다.

또한 가쓰시카 호쿠사葛飾北斎의 후원자로 자택에 작업실을 만들어 오부세에서 호쿠사이의 노후 4년간 창작 활동을 지원했다. 호쿠사이는 판화로 유명한데 오부세에서는 많은 육필화肉筆画를 그렸다.

오부세 촌장 이치무라 이쿠오市村郁夫(재임 1969~1979년, 이치무라 세이이치 주조장의 친족)가 이 역사문화자원에 착안하여 1976년에 미술관 호쿠사이칸北斎館을 개관했다. 호쿠사이칸은 중요한 오부세 관광 거점이 되어 많은 관광객이 방문하고 있다(2019년 입장객수 9백만 명 돌파). 그 후 1983년 호쿠사이칸에서 수백 미터 거리에 민간 주도로 다카이 고잔 기념관(2012년 입장객수 34,000명)을 개관하여 오부세의 역사·문화 구역을 형성하고 있다.

2) 창조된 지역가치

오부세의 지역자원을 활용하여 창조된 지역가치는 ①밤의 지역브랜드화(협의의 지역브랜드) ②마을의 경관, 예술 등에 의한 지역브랜드화(광의의 지역브랜드. 제1단계) ③농업 혹은 꽃이 있는 삶의 터전까지 확대한 지역브랜드화(광의의 지역브랜드: 제2단계)라고 볼 수 있다.

밤의 지역 브랜드화와 밤으로 시작한 지역의 브랜드화.

오부세小布施는 '밤과자의 명가 3곳'이 경쟁하면서도 함께 협력하는 지역의 산업 집적지로서 특징이 있다. 오부세 밤과자 세 가문 중 하나인 '치쿠푸도竹風堂'는 1970년대 시내 중심을 가로지르는 국도 403호선 변에 향토 식당을 겸비한 본점을 이전하여 새로 지은 '쿠리오코와栗おこわ(일종의 팥밥)'라는 새로운 명물을 개발하여 관광객들에게 큰 인기를 얻었다.

당시 국도 403호선은 도쿄에서 시가고원志賀高原등 인기 스키장으로 가는 간선 도로였지만 인근에 도시에서 온 관광객이 만족할 만한 식당은 별로 없었다. 치쿠푸도竹風常는 건축가 야마모토 카츠미山本勝巳가 설계를 맡아 주위의 풍경에 어울리는 경관으로 지금까지 오부세의 식당에서는 볼 수 없었던 수준의 건축물을 선보였다. 치쿠푸도竹風堂는 대형 주차장도 정비하고 식당 옆에 창고를 개조하여 공익재단법인 일본의 '아카리あかり박물관'을 유치했다(1982년).

또한 '나카노쓰치미나관中野土びな館'과 '지자이야自在屋' 등 인근에 개설한[133) 규사쿠라이 칸세이도叫桜井甘精堂는 1988년에 본점 일본식 정원에 오부세의 옛집 다카쓰가高津家의 창고를 개조한 건물에 사장의 회화 작품을 전시하는 '작은 밤나무 미술관'을 만들어 차별화를 꾀했다.

이 내용은 이 책 제1부에서 다룬 시가현滋賀県 오미야와타近江八幡 '타네야たねや'나 홋카이도 '롯카테이'와 같은 지방의 노포 과자 기업이 지역 브랜드화 전략에 머물지 않고 관광형 매장 형태로 문화 정보를 제공하

---

133) 치쿠푸도(竹風堂)에 대해서는 회사 홈페이지 chikufudo.com/facili ties/index.html(2014년 7월 19일)와 키요노유미(清野由美), 2009, 『세라가 마을에 왔다』 일본경제신문출판사 등을 참고.

여 그 지역의 브랜드화를 경쟁적으로 하는 것을 볼 수 있다. 지역 기업들 간의 경쟁을 통해 정보량이 증가했고 많은 관광객들에게 '오부세=밤마을'로 알려져 여러 지역에서 방문하고 있다. 시장이 커지고 유명 3사가 공존할 수 있음을 엿볼 수 있다.

지역도시의 경관

오부세가 1980년대에 실시한 '거리 경관사업'은 지역자원을 공간으로 편집하여 지역을 정비함으로써 오부세 지역 브랜드화를 이루는 중요한 대처가 되었다. '경관사업'이란 토지소유자가 토지를 구획정리하고 구획을 변환시키며 옛 거리를 현대적으로 재정비하여 지역과 거리를 정비하는 개발 기법이다. 예를 들어 경관이 좋지 않은 곳이 있으면 이를 보완하고 불필요한 것은 없애고 흐트러진 곳은 정리 정돈하여 하나의 세계를 만드는 것이다.[134]

기본은 명확하게 하여 원래의 경관을 유지하는 요소도 어딘가에 남겨두어 때로는 보는 이들의 향수를 부르기도 한다. 경관 조성의 구체적 방법으로는 경관을 가꾸기 위해 건물을 옮겨 짓거나 해체하여 이축하거나 혹은 새로 짓기도 한다. 집의 방향, 높이, 마감재를 변경하기도 한다. 변경이나 수정은 1회로 끝나지 않고 계속된다.

예를 들어 경관사업의 대표적인 사례인 '밤 오솔길'은 원래 논두렁이었는데, 호쿠사이관北斎館과 다카이 고잔高井鴻山 기념관을 잇는 도로로 바꾸었다. 예로부터 있던 흙벽과 통로를 남겨두고 부족한 곳은 다른 곳

---

134) 카와무카이 마사토(川向正人), 2010, 『오부세마치 만들기의 기적』, 신초신쇼(新潮新書), pp.5-6의 해설기술을 바탕으로 필자의 현지조사서에 일부 첨언.

에서 오래된 흙벽을 옮겨 짓고 어울리는 창고를 지었다. 그 결과, 에도 시대 골목 같은 도로 공간이 되었어도 논두렁길에 있던 신선함과 소박함은 사라지지 않았다.

일직선의 도로는 아니지만 진행 방향으로 집의 처마가 보이거나 나무가 보여 시각적으로 재미를 느낄 수 있는 효과도 노린다. 호쿠사이칸 앞 '사사노광장笹の広場'은 오부세도小布施堂의 저택 텃밭으로 꾸미고, 관광객에 개방하여 밭 특유의 목가적인 분위기를 느낄 수 있다.

광장의 커다랗게 자란 메타세쿼이아 나무는 과거에는 저택 텃밭의 가장자리에 자리 잡고 있었다. 이런 가운데 마을의 강렬한 인상을 주는 핵심은 오부세도 본점 부근으로 저택 정문, 격자창의 상점, 흙벽 등 중후한 건물이 있는 지역이다(도표 9-1).[135]

면적은 약 3천 평으로 가이세키 요리와 찻집을 겸하는 본점 외에 양식당 산부우로傘風楼, 칸미시오쿠라甘味処塩蔵, bar-헤키켄碧漪軒, 또한 모회사인 마스이치이치무라桝一市村 본점과 양조장, 그리고 통조림 제조공정을 창 너머로 볼 수 있다.

〈사진 9-1〉 나가노현 오부세마치 오부세도 (경관 현황)

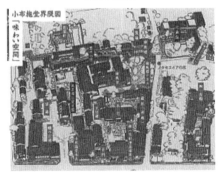

출처: 오부세도 팜플렛, 2012년 9월25일

밤과자 공장 등 오부세도와 연관된 시설이 한자리에 모여 있다.

그 후 경관사업으로는 마스이치이치무라가 오래된 양조장 건물을 개

---

135) 키요노유미(清野由美), 2009, 『세라가 마을에 왔다』, 일본경제신문출판사, p.25 참고.

〈사진 9-2〉 나가노현 오부세마치 마스이치이치무라 양조장의 대처

조하여 식당 '쿠라베蔵部'(1998년 개업), 숙박시설 '마스이치 갸쿠텐桝一客殿'(2007년 개업) 등을 만들었고 지금도 경관지구는 관광객으로 호황을 누리고 있다.

이러한 거리풍경이 현재의 오부세마치 관광 체험의 핵심이다. 옛 일본의 향수를 느끼는 '거리'로 다양한 지역자원(지역 명과, 역사 자원 등)을 종합적으로 다루었고 그 결과 마을 자체의 지역 브랜드화를 구축했다. 미술관 오부세마치小布施町에는 앞에서 소개한 밤과자 3개 사의 미술관과 박물관 외에도 다른 미술관도 많이 있다. 지역 출신의 일본화가 나카지마 치나미中島千波의 작품 약 1,000점을 소장한 '오부세 박물관 나카지마 치나미관'과 '오부세 후지오카 마키오藤岡牧夫 미술관' 등 8개의 미술관, 6개의 종합 예술관이 있는 지역이 되었다. [136] 다카이 고잔嵩井鴻山이 토

136) 오부세 관광 협회 발행『신슈 오부세 관광 안내첩』.

대를 이룬 예술을 사랑하는 풍토가 지금도 오부세小布施에 계승하고 있다고 볼 수 있다.

농업

오부세마치의 취업 분포를 보면 1960년대에 농업인구가 반 이상을 차지했고 전국적으로 농업이 쇠퇴한 현재도 오부세마치는 밤, 사과, 복숭아, 포도 등 과일 생산을 중심으로 하는 겸업농가의 비율이 70%를 차지하고 있어 기본적으로 농업이 지역 기반으로 되어 있다.[137]

오부세의 대표적인 농산물은 먼저 오부세 마루나스를 들 수 있다. 이 지역에서만 오래 전부터 재배되고 있는 작물로 조리를 해도 모양이 흐트러지지 않고 씹는 식감이 좋은 것으로 정평이 나 있다. 오부세는 기온차가 크고 강수량이 적어 색깔이 화려하고 단맛이 나는 과일이 대량 생산되고 있다.

특히 사과와 거봉 등이 유명하다. '사과 푸럼리', '앵두 체리 키스'를 오부세 브랜드로 육성하고 있다. 오부세 농작물과 특산품을 판매하는 오부세야小布施屋라는 매장을 오부세마치 진흥공사 주관으로 6차 산업센터에서 운영하고 있다. 갓 수확한 채소나 과일을 가공한 '사과 식초' 등을 판매하고 있다.

그 밖에 음식의 경우 양질의 물과 쌀, 천혜의 기후를 살린 사케 제조가 유명하며 앞에서 이야기한 '마스이치이치무라' 주조장 외에 3개의 양조장이 있다. '오부세 와이너리', '오부세 우유' 등도 품질과 향기로운 맛으로 평판이 높다.

---

137) 키요노유미(清野由美), 2009, 『세라가 마을에 왔다』, 일본경제신문출판사, p.27.

꽃이 있는 생활

오부세마치는 아름다운 마을을 만들기 위해 '꽃으로 둘러싸인', '꽃을 이용한 박애정신 육성', '꽃 산업 활성화' 등 3개의 목표를 두고 있다.[138] '꽃마을 만들기'는 오부세 주민들의 마을을 사랑하는 마음, 손님을 대접하는 마음을 소중히 여기는 분위기에서 비롯되어 방문객에게 꽃을 통한 사람과 사람의 교류를 촉진하고자 한다. 1990년 카라사와唐沢 촌장 시대에 제정한 '오부세마치, 생기 있고 아름다운 마을 조성 조례'의 환경 디자인 협력기준에도 '꽃이 있는 아름다운 고향의 경관을 만들기 위한 사항'(제3항)을 넣었다. 1989년에는 오부세하나회小布施花の會를 결성하여 경관을 가꾸기 위해 보도의 화단 정비사업을 시작했다.

또한 주요 활동으로는 꽃에 관한 정보 발신지인 '플로럴 가든 오브세'(15,000㎡ 부지에 화단, 츠키야마(인공적으로 만든 산), 잔디광장과 300종 5,000개의 열대식물을 재배하는 온실을 구축했다(1992년 개설).

꽃 생산지 '오부세 플라워 센터'(꽃의 육묘에 임하는 연구동. 연구에서 얻은 경험을 화승재배농가에 제공해 꽃 산업 육성을 돕는다. 1997년 개설), 매년 봄에 개최하는 '꽃 축제'에서 종묘 판매, 꽃을 통한 교류 '정원개방 운동'(개인 자택의 정원을 개방하는 활동, 2000년 5월 시작) 등을 전개하고 있다. 농업과 꽃이 어우러진 삶을 강조하여 오부세는 새로운 지역 브랜드를 구축하는 단계로 진전되고 있다.

즉 밤과자 기업을 중심으로 한 관광 매장화나 주변의 환경 연출로 지역의 브랜드화를 광의의 지역 브랜드전략 차원의 제1단계로 본다면, 밤에 한정하지 않고 한층 더 폭넓게 농산물이나 꽃 등을 대상으로 다양한

---

138) 오부세 관광 협회 발행『신슈 오부세 관광 안내첩』.

주제로 오부세의 지명도를 높이는 것이다. 이런 차원에서 지역 브랜드화가 단계적으로 진전되고 있는 지역의 사례는 오부세 이외에는 좀처럼 찾아보기 어렵다.

3) 가치의 전달과 제공

경관지구 차원에서 오부세도의 문화 활동[139]

1980년대 후반 건물의 배치를 변경하거나 매장건축 등 경관 활동에 동반하여 오부세도小布施堂·마스이치이치무라桝一市村 양조장은 시설 확충에 따른 소프트웨어, 즉 문화 정보 발신 활동도 시작했다. 당시는 거품붕괴 시기 직전으로 카피라이터, 디자이너, 기획자등이 각광 받을 때였다.

오부세에도 나가노 출신의 크리에이터들이 모여들었고 더욱 확산하여 무라카미 류村上龍, 하세가와 카즈히코長谷川和彦, 쿠리모토 신이치로栗本慎一郎 등 당시의 도시적인 카운터컬처(반문화)의 주역들이 오부세도에 자유롭게 출입하며 머물기도 하였다.

오부세도小布施堂·마스이치이치무라 양조장 측이 디자이너 하라야마 나오히사, 카피라이터 키노시타 카즈히코 등 외부의 인재와 협업으로 기획한 것이 자사 시설을 사용한 '살롱 콘서트'였다.

처음에는 아시아 민속음악 공연 등으로 시작해 1987년 행사 공간을 겸비한 오부세도 본점이 완공하면서 공연프로그램으로 클래식, 실내악 앙상블, 현대음악 등으로 확대하였다. 또 SBC 라디오(신에츠 방송)에서 '오부세도 비잉 인 사운드'라는 독자적인 프로그램을 방송으로 만들었다.

---

139) 키요노유미(清野由美), 2009, 『세라가 마을에 왔다』, 일본경제신문출판사, pp.40-41 참고.

1987년 가을에는 '맛있는 공간'이라고 명명한 오부세도 부근의 창고나 광장을 무대로 현대 조각가 10명이 작품을 경연하는 이벤트 '오부세케이小布施系'를 개최하여 이를 계기로 오부세도는 이 시대 문화의 발신지가 되었다.

외부 공감대와 커뮤니티 만들기

문화인 및 기업인을 초빙하여 문화강연회를 정기적으로 개최하고, 지역사회에도 문화 정보를 발신하는 동시에 연기자가 오부세를 체험하고, 지역의 특징을 전국에 알리며 오부세에 대한 공감대를 넓히는 활동을 벌였다.

1994년부터 오부세도 마스이치이치무라 양조장에 참여한 미국 출신의 사라 마리 커밍스Sarah Marie Cummings가 기획한 오부셋션obusession 행사다. 또 도쿄이과대학의 '마을조성연구소' 개설(2005년)을 시작으로 도쿄의 대학(도쿄이과대학, 게이오기주쿠대학, 호세이 대학 등)이 지역 활성화를 주제로 하는 연구소를 오부세마치 여러 곳에 개설하기 시작했다.

① 오부셋션[140]

오부셋션obusession은 오부세도小布施堂 문화 사업부에서 기획·운영하는 행사로 집념, 의욕, 집착을 뜻하는 영어 오브세션obsession을 활용한 명칭이다. 오부세도, 마스이치이치무라 양조장을 행사장으로 하고 각 분야에서 활발한 활동을 하는 사람을 초청하여 지역 제한 없이 참가자를 모아 정보교환이나 교류를 하는 정기적인 행사로 2001년 8월 8일, 첫 회를 시작했다.

---

140) 키요노유미(清野由美), 2009, 『세라가 마을에 왔다』, 일본경제신문출판사, pp.206-212 참고.

〈사진 9-3〉 오부셋션 행사

〈사진 9-3〉 오부셋션 행사

출처: 「小布施ツション」 HP http://www.obusession.com/view/index.htm. (2014년 7월 21일)

    제1회 초청 강사로 1980년대 경관 사업의 감리를 맡은 건축가 미야모토 다다나가宮本忠長를 초대했다. 이후 야나기 무네요시柳宗悦, 민예 운동의 선구자인 도야마현富山県 야오쵸八尾町에 거주하는 한지공예가 요시다 케이스케吉田桂介, 고치현에서 독특한 마을 부흥을 벌이고 있는 디자이너 겸 기획자 우메하라 신梅原真등 특정 분야에 치우치지 않고 다양한 분야에서 지적이고 신선한 경험을 들려주는 전문가로 구성했다. '오부셋션'은 보통 저녁 6시 반에 시작해서 오부세도 '산부우로傘風楼' 3층에 있는 다목적 공간에서 강좌를 들은 후 오부세도 본점 '쿠라베蔵部'로 이동하여 만찬을 한다. [141] 만찬에는 흔히 볼 수 있는 요리가 아니라 '말린 은어', '아오다케핫슨青竹八寸', '쇠고기 구이' 등 쿠라베 특유의 음식과 각 조리장, 요리사들이 정성을 다한 음식을 준비한다. 또 계절에 맞는 축하주나 사라가 고안한 사케 칵테일, 마스이치이치무라 사케 등을 푸짐하게 대접한다. 좀 더 사교를 원하는 사람들을 위한 2차 장소로는

141) https://www.kyakuden.jp/ajiwai_kukan.html.

'헤키켄碧滴軒'이 마련되어 있다. 참가비는 일반 3,000엔, 학생은 무료다.

　강사선택부터 장소의 설정, 매월 주제선정, 행사안내서 제작까지 사라가 전반적으로 담당하며 일부 인원으로 한정하는 폐쇄적인 모임은 아니다. 오부세라는 마을에 세대도 직업, 경험, 주거 등 다양한 사람이 각지에서 모여 평소 접하기 어려운 초청 강사와 직접 교류하며 누구나 격의 없이 대화를 나누고 있다. 그런 자극과 즐거움이 풍부한 행사다.

　1주년을 마감하는 2002년 7월에는 '칠전팔기'로 '밤샘 오부셋션'이 기획됐다. 식사와 음료시간 후에 강의실 산부우로傘風爐를 새벽까지 개방하고, 새벽이 되기 전에 의향이 있는 참가자는 간쇼우인岩松院에 가서 참선을 한다. 아침식사로 젠지유카리禅寺ゆかり죽과 나가노 명물 구이인 나나코로오야키七転びおやき를 대접했다.

　'오부셋션'에 대해 사라는 말한다. "TV 등 대중매체 등으로 정보가 풍부한 시대지만 사람의 감성이나 정보에 대한 예민함은 실제로 사람을 만나 이야기를 나누지 않으면 나눌 수 없습니다. 일방통행으로는 안 돼요. 마을 만들기는 결국 사람 만들기. 사람이 좋으면 마을은 좋아집니다. 작은 마을에서 사람을 만들려면 비일상적인 자극이 정기적으로 필요하죠."

　오부세도·마스이치이치무라 양조장에게 '오부셋션'은 어떠한 효과가 있을까. 회사로써는 기획과 실행능력을 제고하고 접객 능력을 배양하는 긍정적인 동기는 있다. 그러나 이 행사를 통해 참가자들이 무엇보다 체감하는 것은 마을의 '주인'으로서의 오부세도오부세도=이치무라 가문의 마음가짐일 것이다.

　마스이치이치무라 양조장이 250년 이상 전부터 계승해 온 주인 정신

문화를 현 시대에 체험하는 이벤트로서 오부세라는 작은 마을에 새로운 만남의 장을 만들어 왔다. [142)]

장기적인 경영 관점에서 보았을때에 '오부셋션'을 지속적으로 거듭하면서 전문가와의 인맥이나 세계 각지, 각 분야의 최신 정보 등 주최자측이 축적하는 자료는 귀중한 것이다.

또 지역 활성화의 마케팅 모델에 있어 '가치 전달'의 관점에서 보면 '오부셋션'의 활동은 문화 관계자나 경영자가 오부세를 방문하여 마을 만들기에 대한 조예나 지식을 심화하여 한층 더 그들이 오부세의 지역 자원을 발견하고 지역 가치를 살리는 조언을 유발하게 되는 것 같다.

② 도쿄이과대학 '마치즈쿠리 연구소'

2005년 7월에 오부세마치小布施町와 학교법인 도쿄이과대학과의 공동으로 '도쿄이과대학·오부세마치 활성화 연구소'(소장 카와무카이 마사토)를 오부세마치 동사무소 2층에 설치했다. 이 연구소는 오부세마치가 오랫동안 추진해온 경관사업을 대상으로 연구를 하고 더욱 발전시킬 수 있는 사업을 구상하기 위한 연구시설로 자리매김 하고 있다.

또한 이곳은 2008년 5월에 '오부세마치 활성화 대학'을 개교하고 건축가와 전문가를 오부세에 초빙하여 역사 문화를 소중히 다루며 과제를 어떻게 해결하고 '건축과 도시 활성화의 방향'을 연구하는 강좌를 개설했다. 이후 타 대학의 연구 기관이 오부세에 거점을 마련해 오부세의 지역 활성화를 연구하고 지역 활성화에 참여하여 지역을 부흥하는 활동이 증가하고 있다.

2010년에는 게이오기주쿠慶應義塾 대학원 시스템 디자인·매니지먼

---

142) '오부세션' 홈페이지. http://www.obusession.com/next/index.htm (2014년 7월 21일) 인용.

트 연구과가 도쿄대학 등 여러 대학과 상호 제휴한 연구기관 '게이오 SDM·오부세마치 소셜 디자인 센터'를 설치했다. 2012년에는 호세이法政대학이 '지역 창조 연구소'를 설립하여 정책 수립과 인재 육성에 임하고 있다. 행정기관이 이러한 대학연구기관을 유치하고 향후 지역 활성화 정책수립과 인재육성을 하는 활동은 유의미하다고 평가할 수 있다.

또 연구소와 지역주민의 교류도 주목할 만하다.[143] '도쿄이과대학·오부세쵸 마을활성화 연구소'의 경우, 주민들이 원하면 연구소는 이미지 제고사업의 노하우를 발휘하여 협조와 지원을 한다. 이미지를 도면이나 모형으로 표현하는 작업은 학생이 하고 학생이 준비하는 도면·모형을 보면서 주민 간 혹은 주민과 행정이 논의하는 방법을 취한다.

학생들에게는 일반인이 이해할 수 있도록 표현하는 자세나 방법을 배울 수 있는 기회다. 2008년부터는 지역 내 30대 후반에서 50대까지의 회원 15명으로 마을조성연구회를 발족하고 차세대 지역 활성화를 담당할 인재들이 정기적으로 연구소에 모여 토의를 거듭하고 있다.

체험이벤트의 전개[144]

'오부세와 만나는 마라톤'은 오부세도·마스이치이치무라 양조장의 사라가 제안하였는데 매년 7월의 '바다의 날'에 맞춰 오부세마치 전체를 코스로 한 하프 마라톤 대회를 2003년 여름에 처음으로 개최했다. 참가자도 매년 증가해, 첫 회에는 800명이었던 참가자가 2019년에는 8,157명이 되었다. 21.0975km의 코스는 정비된 도로뿐 아니라 동네 골목과

---

143) 카와무카이 마사토(川向正人), 2010, 『오부세마치 만들기의 기적』, 신호신서(新潮新書), pp.148-149.
144) 키요노유미(清野由美), 2009, 『세라가 마을에 왔다』, 일본경제신문출판사, pp. 232-233 참고.

울퉁불퉁한 들길과 둑 등 다양한 코스로 마을 전체를 피부로 느낄 수 있는 기회가 된다.

시간을 겨루는 본래의 취지와 더불어 코스튬상이나 최고령상 등 선수나 마니아가 아닌 사람도 즐길 수 있는 방법이 다양하며 자원봉사자가 음악을 연주하면서 같이 달리는 것이 유명한 명물이 됐다.

이 행사는 대기업의 협찬이나 공공의 예산으로 치루는 것이 아니라 마을 주민으로 조직한 '오부세 마라톤 실행 위원회'와 자원봉사자 1,200명의 재능기부로 치르는 행사다.

4) 오부세의 지역 활성화 마케팅 모델

오부세의 지역 활성화는 마케팅 모델을 적용할 수 있는 전형적인 사례이다(도표 9-1).

우선 밤이라는 지역 자원으로 밤과자를 만들어 '밤'하면 '오부세'라는 지역 브랜드로 자리매김했다. 또한 지방의 오래된 마을 경관이라는 지역 자원은 '경관'이라는 편집을 거쳐 매력적인 공간으로 연출하였고, 호쿠사이北斎라는 역사·문화 자원을 활용한 문화가 있는 이야기를 만들었다. 밤과자 기업의 관광형 매장 환경 연출과 맞물려 오부세의 지역 브랜드화를 촉진하게 되었다. 이 가치는 오부세도가 경관 지구의 건물과 전문가들의 강연회 형식을 융합하여 관심 있는 사람을 대상으로 정보 발신을 계속적으로 실시하는 '오부셋션'을 통해 전달하여 지역과 도시인을 연결하는 커뮤니티도 형성되었다고 할 수 있다.

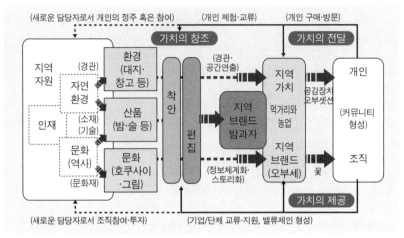

〈도표 9-1〉 오부세 지역활성화 마케팅 모델

출처: 미야조에 켄시 (2012)

5) 지역 활성화 추진 주체

지역 활성화의 정책 주체와 활동 영역에 발전 추이를 보면(도표 9-3), 특징으로는 민간 기업의 추진과 행정(마을)과의 연계가 장점이다.

행정: 오부세마치

오부세마치의 명가인 마스이치이치무라枡—市村 양조장의 친족인 이치무라 출신 촌장의 재임기간이 비교적 길다. 이치무라 이쿠오市村郁夫(촌장 재임 1969~1979년), 이치무라 료조市村良三(촌장 재임 2005년~)이다. 이에 행정과 민간이 굳건한 협력을 통해 대처를 할 수 있었다.

우선 이치무라 이쿠오 촌장은 이치무라가의 16대 당주로 현재 오부세도 사장인 이치무라 츠구오市村次夫의 부친이다. 침체되어 있던 1970년대 농촌인 오부세에 문화라는 새로운 산업분야를 도입하고 상업, 서비

〈도표 9-2〉 오부세마찌에 있어서 지역활성화 발전의 추이

	(지역활성화 대처영역)			
	산품	시설	공간	소프트(서비스교육)
(대처주체)	1970년대		1980년대 경관조례	1990~2000년대
행정	**호쿠사이칸**	**경관사업**		**오부세**
민간	오부세도 밤과자 술	치쿠후도 → 민예관 사쿠라이 칸세이도 → 미술관		과일·화훼산업의 활성화 오픈가든 오부셋션 지역연구기관
주민				
문화인				
대학				

출처: 마츠나가츠요시·미르노츠카노유키(2012) 첨가 및 수정

스업을 포함한 3차 산업의 가능성을 예견했다.

그는 촌장 재임 중이던 1976년 재단법인을 설립해 마을에 전해 내려오는 호쿠사이北斎의 육필화와 상수레(일본 제례시 사용) 천장그림天井絵을 주요 전시품으로 하는 미술관 호쿠사이관北斎館을 개관했다. 지방에 미술관 열풍이 아직 일어나지 않던 때였는데 그것이 지역 활성화의 열정을 높이는 최초의 계기가 되었다.

민간기업: 오부세도·마스이치이치무라 양조장 리더십

1980년 이치무라 이쿠오村郁夫가 사망하여 차남 이치무라 츠구市村次夫는 다니던 신에츠信越화학공업을 그만두고 가업을 잇게 되었다. 소니에서 같이 근무하고 있던 사촌인 이치무라 료조市村良三도 부사장에 취임하였다. 모두 1948년생인 단카이団塊 세대이다. 당시 30대 초반이었던 이들은 경영일선에 참여하면서 자신들만의 사업방식을 모색했다.

이치무라市村가문은 에도시대에는 술, 간장, 된장의 제조, 판매를 해왔지만 가업 품목 중 밤 과자의 제조·도매를 시작한 것은 통조림 기술이 도입된 메이지 시대였다. 예로부터 밤의 산지로 유명한 오부세는 에도시대에 쇼군에게 납품을 할 정도로 질 좋은 밤을 만드는 전통이 있었다. 그러나 알려지지 않아 도매 위주였던 1970년대까지만 해도 지명도는 낮았다. 또 시대의 흐름에 뒤쳐진 간장, 된장 사업도 가업에서 손을 떼기로 하였다.

그 때 이치무라 츠기오市村次夫와 이치무라 료조市村良三가 구상한 것은 당시의 '근대화·대량생산·대량소비'와는 반대인 '현지의 매력을 높이고 외지의 소비자를 오부세로 끌어들인다'는 것이었다. 이를 계기로 오부세도의 사업방향과 오부세마치의 공공사업이 서로 협력하여 활성화가 본격적으로 시작하게 되었다.

행정·민간 협조에서의 경관 사업

경관사업의 정의, 구조는 앞에서 이야기한 것처럼 오부세도 일대는 당초 마을, 개인, 법인 등 소유자가 여러 명으로 복잡하게 얽혀 있었는데 자동차통행이 많은 오모테 거리에는 민가가 많았고 반대로 인적이 드문 후미진 곳에 매장이 위치하고 있어 다소 불편한 공간 구조였다. 이에 이치무라 츠구오와 이치무라 료조 등 2명이 시작한 것이 행정, 법인, 토지소유주 3자가 각자 공평한 입장에서 참여를 통해 거리를 가꾸자는 경관사업이었다.

산책로 마련 등 환경 인프라와 관련된 부분은 민간이 개별 비율로 부담한다. 국가로부터 보조금은 받지 않는다. 토지는 매매하지 않고 임대 또는 교환한다. 신축 등에 필요한 개인 소유자의 융자금은 법인과 마을

이 지불하는 땅값으로 충당한다. 사업의 목표로 한 것은 주민뿐만이 아니라 마을자체도 토지소유권자로서 마을 활성화에 관여하는 것은 일부 곤란한 점도 있지만, 시대를 앞서 간 방법이었다.

경관사업에서는 국가보조금을 받지 않기 때문에 도로구획 정비를 하지 않아도 되기에 계획은 거침없이 진행되었다.

또한 여러 소유자의 건물을 건축전문가의 감수를 통해 설계하여 흔히 제멋대로 되기 쉬운 건물 외장이 하나의 콘셉트로 통일된 건축이 가능하게 되어 조화를 이룬 환경 연출이 가능하게 되었다.

설계 감수자로 나가노 건축계의 중진 미야모토 타다나가宮本忠長를 초빙했다. 이 경관사업은 준비에 3년 반(1979년부터), 착공에서 1차 완공까지 5년(1982년 5월~1987년 3월)이라는 장시간이 걸렸지만 거리정비가 진행되면서 일대에는 그때까지 마을에 없었던 새로운 희망이 생겼다. '오부세 방식'이라고 불리는 거리 경관 사업은 1980년대 후반에 전국적으로 화제를 불러 모아 오부세를 찾는 방문객이 비약적으로 증가했다.

2005년 실무 전문가로 주위의 신뢰가 두터웠던 부사장 료조가 오부세 촌장으로 선출되어 츠구오가 오부세도·마스이치이치무라의 사장으로 취임했다.

행정과 지역주민의 관계

① 경관 조례, 주민의 자율규제

오부세에서는 일찍부터 주민 스스로가 지켜야 할 '협력 기준'으로 경관 조례를 제정하고 집과 전원의 환경에 맞는 건축조성을 자율적으로

해 왔다.[145] 조례는 법적인 강제력이나 벌칙 없이 가옥의 형태, 색상, 소재 및 주변 식재 등을 결정할 때 주민들이 경관을 배려하여 자율적으로 지키자는 지침이다. 이 독자적인 경관 조례는 이를 따르는 주민이 자부심을 갖으며 성과를 충분히 달성했다. 잘 꾸며진 과수원이나 논, 밭이 있는 전원지대는 광고규제를 통해 아름다운 경관이 유지되고 있다.

예를 들어 오부세역 앞 약국의 대형 매장은 나무색 외벽으로 되어있고 많은 민가가 도로변과 문 앞에 꽃을 장식한 광경을 볼 수 있다.

② 정원 개방 활동

지역 주민들은 경관조례 이외에도 마을 조성에 참여하려고 한다. 예를 들어 꽃을 통해 교류하는 '정원 개방 활동'(개인이 직접 꾸민 집 정원을 공개하는 활동)이다. 이 활동에 참여하는 가구는 입구에 '정원에 오신 것을 환영합니다Welcome to My Garden'라는 표지판을 붙여 관광객들이 자유롭게 정원을 둘러 볼 수 있다. 2000년에 참가가 39가구에서 시작해 2014년에는 130가구로 늘었다. '정원 개방 활동'은 발상지인 영국의 사례를 참고로 행정이 제안하고 주민들이 동참한 것으로 행정과 지역 주민의 협력을 주목할 만하다.

오부세 마을 조성은 당초 극소수의 지도층 중심으로 추진하였으나 정원개방처럼 일반 주민들이 자발적으로 참여하고 있으며 그 저변이 확산하고 있는 점에서 행정과 지역주민의 협동이 주목된다.

---

145) 카와무카이 마사토(川向正人), 2010, 『오부세마치 만들기의 기적』, 신호신서(新潮新書), p.18 참조.

2. 오부세마치의 지역 활성화 특징

1) 외지인의 시각: 사라 마리 커밍스의 착안과 편집[146]

사라 마리 커밍스Sarah Marie Cummings는 주식회사 마스이치이치무라 양조장 대표이사이며 1968년 미국 펜실베이니아주 태생이다. 1991년부터 1년 간 간사이關西외국어대에 유학한 경험이 있었는데 1998년 동계올림픽 개최도시로 선정된 일본 나가노에 매력을 느껴 올림픽을 통한 미일 양국에 민간 교류에 공헌하고자 나가노 동계올림픽 조직위원회의 자원봉사자가 됐다. 그 후 사라는 1994년에 1년 계약직 사원으로 마스이치이치무라 양조장에 입사하여 6월부터 본격적으로 일을 시작했다.

그녀는 오부세도小布施堂 '경영기획실'의 일원으로 문화사업의 개척과 추진을 담당하였다. 사라 마리 커밍스는 오래전부터 문화라는 것은 수준 높은 것만을 다루는 것이 아니라 그 지역에만 있는 생활사를 발굴하여 다음 세대에 계승하는 것이라고 생각했다. 그녀는 자신이 태어나고 자란 미국 펜실베이니아주의 작은 대학가 스테이트 칼리지State college의 분위기에 영향을 받았다. '스테이트 칼리지(주립대학)'라는 특이한 이름을 가진 이 마을은 이름 그대로 1855년 설립된 펜실베이니아 주립대학을 중심으로 지역 공동체가 형성된 지역이다.

인구 약 10만 명 정도인 이 지역은 '트리 시티(나무의 마을)'라는 애칭이 있을 정도로 여기저기에 울창한 숲이 있어 '미국 전역에서 가장 쾌적한 도시 중 한 곳'이라는 평가를 받고 있다. 대학교 바로 앞에 상가, 기숙

---

146) 키요노유미(清野由美), 2009, 『세라가 마을에 왔다』, 일본경제신문출판사 참고..

사, 주택가가 자리 잡고 있으며 주민 대부분은 교수 및 학생들을 비롯한 대학 관계자들로 이들은 오래전부터 거리 풍경에 있어 건물 외관을 특히 중요하게 생각했다. 경관을 지키려는 의식은 대학 도시라는 마을 고유의 문화를 함께 한 사람들의 기억과 함께 모두에게 깊게 스며들어 있었다.

이곳에서 생활하는 자신들의 역사와 그 연장선상에 있는 지금의 생활을 소중히 생각한다는 것". 이라는 인식으로 사라는 새로운 문화 사업을 통해 주민이 자긍심을 갖을 수 있는 마을 만들기에 힘썼다.

그녀의 업적은 다양하다. 1998년 4월 '호쿠사이北斎 국제 회의' 개최, 오부세도·마스이치이치무라 양조장, 일식 음식점 '쿠라베蔵部' 개점(1998년), '오부셋션'(2001년부터), '오부세 일주 마라톤'(2003년부터), '통술 보존회', 푸덱스(식품박람회) 정기적 참가, 일본 사케 해외 프로모션 활동 등이 대표적인 사례이다.

'쿠라베'는 나가노 올림픽 때 영국 선수단의 휴게 공간 등 모임 장소로 이용했고 그 후 1998년 10월에 정식으로 오픈하여 공간과 음식 등 모든 면에서 일본의 풍요로움을 전하여 고객만족을 이끄는 매장으로 성장하고 있다.

2) 행정·민간기업·지역 주민의 관계에 의한 지역 활성화 추진

행정과 민간의 관계

오부세마치는 규모는 작지만 공동체의 활력과 살기 좋은 마을 조성에 적합한 압축도시라는 점에서 행정과 민간이 끈끈한 연계를 하고 있다. 문화 사업은 주최자 측에서 집객을 위한 일방적인 정보발신이 아니

라, 외지인을 포함해 소통을 통해 상호작용 하는 것이 가능하다고 생각
한다. 예를 들면 외국인이나 지식인의 활용을 추진하여 교류를 함으로
써 지속적인 발신이 가능하게 되었다. 이렇게 공감대를 유도하는 마케
팅 기법을 확립해 활성화의 성과를 지속적으로 높이고 있다.

1993년에 마을과 주민의 뜻으로 출자를 통해 마을 만들기를 위한 주
식회사 '아라 오부세'를 설립했다. 이곳에서는 지역 특산품 판매, 공동체
공간 및 숙박시설 운영, 행사 개최 등을 하여 지역 경영의 중심이 되고
있다.

공감하는 사람의 상호 관계: 공감자 공동체화

공감자의 상호 관계: 공감하는 사람의 공동체화는 ①오부셋선 ②대학
연구자의 교류 등으로 점차 양성해왔다. 공감하는 사람의 공동체는 오

〈도표 9-3〉 오부세 지역활성화 발전 과정

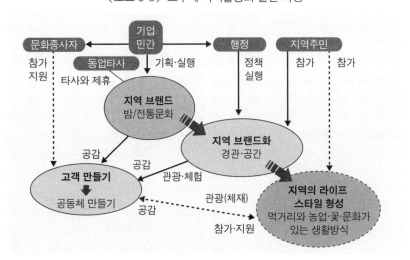

출처: 마츠나가 츠요시(松永剛)·미즈노 히로유키(水野博之), 2012 첨가 및 수정

부세 지역 활성화의 성공 요인, 지속 요인의 중요한 역할을 하고 있다. '정원 개방', '오부세 일주 마라톤' 등에서 주민 자원봉사 등 지역 주민의 주체적인 참가와 확산도 중요하다고 생각한다.

위와 같이 다양한 대책을 시행하고 서로 긍정적 역할의 선순환이 일어나는 것으로 지역 활성화의 성과, 즉 1970년대에는 관광지가 아니었으나 현재는 연간 120만 명 방문객과 정주인구의 안정화를 이루고 있다.

3. 사례를 통한 시사점과 일반적으로 활용할 수 있는 점

이장의 마지막으로 지역 활성화에 대한 사업으로 오부세마치의 사례를 통해 시사점을 정리하여 다른 활동에 적용 할 수 있을지를 검토하고 참고할 내용은 살펴보고자 한다.

1) 경관의 가치창조: 이야기 만들기

오부세의 활동으로 환경(공간)편집으로 경관과 공간연출이 대표적인데 이러한 지역 이미지를 높이는 건축물이나 공간 연출이 도시 조성에도 공헌하고 지역의 이미지를 제고하는데 도움이 되고 있는데 오부세는 선도적인 사례이다.

2) '상징'이 되는 것

제과점이 환경과 공간 창조를 통해 현지 및 지역 외 관광객에게 그 지역을 대표하는 '상징'(Marker)이 되어 일종의 지역 활성화를 이루고 있다고 할 수 있다. '지역' 하면 떠올릴 수 있는 상징을 구축하는 것이 중요하다고 생각한다. 오부세도 '맛 집이라는 공간'을 만든 것은 오부세의 지역 브랜드화에 크게 공헌하여 오부세의 '상징'으로 자리 잡았다.

3) 외부의 관점

오부세의 지역 활성화에 힘쓰는 오부세도·마스이치이치무라양조장은 1994년에 채용한 외국인 사라 마리 커밍스의 역할이 컸다. 그녀가 오부세의 지역자원에 착안한 대처 사업을 차례차례로 기안하여 활성화를 가속시키고 있다.

외국인이 본 오부세의 매력, 지역자원의 발굴, 확실히 '외부의 관점'을 살린 대처를 적극적으로 추진하고 있다.

4) 문화전문가의 트위터로 정보연계

오부셋션은 문화 관련 전문가를 현지에 초청하는 강연회다. 매월 1회 정례적으로 개최한다. 문화 인사나 사업가등이 오부세를 방문하여 마을조성에 관한 조예나 지식을 깊게 하며 또한 그들이 오부세의 지역자원을 발견하여 지역 가치를 높이는 주장을 하여 간접적인 첨병역할을 하고 있다.

5) 장기적 관점의 지역 활성화 대처

오부세의 지역 활성화 추진은 행정과 민간기업, 나아가 지역 주민과의 연계를 원활하게 하고 있는 것은 이미 설명했듯이 오부세의 지역 활성화가 시정촌가의 장기적 관점의 비전과 전략에서 출발하여 지역 활성화를 추진한 점이 특징일 것이다(도표 9-5).

〈도표 9-4〉 오부세 지역확성화 매니지먼트 모델

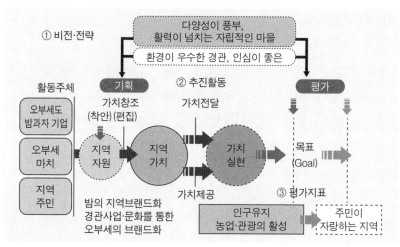

출처: 미야조에 켄시 (2014)

    1960년대부터 이치무라 이쿠오市村郁夫가 지역 활성화 비전으로 '다양성이 풍부하고 활력 넘치는 자립적인 마을'을 목표로 펼친 노력이 시간이 지나며 경관과 환경시설을 개선하게 되었다. 동시에 지역주민의 내면의 감성을 자극하여 풍요로움을 실현하는 전략으로 1970년대 이후 지역가치창조, 전달 및 제공이 이루어졌다.

    그 결과 농업 및 관광의 활성화와 정주인구 유지라는 경제적인 효과를 누렸고 또한 사라가 목표로 해온 것처럼 오부세를 '지역 주민이 지역에 자긍심을 갖는' 마을로 만들었다고 할 수 있지 않을까. 이러한 오부세의 지역 활성화의 노력은 활성화를 목표로 하는 많은 지역에 있어서 참고할만한 사례임에는 틀림없다.

제10장.
구마모토

지역진흥의 중요한 역할을 기대하는 지방자치단체 등의 마스코트 캐릭터인 이른바 '지역 캐릭터'의 수는 2013년 현재 전국적으로 1,000개 이상 있다. 그러나 화제성, 장기간 인기 유지, 관광이나 상품개발 및 판매 면에서 경제 효과, 행사 집객 효과 등의 측면에서 성공적인 사례는 그리 많지 않다.

그 가운데 구마모토현熊本県의 마스코트 캐릭터 '구마몬くまモン'은 그 지명도나 인기, 관련 상품 매출 등에서 뛰어난 실적으로 주목 받고 있다.

'구마몬'을 이용한 상품의 연간 매출은 2013년에 449억 4,500만 엔이라고 발표했다. [147] 2011년 26억 엔, 2012년 293 억 엔에서 가파르게 증가했다(전년 1.53배). 2013년의 매출 내역은 인형이나 열쇠고리 등 관련 상품이 전년대비 3.7배, 175억 5,700만 엔. 과자 등의 식품은 전년대비

---

147) 2014년 3월 17일자 '닛케이 MJ" 기사.

1.1배의 273억 8,800만 엔이다.[148] 2019년에는 1,500억 엔을 돌파할 정도로 인기 절정이며 판매액도 지속적으로 늘고 있다.

1. '구마몬'의 개요

'구마몬'(사진10-1)은 구마모토현이 2010년부터 '구마모토 서프라이즈' 사업(사진 10-2)의 일환으로 시작한 구마모토현의 PR캐릭터이다. '구마몬'은 온 몸이 새카맣고 불그스레한 뺨, 시치미 떼는 표정으로 구마모토현 영업부장이 직책이고 지역 '마스코트 캐릭터' 중에서도 압도적 인기를 자랑한다. 구마몬은 2011년 11월에 열린 '(유루ゆる) 캐릭터 그랑프리 2011'에서 우승하며 전국적으로 지명도를 높였다.

〈사진 10-1〉 '구마몬' 사진   〈사진 10-2〉 '구마몬 서브라이즈'

---

148) 아리타 쇼오(有田翔), 2014, 「구마모토현 '구마몬'에 의한 지역활성화」, 아오야마학원 대학 국제 매니지먼트 연구과 사례를 참고.

1) 탄생과 연혁

'구마몬'의 탄생

'구마몬'은 구마모토현이 실시한 규슈 신칸센 개통 캠페인 '구마모토 서프라이즈' 중 일부 사업으로 탄생한 캐릭터이다. 기획 주체는 주식회사 오렌지·앤드·파트너스이며 대표이사인 코야마 카오루도小山薫堂와 수석 디자이너 미즈노 마나부水野学의 작품이다(2009년 12월).

'구마모토 서프라이즈' 사업부의 직원인 코야마 센도小山煎堂는 친구이자 아트디렉터인 미즈노 마나부水野学에게 디자인을 맡겼는데 처음에는 '구마모토 서프라이즈'로고 디자인을 의뢰하였다. 미즈노는 더욱 효과적인 캠페인을 위해 캐릭터 제작을 제안했고 코야마는 이에 동의를 했다. 코야마는 미즈노水野와의 협의 중 몇 개의 시안을 제작하여 이 중 하나를 구마모토현에 제안했다. '구마모토 서프라이즈'에 관해서는 이 책 7장 행정의 지역 활성화 사업에서 자세하게 설명하고 있다.

구마모토현은 다소 고심했지만 카바시마 지사의 결단으로 구마몬 캐릭터 제안을 받아들였다. 2010년 3월, 구마모토현은 일본 국내 각지에서 벌이는 PR활동의 캐치프레이즈를 '구마모토 서프라이즈'로 정하고 PR캐릭터 '구마몬'을 발표했다.

구마몬은 캐릭터가 능청스러운 표정인 것은 대체적으로 다른 지자체 캐릭터가 얌전한 것을 고수하는데 비해 더욱 강조하기 위함이었고 놀라는 표정은 '구마모토 서프라이즈'를 표현한 것이다.

또 '구마모토'는 동물의 한자와 발음이 동일한 희귀한 광역자치 단체라는 점에서 모티브를 곰으로 삼았다. 곰熊이라는 한자는 거무스름한 구마모토성이 검정을 기조로 하고 있기 때문에 메인 컬러를 검은색으로, 이름이 된 '구마몬'은 구마모토 사투리로 사람을 몬으로 발음하는 것 이외에도 '구마모토'와 한 글자 차이로 구마모토현의 캐릭터라고 바로 인지할 수 있다는 점, 어미에 '몬'을 붙이면 캐릭터에 필수적인 귀여움을 표현할 수 있어 선택하게 되었다.

간사이에서의 홍보 전략 [149)]

2011년 3월 규슈신칸센의 하카타博多-신야쓰시로新八代 구간이 개통하여 이전에 개통한 신야쓰시로-가고시마 중앙까지 연결되었다. 이에 따라 신오사카 등지에서 구마모토는 물론 가고시마鹿児島 중앙까지 신칸센을 직통으로 오갈 수 있게 되었고 구마모토현은 간사이·쥬고쿠 지방에서 당일치기 권역으로 각종 교류나 시장의 대폭적인 확대를 기대했다. 동시에 구마몬이 갖고 있는 다채로운 매력을 알기 쉽게 호소하는 것이 중요하게 되었다.

구마모토현은 이를 위해 'KANSAI 전략'이라고 명명하여 민간과 행정이 협력하여 간사이関西 지역을 대상으로 구마모토의 인지도를 높이기 위한 브랜드 전략을 시작했다. 특히 사업의 특징은 간사이 지방을 겨냥한 구마모토의 집객을 위한 수단으로 코믹한 내용을 컨셉으로 기획하였고 구마모토현 공인 캐릭터로서 '구마몬'을 활용한 '구마몬 이슈화'를 꾀했다. 이것이 '구마몬'을 세간에 알리는 발단이 된 것이다.

2010년 3월에 활동을 시작한 '구마몬'은 7월에 고시엔 구장 전광판에 등장해 반년 이상에 이르는 간사이 지역에서의 홍보활동을 시작했다.

현내(県内) 인지도를 우선적으로 높이는 방안도 있었지만 간사이권과

---

149) 구마모토 현청팀 구마몬, 2013, 『구마몬의 비밀』

의 교류를 늘리기 위해서는 간사이 지역에서 화제성 제고가 우선돼야 한다고 판단했다. '구마몬'을 간사이에서 우선적으로 인지도를 높인 후에 구마모토에서 2차 홍보를 한다는 전략을 택한 것이다.

2010년 9월, 구마모토현의 계약직으로 채용된 '구마몬'은 '오사카 출장'이라는 설정으로 오사카의 명소인 도톤보리道頓堀나 쓰텐카쿠通天閣 등 여러 장소에 게릴라식으로 출몰하는 전술을 펼쳤다. 수수께끼 정체의 검은 곰이 각지에 출몰하면 일반인이나 언론이 관심을 보여 SNS나 매체에 노출될 수 있는 화제성을 노린 것이다. 이와 동시에 구마몬이 나타난 모습을 블로그나 공식 트위터에 게재했다. 또한 '구마몬'과 조우한 시민들이 사진이나 동영상을 SNS에 올려 인터넷 상에서 급속도로 확산했다.

10월에는 각종 언론을 활용해 서서히 정체를 밝히기 시작했다. '곰인데 가끔 내숭을 떨어요.', '구마몬, 구마모토에서 안 잡아요?' 등 간사이의 유머를 의식한 캐치프레이즈를 50여 가지 이상 준비하여 신문과 교통 광고로 전개했다. 교통 광고는 주로 오사카의 도심부를 중심으로 버스, 지하철 등에 집중했다. 라디오 프로그램에도 출연했다. 티저 커뮤니케이션 전략이라 할 수 있다. 즉, 처음에는 정체를 밝히지 않고 관심을 불러일으키고 다음단계로 언론을 통해서 확인하고 인지하는 광고 전략을 펼친 것이다.

동시에 10월 1일에 카바시마蒲島 지사가 '구마모토 서프라이즈 특명 전권 대사'로 임명한 '구마몬'은 '1만장의 명함을 제작해 구마모토의 매력을 전한다'는 사명으로 가는 곳마다 명함을 뿌리기 시작했다. 구마몬은 앞서 나온 포스터와 마찬가지로 구마몬의 매력을 자연스럽게 전달하는 다양한 메시지를 담은 명함을 오사카에서 배포했다.

11월 '명함 배포가 지겹다'며 구마몬의 실종사건이 발생한다. 이에 카바시마蒲島 지사가 긴급 기자 회견을 열어 '오사카에서 구마몬을 찾아라'는 캠페인을 시작했다. SNS에서 목격담의 신고를 유도하며 일반인의 참여를 통해 화제를 유발했다.

또 '구마몬'의 가장 절친이라는 설정으로 구마모토 선전부장 수잔느의 수배포스터를 마지막에 배포했다. 이후 무사히 '구마몬'을 찾았고 1만장의 명함 나눠주기를 달성했다. 이런 이야기가 있는 커뮤니케이션 활동이 주효하여 간사이関西 지방에서 폭발적인 인기를 얻게 됐다. 또 2010년 간사이 지방에서 펼친 홍보효과를 광고료로 환산하면 6억 4,000만 엔으로 추산했다. [150)]

2) 구마몬의 활동

구마몬은 2010년 탄생부터 다양한 활동을 하고 있다. 구마모토현의 공식적인 홍보대사 캐릭터로서 구마모토현 안팎에서 코믹하고 명랑한 연기로 홍보활동을 하고 공식 블로그나 페이스북 등의 SNS와 라디오 등 언론 홍보에도 적극적이다. 적극적으로 노출을 시킨 결과 일본은행 (2013년)의 환산에 의하면 퍼블리시티 효과는 2011년 11월~2013년 10월의 2년간, 약 90억 엔에 이르고 있다[151)].

홍보행사에 출연할 기회가 많아지면서 '구마몬'을 따라다니는 열렬한 팬, '구마토모くま友'도 생기며 범위가 확산되고 있다. 또 '구마몬' 상품이

---

150) 요미우리 ADレポートOJO, 2012, 「미디어 전략과 이야기성으로 경제효과를 높이는 구마몬」.
151) 일본은행 구마모토 지점, (2013), 『구마몬의 경제효과』.

나 벽지 등을 증정하는 구마모토현 공식 메일 소식지를 수신하는 회원 수는 2012년 11월 1일 시점에 도도부현都道府県 별로는 오사카부大阪府에 이어 2위다. [152] 게다가 저작권사용료가 거의 무료이기 때문에 여러 상품에 '구마몬'이 등장하게 되었다. '협업 상품'이 널리 주목을 받고 있다.

다음은 '구마몬'의 주요활동 3가지 ①이벤트 출연 ②구마몬 상품 ③콜라보 상품 개발에 대해 알아본다.

이벤트 출연

이벤트 출연은 '구마몬'의 주요 활동 중 하나이다. 행사 출연을 통해 소비자와의 접점을 꾸준히 늘려 소비자와의 교류에 큰 역할을 하고 있다.

① 구마모토현에서 이벤트 출연

'구마몬'은 구마모토현에서 적극적인 이벤트 출연을 하고 있다. 2013년 1년 동안 행사 출연 횟수는 약 1,800건이며 그 중 약 50%는 현내 행사였다[153] 평균적으로 하루에 2회 이상 현내 행사에 출연한 것을 보면 '구마몬'이 행사에 최선을 다하고 있음을 알 수 있다. 구마몬 팀을 결성해 현내 각지에서 봉사활동을 하고 있고 유치원이나 복지 시설, 소규모 행사나 텔레비전 출연 등에도 꾸준히 등장해 시민들과 친밀한 활동을 하고 있다. 이런 기반을 통해 탄생한 지 3년이 지났음에도 현내에서 '구마몬' 팬은 계속 증가하고 있다.

현지 프로 스포츠 팀인 J리그 로아소ロアッソ 구마모토의 홈경기에서는 경기 전이나 중간 휴식 시간 행사에 나와서 '구마몬 체조'를 선보이고

---

152) 『요미우리신문』「'구마몬' 인기에 현의 메일매거진도 전국 2위에」, 2013년 1월 11일 기사 참조.
153) 구마몬 공식 홈페이지 '구마몬 대출동 스케줄' (2013년 12월).

있다. 또 현내県內 매체에서는 구마모토현 홍보대사로 노출이 늘어나고 있어 프로그램에 따라서는 '구마몬'이 출연하면 시청률이 높아진다. '구마모토 일일신문'에서는 2013년 4월부터 구마모토현과 코야마 센도의 제안으로 모집한 원작을 배경으로 '구마몬' 4컷 만화를 연재하고 있다. 2013년 7월에는 팬들과 관광객들의 요청에 따라 '구마몬 스퀘어'를 열었다. 이곳은 영업부장실을 현청에서 이전하여 '구마몬'과 매일 만날 수 있는 시설이다.

한편 행사에 출연하면 '구마몬'이 다양한 역할을 한다. 사이드카를 몰거나, 오키무라五木村 아웃도어 위크에서는 번지점프를 하여 다양한 볼거리를 제공한다. 또 2013년 10월에는 구마모토현을 방문한 천황·황후를 현관 로비에서 카바시마 이쿠오蒲島 郁夫 지사 등과 함께 영접했다. 구마몬은 신나는 율동인 구마몬 체조도 선보였다. 천황은 '수고했다'라고 웃는 얼굴로 맞이했고 황후는 '고마워요 구마몬'이라며 인사를 건넸다. 이 뉴스는 전국의 언론에 소개되어 구마모토현민뿐만 아니라 일본 국민들도 대단한 관심을 나타냈다.

② 현외에서의 이벤트 출연

'구마몬'은 현외 행사출연에도 적극적으로 임하고 있다. 2013년 현외 행사출연 횟수는 약 900회, 꽤 많은 횟수로 구마모토현의 인지도 향상에 기여했다. 또한 2012년 1월, 중국 상하이 진출을 시작으로 해외진출에도 주력하고 있으며 2013년 한 해 동안 무려 31번의 해외행사에 출연했다.[154] 해외진출은 '구마몬'의 시장을 세계를 대상으로 넓히고 브랜드 파워를 높이는 전략이기도 하다. 행사 참여를 위주로 하지만 시설 방문

---

154) 구마몬 공식 홈페이지 '구마몬 대출동 스케줄' (2013년 12월).

이나 언론의 취재, 다른 지역과의 교류 등 다양한 활동을 하고 있다.

그 중 대표적인 것으로는 구마몬의 미국 하버드대 방문과 유명 해외 신문에 소개된 사례를 들 수 있다. 전자의 경우는 2013년 '구마몬'의 최대 팬이자 서포터인 가마瀬 도지사의 강연에 동행한 것이다. 구마몬은 강연 중반에 활기차게 등장하며, 익숙한 익살스러운 연기로 청중의 웃음과 박수를 자아냈다. 후자의 사례는 미국의 유명 신문 월스트리트저널(WSJ) 1면에 게재했다.

'구마몬'을 소개한 것은 2012년 12월 26일의 'WSJ' 지다. 1면 하단에 '귀엽지 않아? 일본의 껴안고 싶은 캐릭터들의 경쟁(Isn't That Cute In Japan. Cuddly Characters Compete)이라는 제목에 흑백 '구마몬'의 삽화가 그려져 있다. 일본의 '마스코트 캐릭터" 현황을 소개하며 국가·지자체, 기업 등이 경쟁적으로 '마스코트 캐릭터"를 도입하고 있는 현상에 대해 다양한 마스코트 캐릭터를 다루면서 소개했다.

위와 같이 해외에서의 평가는 '미러 이미지'[155]로서 국내에서의 평가에 반영돼 구마몬의 브랜드 가치가 높아졌다.

캐릭터 상품

'구마몬 굿즈'는 구마몬 관련 상품의 약 10%를 차지하고 있으며 2016년 매출은 1,280억 엔[156]을 육박하고 있다. 온라인 판매 사이트에서는 잡화를 중심으로 약 300여점의 구마몬 굿즈가 판매되고 있으며 구마몬의 인기를 실감하게 한다. 이 같은 인기의 배경에는 '구마몬'의 라이센스

---

155) 거울에 비친 글자처럼 어떤 화상이 원래의 화상과 똑같지만 좌우가 바뀌었거나 한 차원(dimension)이 반대로 되어 있는 것.

156) 『일본경제신문』, 「구마몬 상품, 매출 1,280억엔, 작년대비 27% 증가」, 2017년 2월 15일 기사.

사용료가 무료라는 점이다. '구마몬'의 저작권은 구마모토현이 갖고 있지만 개인이나 기업에서도 허가를 받으면 무료로 사용할 수 있다.[157] 구마모토현에서 판매는 하고 있지만 '마스코트 캐릭터' 그랑프리에서 우승한 이후로는 전국에서도 상품을 취급하는 곳이 늘었다. 구마몬 굿즈에는 대표적인 두 가지 사례를 들 수 있다.

① 슈타이프사 테디베어

첫 번째는 테디베어다. 2013년 5월, 세계 최초로 테디베어를 만든 독일 슈타이프Steiff사가 '구마몬'의 테디베어를 제작하여 1,500개를 일본의 수입 판매원인 리야드로 재팬을 통해 한정 판매했다. '테디 베어 구마몬'은 전장 28cm로 귀에는 일련번호가 기록된 태그가 있고 1개에 2만9.400엔에 판매했다. 공식 사이트에서 5월 12일 0시부터 예약 접수를 시작했는데 시작한지 5초 만에 매진됐다.

이색 구마몬 굿즈가 상품화 된 것은 구마모토 시의회 의원의 제안으로 시작됐으며 구마모토를 세계적으로 알리기 위한 의도로 홀로 독일에 건너가서 슈타이프사에 '테디베어 구마몬' 판매를 위한 담판을 지었다고 한다.

② 바카라사 크리스탈 구마몬

두 번째 사례는 크리스탈 구마몬이다. 2013년 7월 샹들리에와 유리 공예 등으로 유명한 프랑스의 고급 유리 제조업체 바카라Baccarat에서 1개에 39,900엔의 크리스탈 유리로 만든 '구마몬'을 제작하여 전국의 매

---

157) 2010년 12월 24일부터 구마모토현 내의 기업은 신청하고 허가를 받으면 '구마몬' 상표를 무상으로 사용할 수 있는 제도를 설립했다.

장을 통해 예약판매를 했다. 이 제품은 파리 교외에서 열린 일본 대중문화의 페스티벌 '재팬 엑스포'에 참가했다. '구마몬'이 '구마모토현 영업부장'으로서 파리에서 약 400km 동쪽으로 떨어진 바카라촌의 제조공장을 방문한 것이 계기가 되었다. 발매 전부터 이미 약 1,000여건의 예약이 있었다.

기업 등과의 협업을 통한 브랜드 상품화

협업 상품이란 구마모토현 지역, 혹은 외지 기업이 '구마몬' 로고를 사용하여 제품 및 구마모토현을 촉진하기 위한 목적으로 만들었다. 협업 상품의 대부분은 식품으로 관련 상품의 약 84%를 차지하며, 2012년 매출은 약 246억 엔이다. [158]

구마모토현은 '구마몬' 상표를 사용할 수 있는 분류로 ①판매 상품(식품 이외) ②판매 식품 ③상품 이외 등 3종류를 설정했다. 식품 판매는 현내에서 상품을 제조하여 현 내 및 현 외에서 판매하는 경우에는 상표 사용이 가능하다.

현 외에서 제조한 상품은 현 내의 판매업체나 판매처가 구마모토현에서 판매하는 경우에 상표 사용이 가능하다. 즉 구마모토현의 경제 활성화를 선순위로 하고 있다. 또 현 외의 제조업체, 판매업체라도 현 내에서 생산한 농림 수산물을 사용하여 판로 확대나 홍보효과를 노릴 수 있는 경우, 혹은 현 내의 현지 음식의 명칭을 사용하여 폭넓게 전국을 대상으로 홍보를 하는 경우는 예외로서 상표 사용을 인정하도록 했다.

---

158) 사에키 가즈노리(佐伯和典), 2013, 「연간 300억 엔을 번다, 구마몬의 비밀~구마모토현의 알려지지 않은 홍보전략」, 구마모토현 쓰카쿄사무소(ABS인터뷰 자료).

무상 공개의 원칙은 단지 누구라도 언제나 무엇이든지 무상으로 사용할 수 있는 것이 아니라 일정한 규정(이용 제한)에 근거하는 원칙을 적용하고 있다.

'구마모토현 캐릭터 구마몬 및 구마모토 서프라이즈 로고 이용에 관한 규정' 제10조에서는 법, 미풍양속에 어긋나지 않고 현의 신용 및 품격을 해치지 않으며 특정한 개인·단체나 법인에 치우치지 않고 캐릭터의 이미지를 훼손하지 않는다, 캐릭터를 임의로 변경 하지 않는다는 등 10개 항목이 설정되어 있다.

구마모토현은 '구마몬'의 권리를 통해 수익을 얻기보다는 관련 상품이나 협업 상품 등을 각지에서 자유롭게 판매함으로써 외지인들에게 구마모토현의 식품 등 특산물을 알리는 것이 목적이다. 즉 '구마몬'이라는 캐릭터를 통해 구마모토현의 특산물을 구매하도록 유도하는 것이 목적이다.

구마몬 캐릭터를 부담 없이 사용할 수 있기에 원하는 기업도 많다. 그리고 사용할수록 인지도는 올라간다. 이 점이 구마모토현이 '구마몬'의 권리 사용료를 무료로 한 이유다. 더욱이 구마모토현의 특산물을 구입한 사람들과 구마모토현에 관심을 갖는 사람들이 구마모토현에 가보고 싶다는 생각을 유발한다.

그 결과 규슈 신칸센이 개통된 2011년, 간사이 지역에서 방문한 숙박객은 2010년과 비교해 60%이상 증가했다. [159]

---

159) 규슈 재무국, 2012, 『마스코트 캐릭터 '구마몬'이 지역경제에 미치는 효과』.

이것이 구마몬 전략을 성공했다고 보는 시각이다.[160] 상표를 무료로 사용하게 하여 기업들이 '구마몬'을 이용한 제품을 통해 고객들의 만족을 얻고 구마모토 관광으로 이어지고 있다. 그리고 이 과정에서 협찬 기업이 증가하고 지속적으로 관심을 유발하며 '구마몬' 시장이 확대되고 있는 것이다.

'구마몬'의 디자인 요인

구마몬의 특징 중 하나는 디자인에 있다. 구마몬의 디자인은 온몸이 시커멓고 사랑스러운 표정을 짓지 않으며 지역의 특징을 표현하는 것은 찾아볼 수 없다. 다른 캐릭터가 사랑스러운 표정에 배경색도 유채색을 기조로 하여 다양한 색상으로 지역의 특징을 보이는 것과는 대조적이다. 간단하고 특정 지역이나 분야를 연상시키지 않는 디자인은 어떠한 제휴형태에도 부합할 수 있다는 우위성을 지녔다고 할 수 있다.

예를 들어, 2013년 가을에 '전국 풍요로운 바다 만들기 대회'가 구마모토에서 열렸는데 대어기를 형상화한 반피[161]를 만들어 '구마몬'에 입히면 그대로 대회의 마스코트도 된다. 이렇듯 흰색, 빨간색, 검은색 3가지 색상이 단순하여 다양한 디자인에 쉽게 어울린다.

협업 상품의 구체적 사례

협업 상품으로 가장 많은 것이 식품 관련 상품이다. 야마자키山崎 제빵, 코베야神戸屋, UHA미카쿠도우味覚糖, 이무라야井村屋 제과, 에자키글

---

160) 사에키 가즈노리(佐伯和典), 2013, 「연간 300억 엔을 번다, 구마몬의 비밀~구마모토현의 알려지지 않은 홍보전략」, 구마모토현 도쿄 사무소(ABS 인터뷰).
161) 옛날 무가의 머슴에게 입히던 겉옷.

리코江崎グリコ 등 식품 관련 대기업이 협업상품을 출시했다.

가고메 야채생활 100 데코폰 믹스

가고메カゴメ는 자사의 대표 제품인 '야채생활 100'의 계절 한정 상품으로 2011년, 2012년 2년 연속 '구마몬' 캐릭터를 사용했고 2012년에는 전국을 대상으로 텔레비전 광고(사진 10-3)를 제작했다. '구마몬'의 출연 목적은 자사 콘셉트인 '지산전소地産全消[162]' 시책의 인지도 확대를 위함이다. 그로인해 콘셉트와 친화성이 높은 '구마몬'을 기용했다. 타겟은 구마모토 지역 주민과 '구마몬'의 팬이다. 이 협업의 반응은 2011년은 전년대비 30% 증가하여 목표인 7억 엔을 돌파했다.

2012년에는 전년대비 30%가 증가하여 8억 엔 목표 매출을 초과 달성하여 마스코트 캐릭터를 이용한 성공 사례로 들 수 있다. 타카하시高橋 주조 하쿠다케白岳 구마몬, 긴긴시로金銀しろ 구마몬 패키지 등 '구마몬'은 구마모토현의 현지 기업의 지명도 향상이나 판매 점유율, 매출 확대에 기여하고 있다.

다카하시高橋 주조는 구마모토현 히토요시시人吉市에 본사를 둔 주류양조회사이다. 주력 상품인 '하쿠타케白岳', '긴긴시로'의 술병이나 기념품에 '구마몬'을 사용하고 있다(사진 10-4). 또 매장 판촉물로 '긴긴시로(구마몬 상자)',

〈사진 10-3〉가고메 야채생활100
데코포믹스 TV CM

출처: 가고메カゴメ ⓒ2010 구마모토현 구마몬

---

162) 지역에서 생산한 것을 전국에서 소비하는 것.

'하쿠다케〈구마몬 술 잔〉' 등을 제작해 전국에서 판매하고 있다. '구마몬'을 이용하는 이유는 큐슈 이외의 전국에서 판매점유를 확대하고자 하는 목적이다. 쌀 소주를 마시지 않았던 타깃을 대상으로 판매촉진과 구마모토가 쌀 소주의 명산지라는 홍보효과를 노렸다.

〈사진 10-4〉하쿠다케(구마몬 술병)
긴긴시로(구마몬 패키지)

출처: 다카하시 주조高橋酒造 ⓒ2010 구마모토현 구마몬

이 협업의 효과는 즉각적으로 나타나 종래의 '하쿠다케 900ml'와 비교해 월 평균 30~50%의 판매율이 상승했다. 유통에서도 호평을 받아 취급하는 소매점이 약 10% 증가했다. 또 긴긴시로는 월평균 약 20%정도 늘어나 '시로' 시리즈 판매량 향상에 기여했다. 시로·킨시로金しろ·긴시로銀しろ를 조합해서 선택할 수 있기 때문에 선물 수요로도 증가하고 있다.

3) 캐릭터로서 '구마몬' '마스코트 캐릭터'의 정의

'유루ゆる 캐릭터'란 '느긋한' 캐릭터의 줄임말로 지역 캐릭터가 갖는 콘셉트를 비롯한 모든 것이 느긋하여 보기만 해도 편안해지는 캐릭터이다. 지역 활성화나 기업 브랜드 이미지로서 CI의 주요 역할을 할 정도로 보급되어 있는 '인형 탈'이다. '인형 탈'은 종종 공공단체나 기업 또는 학교 등이 캐릭터를 만들고 주최하는 각종 행사나 홍보활동에 등장한다.

애초에 '유루 캐릭터'에 대해서 일반적으로 명확한 정의가 있는 것은 아니다. 그러나 이러한 지역 활성화를 목표로 만들어진 '유루 캐릭터'를 정의한 미우라 준은 ①향토애가 넘치는 강렬한 이야기성이 있는 것. 동작이나 행동이 일반적이지 않고 독특할 것, 즐길 수 있는 여유를 갖고 있는 것 등 이상의 3가지 조건을 만족하는 것을 '유루 캐릭터'라고 정의한다.[163] 이 유루 캐릭터는 오래 전부터 존재하기는 했지만 크게 부각되지는 않았다.

그러나 2007년 히코네성彦根城 축성 400년을 기념한 '히코냥ひこにゃん'이나 헤이세이平城 천도 1300년을 기념한 '센토군" 부터 언론 등의 노출이 늘어나기 시작했다.

'구마몬'의 캐릭터로서의 자리 매김

'캐릭터'란 덴츠 캐릭터 비즈니스 연구회(1994)에 의하면 소설, 만화, 영화, 애니메이션, 컴퓨터 게임 등의 픽션에 등장하는 인물이나 동물, 혹은 등장인물의 성격이나 성질이다. 인간이나 동물과 같은 생물이나 생물을 본뜬 로봇뿐만 아니라 다양한 도구, 때로는 생물의 기관, 별이나 원소, 나아가 감정이나 자연, 국가 등 온갖 개념을 의인화와 데포르메déformation(변형)를 통해 캐릭터화를 할 수 있다. '캐릭터'의 어원인 'character'의 본래 의미는 '특징', '성질'이며 원래의 어원은 그리스어로 '새겨진 도장, 기호'이다.

캐릭터에는 몇 가지 효용이 있다. 그 중에서 최근 지역 활성화의 맥락에서 중요시되고 있는 것은 '징표'(Marker)로서의 효용이다. 효용은 소비자용과 기업용으로 나눌 수 있다. 먼저 소비자에게는 실제로 사용하지 않는 단계에서 고품질이나 특징 같은 기준으로 구매결정에 대한 확신을

---

163) 미우라 준(みうらじゅん), 2004, 『마스코트 캐릭터 대도감』, 후소샤, p.13.

주고 사용에 따른 만족을 약속한다. 더불어 주목 효과와 형상화 기능이 있다.[164] 한편, 기업에 대한 효용은 브랜드에 대한 가치 부여와 캐릭터에 대한 충성도를 창조한다. 신용을 형성하고 장기적으로 그 브랜드를 지지하는 강력한 충성도를 갖는 고객을 수용할 수 있는 것이다.

또한 특별한 가격설정이 가능하며 높은 수익을 노릴 수 있다. 예를 들어 마트에서 팔고 있는 야채에 '구마몬' 스티커를 붙이면 관심을 끌 수 있다. 구마몬을 통해 구마몬 채소는 맛있다는 인식을 줄 수 있다. 이와 같이 '구마몬' 자체가 구마모토현의 상징적인 역할을 수행하고 있으며 효용을 소비자와 기업에 부여함으로써 부가가치를 창출하고 있다고 생각한다.

다른 캐릭터 상품과의 비교

'구마몬'이 다른 '유루 캐릭터'와 차별되는 것은 협업 상품수가 압도적으로 많은 것을 들 수 있다. 앞에서 이야기한 행사관련 출연과 상품 판매는 다른 '유루 캐릭터'도 하고 있어 경쟁우위 요소는 되지 않았다. 그러나 협업 상품의 경우 다른 '유루 캐릭터'의 경우는 일부 소규모로 실시하고 있지만 '구마몬'은 상품 종류는 물론 텔레비전 광고에도 등장하거나 자동차 제조업체와 제휴하는 등 단순한 수량 비교뿐 아니라 제휴회사의 업종이나 범위에 있어서도 비교할 수 없을 정도로 풍부한 편이다. 위와 같이 협업 상품이 많은 것은 두 가지 배경을 들 수 있다.

첫째, 구마몬 제휴 상품은 권리 사용이 무료인 점이다. 『닛케이 MJ』(2013)에 의하면 2013년 6월말 기준으로 상표 사용 허가가 1만 건을 웃돌고 있다. 2010년 12월에 신청 접수를 시작한 지 2년 7개월 만의 실적

---

164) 덴츠 캐릭터·비즈니스 연구회, 1994, 『캐릭터·비즈니스』, 덴츠, pp.9-10.

이다. 인기는 전국으로 확산돼 허가 신청은 올해 월 700건 안팎에 다다르고 있다.

둘째로는 단순한 디자인이 어느 상품이나 기업과도 잘 어울린다는 것이다. 굳이 지역색을 강하게 표출하지 않았던 것이 주효했다. 또 일반적인 캐릭터와는 다른 외모로 소비자에게 강렬한 인상을 주며 행사에 출연하는 경우 다른 행사 또는 다른 '유루 캐릭터'와 같이 있더라도 소비자가 쉽게 '구마몬'의 존재를 인식할 수 있도록 했다. 이러한 노력이 '구마몬'을 시각적으로 쉽게 식별할 수 있도록 하여 인지도를 높이고 있다.

2. 특징: 지역활성화 마케팅 모델로 인식하는 '구마몬'

1) 가치창조

구마모토현의 지역 활성화 사업에서 '구마모토 서프라이즈'가 모든 가치창조의 시작이다. 이 사업이 있었기에 '구마몬'이 탄생했고 현민의 행복도가 향상되어 현재의 대대적인 사회적 유행이 된 것으로 생각된다. '구마모토 서프라이즈'는 '구마모토'가 구마모토현 내의 지역자원이나 기업과의 협업을 통해 '서프라이즈=행복한 감동'을 자아냈고 현민은 물론 현 외를 비롯하여 외국인들과 기업에 제공하고 있다.

또 캐릭터 권리를 무료로 제공한 것은 가치를 극대화하기 위해 중요한 역할을 하고 있다. 지금까지도 지역 자원이나 기업의 제품이 권리를 이용할 수 있도록 승인을 하고 무료로 지명도가 높은 '구마몬'의 로고를 사용할 수 있다. 이를 통해 부가가치가 생기고 기존에는 없던 가치를 누릴 수 있는 것이다.

2) 가치 전달

가치 전달 측면에서는 행사 출연과 지역사회 창조에 공헌하고 있다. 구마모토 서프라이즈의 감동을 구마몬이 여러 행사에 전하거나 혹은 구마몬이 행사에 출연하는 것 자체가 자극이 되어 소비자에게 전달하는 흐름이 되고 있다. 지역 사회 창조는 간사이関西 전략으로 구축한 '구마몬' 커뮤니티를 축으로 SNS를 적극적으로 활용해 전국에 널리 알리고 있다. 팬이 늘어남에 따라 커뮤니티도 성장하며 그 속에서 구마모토현 자체에도 관심이 배가되어 여행객이 늘었고 지역 특산품의 매출이 증가하는 등 구마모토현의 경제에도 긍정적인 효과가 나타나고 있다.

또한 간사이関西 지역에서 '구마몬' 이슈화에 대한 사례를 분석한 것처럼 소비자와의 협업에 의해 지속가능한 커뮤니티를 창조하고 '구마몬'을 활성화하려는 분위기를 조성하고 있는 것이 주목할 만하다. SNS 등을 적극적으로 이용해 소비자와의 유대와 확산을 창출하는 등 행사출연만으로는 전달할 수 없는 가치를 전하고 있다.

3) 가치 제공(상품 판매, 체험 제공)

이곳에서는 협업 상품이 중요한 요소가 되고 있다. 구마모토현의 지역자원이나 대기업의 제품이 '구마몬 로고'가 붙은 콜라보 상품으로 변신하여 가치의 실현을 완수했다. 사례로는 앞에서 이야기한 현지 상품의 판로 확대나 고유 브랜드의 차별화를 통한 부가가치창조이다. 이러한 사업의 결과로 약 300억 엔의 관련 상품 매출이 발생했고 결과적으로 상표사용 허가가 1만 건이 넘는 것으로 이어졌다는 것이다.

협업 상품에 있어서는 다른 '유루 캐릭터'와 비교할 수 없는 협업처의 규모와 상품의 종류, '구마몬'의 단순하고 명쾌한 디자인이 우위성이자 경쟁력의 원천이 되고 있다.

3. '구마몬'에 의한 지역 활성화 효과

1) 직접적인 경제 효과

'구마몬'이 달성한 경제적 효과를 ①경제 효과 ②구전 효과 ③집객 효과로 구분하여 정리해본다.

① 경제 효과: 구마몬 관련 상품 매출 효과

무료 상표 사용을 통한 관련 상품의 매출액은 293억 엔(2012년)을 돌파했고 2013년 1월부터 10월까지 731억 엔에 이른다. 무료 이용으로 허가한 누계는 1만 건 이상이다(월 700건 이상 신청). TV, 신문 등 퍼블리시티 효과는 2012년에 32억 엔, 2013년 1월부터 10월까지는 51억 엔으로 추산된다. 상기 효과에 있어 '구마몬'의 운영 예산은 1억 9,500만 엔(2012년도)이므로 비용 대비 월등한 효과를 발휘했다.[165]

② 구전 효과

일본 내에서는 1년에 1,800회 이상의 행사 출연으로 인지 효과는 높다. 구체적으로 지역브랜드 조사(2012, 브랜드종합연구소 조사)에 의하면 구마모토현의 순위가 향상되고 있다. 인지도 랭킹 25위(2012년)←32위

---

165) 일본은행 구마모토지점, 2013, 『구마몬의 경제효과』.

(2011년), 정보 접촉도 랭킹 22위(2012년)←34위(2011년), 마스코트 캐릭터 그랑프리 2011 우승에 따른 인지도 상승 등이다.[166] 해외 유명 신문에도 소개되어 해외 인지도가 높아지고 있다. 또 중국에 가짜 구마몬이 등장하는 등 해외에서 모조품이 나올 정도의 존재가 되고 있다.

③ 집객 효과

관광측면에서 구마모토현의 집객 효과를 보면 긴키권近畿圈으로부터의 방문객수가 2011년은 전년대비 166% 증가했고, 2012년에는 전년대비 약 5만 명, 2013년에는 약 9만 명이 증가했다.[167]

2) 간접적인 사회적 효과

다음은 간접적인 사회적 효과이다. 이는 원래 지역 활성화의 정책 주체인 행정과 지역 주민, 일반 소비자(생활자)로 구분하여 생각할 수 있다.

① 현청 직원의 의식개혁 효과

수많은 마스코트 캐릭터 중 구마몬이 인기를 얻을 수 있었던 이유는 두 가지 인적 요인이 큰 역할을 한 것으로 보인다.

첫째, 불굴의 신념으로 활동을 지원하고 '구마몬'의 브랜드를 만든 조직이 존재한다는 점, 둘째는 운영 기관장의 이해와 지원이다. 구마모토현 구마모토 브랜드 추진과는 '구마몬'을 전국적으로 알린 조직이다. 야

---

166) (주)브랜드종합연구소, 2012, 『지역브랜드 조사』
167) 규슈 재무국, 2012, 『마스코트 캐릭터 '구마몬'이 지역경제에 미치는 효과』.

마네 코이카즈치(山根小雷, 2012)에 의하면 '브랜드 추진과의 구성원은 당연히 현의 공무원'이다. 프로모션이나 캐릭터 비즈니스 경험이 전혀 없는 아마추어 조직이었다. 하지만 구마모토현을 사랑하는 그들은 시행착오를 거듭하면서 노력의 결실이 하나씩 나타나 '구마몬'의 인기폭발로 연결되었다고 본다. 이처럼 구마모토현은 예산을 집행하여 구마모토현을 우수한 환경으로 만들기 위해 본격적으로 운영한 점이 다른 유루 캐릭터와는 확실하게 다른 점이다.[168]

또 다른 '구마몬' 성공의 핵심은 '지자체단체장의 이해와 지원'이다. 구마모토현의 카바시마蒲島 지사는 당초부터 구마몬 전략에 관심을 갖고 직원들을 독려하여 스스로 '구마몬'의 홍보의 첨병역할을 했다. 수장의 이해도가 있어야 예산을 지속적으로 확보할 수 있는 배경도 있다.

간사이 전략을 기획한 브랜드추진과 직원들은 당초 이런 일을 공무원이 해도 되겠냐며 기피하는 경향을 보였다. 하지만 이야기를 들은 카바시마 지사는 '해보면, 재미있을 것이다'라고 즉석에서 결정했다고 한다. 이어 브랜드추진과 직원의 아이디어로 카바시마 지사는 구마몬과 함께 요시모토吉本 신희극에도 등장했다.

요시모토 신희극이라는 '즈코케'가 뻔하지만 정치인들은 재수가 나쁘다고 미끄러지거나 넘어지는 것을 싫어한다. 그런데도 카바시마 지사는 '구마몬'과 무대에서 상투적인 연기를 보여줬다. 카바시마 지사는 '접시 깨기'에 도전했고 접시는 깨진다. 실패할 수도 있다. 하지만 아무것도 하지 않는 사람이 접시를 깨뜨리는 일은 없다. 실패를 두려워하지 말

---

168) 야마네 코나리(山根小雷), 2012, 「"구마몬은 우리가 키웠습니다." 마스코트 캐릭터를 '파는 캐릭터'로 바꾼 구마모토현 직원들」, 『닛케이 비즈니스 온라인』, 2012년 10월 30일 기사.

고 도전해 보라는 뜻이다.

이와 같은 열정을 가지고 '구마몬' 사업을 시도 했고 추진하는 조직이 있기 때문에 현재의 성공을 이끌었다고 할 수 있다. 또한 조직과 리더의 열정이 현민에게 알려져 현민의 의식변화에도 영향을 주고 있다.

② 지역 주민(구마모토현민)의 현지 의식에 미치는 영향

'구마몬' 자체가 갖는 캐릭터로서의 매력은 '구마몬' 인기의 대전제가 되고 있다. 이를 통해 구마모토 현민 뿐만 아니라 외지인들과 기업에 긍정적인 인상으로 관심을 이끌었으며 앞서 이야기한 것처럼 상품과 홍보를 축으로 한 지역 활성화 시책도 순조로운 성과를 거뒀다고 할 수 있을 것이다.

더욱이 '월 스트리트 저널 등 해외 유명신문의 1면에 소개되는 등 '구마몬'의 존재가 구마모토 현민의 자랑이 되고 있다. '구마몬'의 협업상품을 통해 자신이 몰랐던 구마모토를 재발견하고 그것을 주변의 친구나 지인에게 전하여 구마모토를 자연스럽게 선전하며 자랑하고 있다"(도쿄 거주 구마모토현 출신자) "'구마몬' 덕분에 현 외에서 상담하기 편해졌다"(지역기업 경영자) 등의 여론에서 엿볼 수 있는 지역의 자랑, 애착 등의 인식을 현민과 관계자에게 심어주는 효과를 볼 수 있다.[169]

'구마몬'은 현재 '구마모토 현민의 행복의 상징'이기도 하다. '구마몬'의 존재 그 자체가 카바시마 지사가 주장하는 행복의 4개의 요인(경제 효과, 품격과 자랑, 안심 안전, 꿈)에 영향을 끼쳐 '현민의 총행복량의 최대화'에

---

169) 아리타 쇼오(有田翔), 2014, 「구마모토현 '구마몬'에 의한 지역 활성화」, 아오야마가쿠인대학 대학원 국제 매니지먼트 연구과 사례.

큰 공헌을 하고 있다고 할 수 있다. [170]

4. 사례를 통한 시사점과 일반적으로 활용할 수 있는 점

1) 대규모 홍보가 아닌 형태로 가치 전달

간사이에서의 '구마몬' 화제성 전략은 '구마몬'의 엉뚱한 캐릭터에 관한 이야기로 꾸미고 실현을 통해 간사이의 커뮤니티가 형성되었다. 이 커뮤니티가 SNS를 통한 정보 확산이나 언론에서 '구마몬'의 화제성을 높여서 한층 더 인지도가 확산되어 '구마몬' 열풍이 불었다. 결코 TV, 신문 광고 같은 대중매체 홍보 전략이 아니었다.

홍보 전략에 이은 행사출연으로 '구마몬'이 소비자에게 친근하게 접근하여 소비자와 접촉을 통해 소비자는 만족하고, 체험을 SNS로 공유하는 고리가 형성되었다. 일반적인 대규모 홍보가 아닌 가치의 전달은 다른 지역의 활성화 전략에도 많은 도움이 될 것 같다.

2) 심벌 로고

'구마몬'의 로고가 구마모토의 특산품이나 협업 상품에 붙음으로써 상품가치가 단번에 높아져 파격적인 경제적 효과를 달성했다. 상품 이외에는 '구마몬'이 등장한 야외의 장소가 달력이나 사진 등으로 만들어

---

170) 도쿄대학 공공정책대학원, 2013, 「카바시마 이쿠오 구마모토현 지사, 유키마사의 신 프런티어~구마몬의 정치경제학~」, 『제73회 공공정책 세미나』.

다수에게 관심을 이끌어 그 곳이 궁금하여 방문하고 싶은 효과도 유발했다. 상품 이외의 장소나 경관의 가치도 높인 것이다. 이 현상은 바로 '구마몬'이 지역을 대표하는 '징표(Marker)'가 되었으며 이를 바탕으로 지역 활성화가 진행되었다고 볼 수 있다.

'구마모토라고 하면 '구마몬', 그 지역이라고 하면 바로 그것'이라고 누구나 상기할 수 있는 '징표'를 만드는 것도 지역 활성화에 있어서 매우 중요하다고 생각된다. 게다가 '구마몬'은 구마모토현에 애정과 자부심을 불어넣는 역할을 하고 있다. 한편 '구마몬'이 다양한 분야에 도전함으로써 현민에게 새로운 것에 도전하는 용기나 감동에 의한 즐거움, 행복감을 제공하고 있다고 볼 수 있다.

제11장.
도쿠시마현 카미야마쵸

도쿠시마현德島県 카미야마쵸神山町에서는 새로운 지역자원에 착안한 생활 방식과 근로 방식(시간과 공간을 보내는 방법)을 구현하는 지역 가치를 제공하는 지역 활성화가 추진되고 있다. 어떻게 구현하고 있는지, 나아가 지역에 어떠한 활력을 불어넣고 있는지 살펴보는 것은 일본 지역 활성화의 미래를 위한 참고 사례이기도 하다.

1. 카미야마쵸의 지역 활성화 추진 개요

카미야마쵸는 도쿠시마시에서 자동차로 40분 정도 떨어진 산간지역에 위치하여 요시노가와吉野川로 이어지는 아유미강을 따라 산과 강 등의 풍부한 자연환경으로 둘러싸인 농업과 임업의 마을이다. 인구는 6,000명 정도이지만 장기적으로 과소화 현상을 보이고 있다. 예로부터 시코쿠 88개소를 돌아보는 순례 신앙지이지만 특별히 유명한 관광명소

〈사진 11-1〉 도쿠시마 카미야마쵸

도 없고, 대규모 기업도 없는 곳이다.

그러나 지역의 부정적 요소인 낡은 빈집이나 적은 인구를 긍정적 요인으로 이용하여 지역 활성화를 진행하고 있다.

1) 카미야마쵸에서 일어나고 있는 활동

카미야마쵸 지역 활성화의 중심적인 활동 주체는 주민 유지 활동이 모체가 된 특정비영리활동법인 '그린밸리'(2004년 설립, 이사장 오미나미 신야 大南信也. 이하 GV라 한다)이다.

GV는 국내외 예술가를 카미야마로 초청하여 체류하게 하고 예술활동을 지원하는 '카미야마 아티스트 인 레지던스'(KAIR), 개조한 오래된 민가에 기업 이주를 촉진하는 '워크 인 레지던스', IT벤처기업의 '새틀라이트 오피스', 지역창업 인재를 육성하는 '카미야마쥬쿠神山塾' 등을 운영

해 이 지역의 활성화를 이끌고 있다(도표 11-1). **171)**

〈도표 11-1〉카미야초의 지역활성화 대처의 개념(개략)

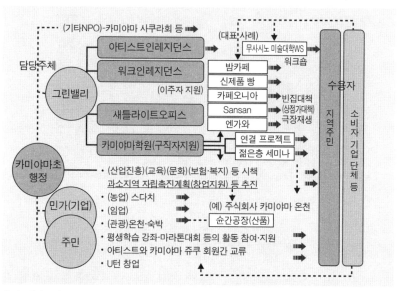

출처: 미야조에 켄시 (2014)

GV의 활동을 통해 카미야마는 빵집, 카페, 비스트로 등의 지역 창업
가가 이주하면서 조금씩 음식점이 늘어나기 시작했다. 또 위성 사무실
을 카미야마쵸에 마련한 기업은 10개사로 늘어나 지역주민의 일자리도
생겼다. 그 결과 2011년의 사회 동태 인구가 1955년의 카미야마쵸 발족
(주변 마을과 합병) 후 처음으로 전입자가 전출자를 웃도는 사회증가율이

---

171) "새틀라이트 오피스"란, 기업 또는 단체의 본거지에서 떨어진 장소에 설치된 오피스로, 본거
지를 중심으로 보았을 때에 위성(새틀라이트)과 같이 존재하는 오피스라는 의미에서 명명되
었다. 통근으로 인한 혼잡한 도시지역을 피해 본거지에서 실시하는 것과 동등한 업무를 할
수 있도록(근무자가 원격 근무할 수 있도록) 통신설비를 갖춘 사무실을 말한다.

증가하는 등 활성화 성과가 가시화되었다.

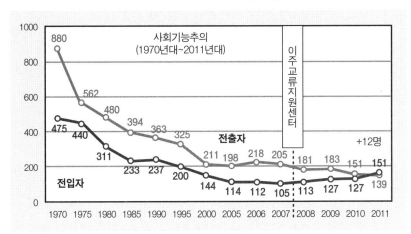

〈도표 11-2〉카미야마쵸 사회 동태 인구 추이

출처: 다이난신야 「일본마케팅학회 지역활성화 마케팅 연구보고회」 강연자료, 2014년 3월

2) GV의 대처와 지역 활성화의 연혁

GV의 지역 활성화 추진 역사는 1990년대의 국제 교류 활동에서 시작된다. 연혁을 살펴보면 어떠한 과정을 통해 지역 주민 의지가 자주적으로 수립하고 주체적으로 활동해 왔는지, 그런 대책을 통해 오랜 시간에 걸쳐 지역 활성화가 형성되었음을 알 수 있다.

오미나미大南 이사장의 지역 활동은 모교인 초등학교의 PTA 임원이었을 때 교내에 전시되어 있던 '파란 눈의 인형'을 미국으로 돌려보내기 위한 활동이 계기가 되었다(1991년). 그가 느낀 당시의 감동이 동기부여가 되어 지역간 교류를 계속하기 위해 '카미야마쵸 국제 교류 협회'를 설립하여 스스로 회장에 취임했다(1992년).

또한 초·중·고교에서 영어를 가르치는 일본인 교사를 지원하는 외국어 지도 조교 ALT(Assistant Language Teacher)을 겸임(2007년까지)하고 도쿠시마현의 장기 사업 중 하나인 국제 문화 마을촌 구상을 카미야마쵸에서 실질적인 것을 만들고자 시작한 '국제 문화 마을 위원회'로 이어져 1999년부터 '카미야마 아티스트 인 레지던스'(KAIR)와 '어댑트 프로그램'으로 발전했다.(본서 제7장 참조)

GV의 발족(출범)

그 후 2004년에 KAIR 등을 본격적으로 시작하기 위해 카미야마쵸 국제교류협회는 NPO 법인 '그린 밸리'로 개편했다. GV의 역할은 '일본의 시골을 멋지게 변신하는' 것이다. 이를 위해서 ①'사람'을 콘텐츠로 창조적인 시골 만들기 ②다양한 사람들의 지혜가 융합하는 '세계적인 카미야마' 만들기 ③'창조적 과소'에 의한 지속 가능한 지역 만들기 등의 3가지 목표를 수립했다.

GV는 1997년에 수립한 도쿠시마현 신장기계획에 의해 '도쿠시마 국제문화 마을 사업'이 시작될 때 현 이사장인 오미나미 신야를 중심으로 한 지역 주민들의 뜻을 모아 주민들이 자발적으로 구상한 국제 예술가촌 계획을 현에 제안하는 것부터 시작되었다.

1999년에는 '카미야마 아티스트 인 레지던스' 활동을 시작했다. 다른 지역 미술 분야의 활성화는 대부분 평가를 토대로 유명 예술가의 작품 전시로 관광객을 유치하는 경향인데 이곳은 제작환경에 맞는 지역내외의 예술가를 초청하여 2~3개월 카미야마에 머물게 하고 지역 주민의 지원과 교류를 하며 제한된 예산아래 독자적인 발상으로 시작했다.

'In카미야마'라는 웹사이트(총무성 지역 ICT 활용 모델 구축 사업)를 개설하여 아티스트 인 레지던스 활동에 관한 정보로 제공했는데 콘텐츠 중에 '카미야마 생활'이라는 오래된 주택정보의 반응이 예상외로 좋아 새로운 지역 활성화의 주축이 되는 이주 수요가 나타나게 된 것이다.

다른 지역에서는 행정이 맡고 있는 '이주교류센터' 업무를 카미야마에서는 GV가 위탁 운영을 하였고 그것이 계기가 되어 '워크 인 레지던스' 활동을 시작했다.

카미야마쵸는 수년 간 인구 감소 영향으로 오래된 주택과 빈집이 늘었지만 GV는 이를 이용하여 능력과 의지가 있는 귀농 희망자와 오래된 주택을 중재하여 카미야마 지역 입장에서는 필요한 기술이나 능력을 가

〈도표 11-3〉카미야마 지역활성화의 연표(관계자 연계)

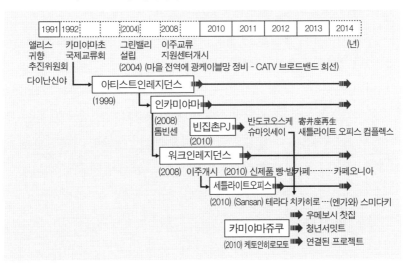

출처: 미야조에 켄시 (2014) (관계자 이름, 존칭 생략)

진 사람, 특히 아이가 있는 젊은 가족을 인력정보에서 우선적으로 선택해 이주를 촉진할 수 있었다. 바로 마을의 현황 과제를 해결함과 동시에 마을의 미래를 계획함으로서 효율적인 '지역의 디자인'을 구현할 수 있게 됐다.

오래된 주택의 개조에 관심이 생긴 도쿄의 IT벤처 기업도 합류했다. 카미야마쵸의 주택을 보수하여 '새틀라이트 오피스'로 이용하게 된 것이다. 도쿄에서 이주해 온 젊은 세대가 체재하며 현지의 주민과의 대화나 행사를 통해 교류를 했고 일부에서는 현지 청년층의 고용도 생겨났다.

이를 통해 카미야마쵸는 젊은 사람이 거리를 활보하게 되고 아이들도 직장인의 모습을 실제로 카미야마에서 볼 수 있게 되어 청년들이 고등학교 입학할 때부터 도쿠시마시나 도시로 나가는 것과는 다른 취업에 대한 인식을 갖게 되며 마을이 변화하기 시작한 것이다.

3) 구체적인 대처와 활동

카미야마 아티스트 인 레지던스(KAIR)

국내외 예술가를 초빙하여 지역주민의 협조 아래 창작활동에 전념할 수 있는 환경을 제공하고 창작 활동이나 지역과의 교류를 수행하는 활동이 GV를 중심으로 진행되고 있다. 예술가들의 체류는 폐교된 초등학교 옛 교원 숙소를 이용했고 작품의 작업실은 인근의 옛 어린이집 교실을 활용한다. 교통비와 체재비 등 30만 엔의 제작비를 KAIR가 제공하여 매년 9월부터 2개월 정도 체류하는 구조이다.

전형 방법은 지역과의 교류를 중시하여 선택하고(예술가의 인간성과 작품을 카미야마쵸의 환경과의 친화성에 비중을 둔다) 선발과정에는 지역 주민이 참가하여 1차에서 30명을 선발하고 2차에는 전문가가 참여하여 3명을 최종 선발한다. 선발 과정에서 주민이 담당하는 예술가의 프레젠테이션을 실시한다. 이때부터 지역 주민은 예술가에 호감이 생기고 체재 기간 중에 돈독한 관계를 갖게 된다.

구체적인 예술작품은 폐교 터와 옛 극장 등을 활용해 전시하기도 하고 오아와大粟 신사의 산기슭에 마련된 '창조의 숲'에 공개 전시하기도 한다.

KAIR의 활동은 1999년부터 시작하여 매년 3명 선발에 100명 이상이 지원한다고 한다. 시작부터 약 50명의 예술가가 KAIR에 참가하여 성장하고 있다. '예술을 통한 지역 활성화'의 대부분은 미술관 건립이나 유명 작가들의 작품 위주로 하여 '관람을 목적으로 방문하는 관광객'을 대상으로 한 것이다.

그러나 카미야마는 '창작을 위한 예술가'를 모집하는 것을 취지로 삼았다. 자금이 없고 전문가가 거의 없는 카미야마쵸의 현실에서 나온 고육지책이었는지 모르지만 이로 인해 카미야마쵸의 가치가 상당히 높아진 것은 사실일 것이다. 또 웹사이트 'In카미야마'를 통해 해외를 대상으로도 정보를 제공하고 있다(웹사이트 'In카미야마'는 카미야마쵸에서 진행되고 있는 다양한 지역 활성화 활동, 행사 정보, 관광이나 음식점, 호텔 등의 정보를 제공하며

카미야마쵸를 전반적으로 소개하는 포털 사이트이다).¹⁷²⁾

'In카미야마' 웹사이트 제작에 참여한 웹 크리에이터 톰 빈센트의 사무실은 카미야마쵸 신료우神領지구에 있는 오래된 주택을 개조한 것이다(2010년 8월). 설계는 도쿠시마 출신의 건축가 반도 코스케坂東幸輔와 동료 스마 잇세이須磨一清 등이 담당했다. 또 실제 보수 공사에는 도쿄예술대학 건축학과 학생들이 자원봉사로 참가했다. 이 활동은 '빈집 마을 사업'이므로 '워크 인 레지던스'를 구체화 한 것이다.

워크 인 레지던스

'워크 인 레지던스'는 지역의 과소화, 저출산, 지역산업 쇠퇴 등의 과제 해결을 목적으로 카미야마쵸 내의 빈 집과 빈 점포를 그린 밸리가 임대, 개조해서 이주자에게 대여하는 사업이다. 단지 이주자를 모집하는 것이 아니라 주최 측이 훗날 지역에 필요한 인재나 기업인재를 역으로 유도하여 이주를 유도한다.

구체적으로 미래의 인구 증가율을 고려하여 아이가 있는 젊은 부부, 그리고 마을에 필요한 업종이나 전문직 기업가, 젊은 층에 대한 소개를 우선으로 고려했다. 실제로 2010년부터 2012년까지 3년간 37가구, 71명(자녀 17명, 남편 평균 연령 30세 안팎)이 이주했다. 2012년도에는 14세대, 25명이 이주했다.

이런 과정에서 카페 레스토랑 '밤 카페', 빵집 '장작 빵', 프렌치 비스트로 '카페 오니바' 등이 영업을 시작했다. 이러한 빈집과 이주자와의 중재

---

172) 'In카미야마' 접속자수는 2009년 현재 월 평균 10,840건이다.(2011년 카미야마쵸 '제4차 종합계획' 자료, p80).

를 통해 지역 주민에게는 이상적인 상점가가 조금씩 형성된다는 의도도 있다.

새틀라이트 오피스

2010년 10월 카미야마쵸에 지은 지 70년 된 오래된 주택을 빌려 새틀라이트 오피스를 개설한 'Sansan'(명함관리를 자료화하는 서비스를 제공하고 있는 IT벤처)을 시작으로 도쿄와 오사카의 IT벤처기업이 차례로 사무실을 내기 시작했고 지금은 10개 사 정도가 있다.

카미야마에 IT기업의 새틀라이트 오피스 개설이 지속되는 것은 전국 최고의 통신 환경을 갖춘 것이 배경이 되고 있다. 도쿠시마 특유의 특수한 상황이 이런 환경을 만들었다고도 할 수 있다.

즉, 텔레비전은 아날로그 방송이라 도쿠시마는 간사이関西의 TV방송 권역이었지만 2011년부터 디지털방송을 본격적으로 시작함에 따라 현 지방송국 이외의 전파 수신이 어려워질 것으로 예상했다. 이에 대한 해결책으로서 케이블 TV(CATV) 사업계획에 의해 현은 국가와 시정촌, 사업자와 제휴를 통해 약 275억 엔을 투자하여 현 내 전역에 광섬유망을 구축한 것이다. CATV 보급률이 전국 제1위가 될 정도로 가미야마초는 전 가정에 도입했다(2004년). 브로드밴드 회선의 이용량은 적고 통신 속도는 다른 지역에 비해 5-10배가 빠르다.

그리고 IT기업이 카미야마를 선택하는 또 하나의 이유는 GV의 존재라고 할 수 있다. 기존의 공장 유치와 다르게 기업에 대한 특혜가 있는 것은 아니다. 유치를 위해 이것저것 계획을 구상한 것도 아니다. GV가 사람과 사람과의 만남을 소중히 여기는 기본정신이 결과적으로 비약적인 유치를 실현한 것이다.[173].

실제로 새틀라이트 오피스 진출 제1호 기업이 된 'Sansan'의 데라다寺田 사장은 '빈집 마을 프로젝트'의 건축가 스마 잇세이須磨一清의 소개로 이를 실행했다. 최근에는 '카미야마 밸리 새틀라이트 오피스 콤플렉스(KVSOC)'라는 시설

〈사진 11-3〉 구택을 개조한 사무실에서
근무하고 있는 'Sansan'의 직원

출처: Sansan 제공

도 설치했다. 폐쇄된 봉제공장(619m)을 개보수하여 재사용하는 것으로 위와 같은 위성사무실을 마련한 기업의 교류나 일정기간 체류하는 사업 관계자가 모이는 종합적인 공간이다.

---

173) 『도쿠시마신문』 2014년 1월 9일 기사.

카미야마쵸에서 새로운 사업공동체를 창조하여 지역을 시작으로 선진적인 서비스나 사업을 창출하는 것이나 정보기술, 디자인, 영상 관련 등의 창조 산업의 집적을 도모하는 것, 기업가나 그 지원자, 지역 주민 등과의 교류를 통해서 새로운 가치의 창출을 목표로 하는 것을 기대하고 있다.

카미야마쥬쿠

카미야마주쿠神山塾는 후생노동성의 구직자 지원제도를 이용한 민간 직업훈련을 카미야마에서 실시하는 활동이다.[174] 전국에서 지역과 자신의 미래를 진지하게 생각하는 청년층을 모집해, 카미야마에서만 할 수 있는 현장에 뿌리내린 학습을, 특강, 워크숍, 액티비티, 세미나 형식으로 실시하고 있다(2010년 12월 시작).

학과 강의 40%, 실기 60%로 구성하여 주요내용은 지역 창업가를 양성하는 사업전반을 다루는 과정으로 운영 되고 있다. 실제의 교육·운영은 주식회사 릴레이션(대표: 개도우인 히로토모祁答院 弘智)이 담당하고 있다. 2013년 10월 현재 카미야마 학원 제5기 과정이 진행 중이며 지금까지의 졸업생은 약 60명, 졸업생의 약 30%(18명)가 카미야마쵸를 중심으로 도쿠시마현 내에서 취업 또는 창업을 하고 있다.

카미야마 학원 수강생의 기획으로 새로운 행사나 업종이 생기고 있다. 지역 주민과 도시에서 이주해 온(단기 체재를 포함한) 청년층과의 교류

---

174) 구직자 지원제도란 고용보험을 수급할 수 없는 실업자에게 ①무료 직업훈련(구직자 지원훈련)을 실시하고, ②본인 수입, 세대 수입 및 자산요건 등 일정한 지급요건을 충족하는 경우에는 직업훈련 수강을 용이하게 하기 위한 월급을 지급하는 동시에 ③헬로 워크에 대해 강력한 취직 지원을 실시함으로써 안정된 "취직"을 실현하기 위한 제도이다.

나 도시민과의 연결을 통해 특산품 선물이나 가족동반으로 카미야마쵸의 노인을 수양부모처럼 방문하는 관광 등 도시와 카미야마쵸 주민의 교류가 생겨나고 있다.

카미야마쥬쿠는 새로운 카미야마쵸 지역 활성화 인재를 양성하고, 활성화 시책이 만들었다. 바로 이곳이 카미야마쵸 지역 활성화의 양성소 기능을 발휘하고 있는 것이다.

4) 마케팅 모델 관점에서의 지역 활성화 개요

카미야마의 지역 활성화에 대해서 GV를 활동 주체로 하여 지역 활성화의 마케팅 모델 관점에서 생각해본다. 카미야마는 산과 강 등의 풍부한 지역 자원이 있지만 지금 주목해야 할 것은 첨단자원인 고속대용량 통신이 가능한 ICT 인프라와 낡은 자원으로는 인구감소로 남은 오래된 주택이다.[175]

게다가 GV가 오래된 주택을 지역 기업가, 위성 사무실, 아티스트들의 체재·제작·업무 등을 위한 장소로 전환하여 지역 가치로 만들어 낸 것이 다른 지역에 없는 카미야마만의 자원인 것이다.

GV는 좋아하는 카미야마를 멋진 곳으로 만드는 것을 지역 활성화의

---

175) 2004년에 광섬유에 의한 정보기반 정비가 마을내 전역에서 실시되어 초고속 정보 시대에 대한 대응이 가능해졌다(CATV나 브로드밴드 회선 정비).
　　또한 일반적인 관점에서 본 지역자원으로는 전통의 '닌교죠우리'나 시코쿠 88곳의 12번 시찰소 '아케야마데라', 아와노국의 기원으로 알려진 '카미이치노미야 다이소쿠 신사'(오오와야마), 일본의 폭포의 백선 '기우걸폭포'가 있다, 일본 제일의 생산량을 자랑하는 "스다치"나 시코쿠 제일의 생산량인 "매실"등의 농산물이 있다.
　　관광시설로는 휴게소인 '온천의 성신산'과 신산온천 '호텔 사계의 마을'이 있으며, 연간 100만 명 가까운 관광객(2009년)이 방문한다.

중장기 비전으로 내세웠다. 창조하고 싶은 지역 가치를 기존의 지역 활성화시책으로 자주 활용하던 산품 개발도 관광 체험 제공도 아닌 '자연과 창조적인 생활, 사람과의 소통이 충실한, 새로운 풍요로움이 있는 라이프 스타일'로 카미야마쬬의 지역 활성화에 임해 온 것으로 볼 수 있다.

카미야마의 가치창조는 새로운 생활방식과 근무방식이며 자신의 생활과 공간을 주체적으로 설계하고 사용하는 라이프스타일의 창조라고 해도 과언이 아닐 것이다.

'가치의 전달'에 있어서는 GV는 대중 광고 등의 정보 발신을 하고 있지 않다. 웹사이트 'In카미야마'를 활용하여 카미야마를 방문하고 관계되는 사람들이 체험한 카미야마의 라이프스타일을 SNS에서 발신하고 구전으로 확산한 것이 특징이다. 카미야마에서는 GV를 중심으로 한 정보발신 교류로부터 공감대와 확산이 차례로 퍼져 나간 것으로 볼 수 있다. 다만 많은 사람들이 알게 된 계기는 대중매체에 노출된 점도 부인할 수

없다.

2011년 12월 8일 방영된 NHK 종합 TV 뉴스 프로그램에서 IT기업이 위성 사무실을 카미야마에 설치하는 과정을 소개했다. 청년이 강을 거닐며 자연을 만끽하면서 노트북을 이용하는 영상이 카미야마의 인상을 강하게 소구했다.

'가치 제공'에 대해서는 카미야마에 머물고 생활을 체험함으로써 지속적으로 방문하고 싶은(재방문자 증가)면도 있고 지역주민과 도시생활자·예술가·ICT 사업 관계자 등 카이야마와 관련된 커뮤니티가 페이스북 등의 SNS를 공유하거나 카미야마 현지의 '새틀라이트 오피스' 근처의 음식점이나 사무실 등 공간에서 사적인 모임장소가 되어 범위를 확대했다고 볼 수 있다.

2. 카미야마쵸 지역 활성화 특징

1) 작은 마을의 지역 활성화 사례

카미야마쵸神山町는 유명한 관광지도 아니고 대도시도 아니다. 오히려 전국에 서 흔히 볼 수 있는 산간지역의 과소 도시이다. 이 지역의 지역 활성화 대처는 일본 내의 많은 지역의 지역 활성화에 참고가 될 것이다. 특히 작은 마을이라는 요소는 일반적으로 지역 활성화 담당자가 부족하고 지역 활성화 시책에 있어서 부정적인 요소로 받아들여지기 쉽지만, 카미야마는 긍정적인 요소로 작용한 면도 크다.

2) 주민 주체의 지역 활성화

지역 주민의 자주적 활동에 대한 요구 차원에서 NPO 조직을 발족하고 '주체적으로' 지역 활성화에 참여하여 제안·실행과 운영을 하고 있다. 게다가 어떻게든 이 지역을 발전시키고 싶다는 의욕뿐만이 아니라, 정량적인 목표도 확실히 설정하여 구체적인 활동으로 연결시키고 있는 점이 특징이다.

3) 비전-전략-실행이 일관되게 수행되고 있다.

비전과 전략, 그리고 실행까지 일관되게 수행하고 있다. 더욱이 장기적 관점으로 접근하고 있어 흔들림 없이 진행되고 있다.

비전: '창조적 과소' 목표를 가진 이주계획과 착실한 수행

GV는 '일본의 시골을 멋지게 바꾼다'는 것을 목표로 그 실현을 위해서 ①'사람'을 콘텐츠로 한 창조적인 시골 만들기 ②다양한 사람의 지혜가 융합하는 '세계적인 카미야마' 만들기 ③'창조적 과소'에 의한 지속 가능한 지역 만들기 등 3개의 비전을 내걸었다(2004년).

특히 GV의 독자적인 발상으로 '창조적 과소'라는 분석 방법이다. 우선, 미래의 인구감소=과소를 전제로 한 다음에 2035년 시점의 소년인구(0-14세)의 확보(1학년 20명 정도, 2010년 시점의 28.9명)를 목표로 필요한 이주인구를 추산하였다. 30대 부부가 자녀 2명의 가족으로 4쌍이 이주하면 좋다는 추산 결과를 도출하여 그 수치를 근거로 구체적인 활동을 펼친 것이다. 장래부터 역산하여 과소를 수치화하고 매년 필요한 인구증진

정책을 책정·실행해 온 것이다.

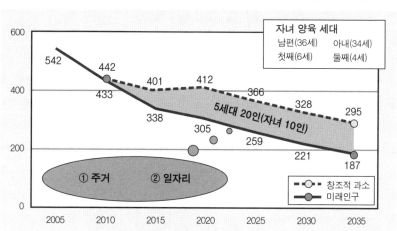

〈도표 11-4〉「창조적 과소」관점에서의 카미야마쵸 연고(14세 미만) 인구 추계치

출처: 다이난 신야(大南信也)「일본마케팅학회 지역활성화 마케팅 연구보고회」강연자료, 2014년 3월

전략: 원하는 인재를 이주 하게 한다: 마을의 기능 설계는 주민 주체로 만든다

주민이 주체적으로 NPO를 결성하고 조직의 일원으로 마을 이주 센터 업무를 맡음으로써 행정입장에서 대처하기 까다로운 오래된 주택과 인재를 전략적으로 융합시킬 수 있었다. 즉 대다수의 지방에서는 사람을 주택에 입주시킬 뿐 무엇을 생업으로 할지는 나중에 고려하는 양적 평가 위주의 이주정책이었던 반면에 GV가 목표로 한 것은 '도시에 필요한 기능·기술을 가진 인재와 꿈을 중시한 이주' 촉진이었다. 다섯 개 점포밖에 없던 상가거리의 오래된 주택을 개보수하여 워크 인·레지던스로 지역에 필요한 기능을 포함시켜(빈집 마을상가 프로젝트), 점차 상가거리를 변신하게 했다.

실행: '어떻게든 되겠지'라는 발상의 대처

GV 오미나미 이사장은 "첫 도전은 해봐야 안다. 재미있다고 생각하면 '어떻게든 되겠지'라는 생각으로 해본다"고 한다. GV 활동 초기에는 신규 사업에 대해 보수적인 의견도 많이 있었다고 한다. 과거의 실패 사례를 들어 새로운 기획 아이디어를 뭉개버리는 의견,

'어렵다' '안된다'는 의견에 대해 '안 되는 이유를 얘기하기보다는 할 수 있는 방법을 생각한다', '어쨌든 시작해 본다'는 것이 GV의 기본 입장이라고 한다.

이에 자주적이고 창조적인 사업의 기획과 실행을 해왔다. 여러 개의 활성화 사업에 대한 보수적 의견을 긍정적인 발상으로 전환하여 찬성하도록 유도 하여 현재의 카미야마 활성화를 이룬 오미나미 이사장의 말은 대단한 설득력이 있다. 그래서 카미야마에 창조적인 지역 활성화가

〈도표 11-5〉 지역활성화 매니지먼트 모델의 카미야마 GV 활동

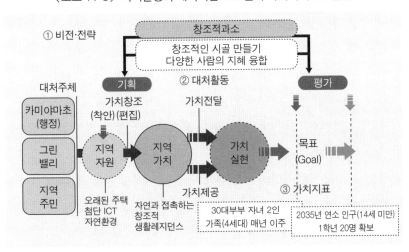

출처: 미야조에 켄시 (2014)

생겨났고 실현되어 왔을 것이라고 추측한다.

'창조적 과소'로서 미래적인 측면에서 현재를 보고 구체적인 시책을 기획·구상하고, 적극적으로 실행한다. 즉 목표를 공유하여 목적이 흔들림 없이 수행하는 것, 이는 곧 실현과 달성이라는 비율에서 보면 확실한 효과로 이어지고 있다고 생각된다.

4) 공적제도·자금 등의 견실한 활용

GV는 국가나 현의 지역 활성화 제도나 구조를 적절하게 활용하여 전개하는 것이 특징이다. 원래 GV의 활동이 시작된 계기는 도쿠시마현 신장기계획인 '도쿠시마 국제 문화촌 사업'이라는 자발적인 구상의 제안에 의해 독자적인 기획으로 '카미야마 아티스트 인 레지던스'를 시작한 것이다.

또 정보제공 '인카미야마ィン神山'라는 웹사이트는 '총무성 지역 ICT 활용모델' 구축 사업이었고 '워크 인 레지던스'는 카미야마쵸의 '이주 교류 센터'를 조성하기 위한 사업이었다. 인재양성 카미야마 학원도 '구직자 지원 사업'(후생노동성) 제도를 활용하고 있다. 행정 예산이나 지원을 이용하여 한정된 자금이나 자원을 유효하게 하며 최대한의 성과를 올리고 있다. 이에 성공적인 사례로 알려져 다른 지역에서도 관심을 보여(이 또한 유효한 선전 매체가 되어) 각지의 행정 관계자가 견학을 위해 카미야마쵸를 방문하는 사례가 자연스럽게 생겨난 것 같다.

더욱이 2013년부터 도쿠시마현도 과소 지역에 IT기업 등을 유치하는 사업 '도쿠시마 새틀라이트 오피스 프로젝트'를 강화하고 이를 '유능한 NPO'에 업무를 위탁하는 움직임이 일어나기 시작했다.

GV는 확실히 그 대상이며 진출을 희망하는 기업의 견학안내, 사원의 주거지 찾기 상담 등도 위탁받는다(위탁료 연간 200만 엔). 또 진출 기업에는 인턴쉽(취업 체험)이나 강좌 세미나, 출장강의, 행사 등의 지역 교류사업으로 조성한다(1기업 50만 엔으로 4개사에 지원).[176]

지역 NPO법인의 GV가 앞서 선행한 대처에 현이 위탁해 사업진행을 가속화하고 또한 NPO의 활동과 행정의 정책과 활동이 조화롭게 융합한 형태가 카미야마에서 실현되었다고 볼 수 있다.

5) 사람이 사람을 부르는 연쇄와 시너지로 활성화

카미야마쵸 지역 활성화의 특징은 각종 사업에 따른 공감대를 유발하여 참가자가 늘어나며 견학을 와서는 한층 발상이 확산되고, 지역 활성화에 기여를 하고자 하는 사람을 끌어드리고 있는 것으로 보인다.

'사람이 사람을 부르는 연쇄와 순환'이 이뤄지고 있다고 할 수 있다. GV의 오미나미 신야 이사장은 '우리가 할 수 있는 것은 가치관을 공유하는 사람들이 모이는 장소, 생각을 실현할 수 있는 장소의 제공이다. 카미야마에서 근무를 하고 싶은 기업이나 인재가 와 주면 좋겠다. 기업 유치가 아니라 인재 유치라고 생각한다'고 말했다.[177]

확실히 비전을 공유할 수 있는 의욕적인 사람들이 이 지역에 관여하며 능력을 발휘하는 활동을 함으로써 사람들이 서로 접촉하고 한층 더 하고자 하는 창의성이 생겨나고 있는 것 같다. 현실을 봐도 새틀라이트 오피스는 지역 청년들에게 지역 내 고용 기회를 창출하고 개방적인 환

---

176) 『닛케이MJ』 2013년 3월 11일자 기사.
177) 『도쿠시마신문』 2014년 1월 9일자 기사.

경으로 개보수한 주택은 지역 주민과의 교류를 잇는 장으로 자리 잡고
있다.

크리에이터나 ICT 벤처 직원들이 모이는 장소로서 카페, 비스트로,
일본 전통 요리전문 등의 음식점은 도시에 있어도 위화감이 없을 정도
로 세련된 환경에서 본격적인 요리를 즐길 수 있고 편안한 분위기다.

더욱이 새틀라이트 오피스로 본사를 옮긴 기업의 경영자가 카미야마
로 이주함에 따라 비즈니스나 기업경영을 잘 아는 전문가들이 카미야마
의 기존 산업인 농림업의 현황을 가까이서 보고, 관련 산업에 대해서도
전문적인 의견을 표출하게 되었다.

(GV가 직접 관여하지 않는 형태로도) 농림업의 경영개선에 대해 토론하는
등 새로운 교류로 이어지고 있다고 한다. 또 '카미야마 학원'의 인재육성

〈도표 11-6〉 카미야마쵸 GV를 중심으로 하는 「인적 관계」의 개념

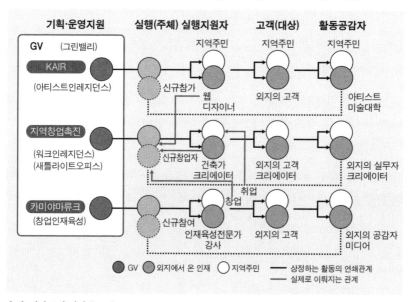

출처: 미야조에 켄시 (2014)

에 의해 청년층이 반 년 간 체재하며 생활하게 된다.

새틀라이트 오피스에서 일자리를 창출하거나, GV 활동에 참여하여 한층 도시와 카미야마를 연결하는 신규 사업 기획을 잇달아 제안하는 등 카미야마쵸의 지역 활성화에 공헌해 활발한 활동에 박차를 가하고 있다. (도표 11-6)

이러한 지역 활성화와 같이 사람을 축으로 다양한 요소가 결합하여 새로운 활성화를 창출하는 구조야말로 카미야마쵸가 '전략적으로 진화한 지역 활성화 사례'로서 주목을 받는 요인이다.

3. 카미야마쵸의 지역 활력과 활성화가 왜 일어났을까

이렇게 카미야마쵸는 지역 활성화의 모델이라고도 할 수 있는 지역이 되었다. 조사에 따르면 '내 마을'에 애착을 느끼는 주민은 85.3%, '계속 살고 싶다'는 의향은 79.8%로 나타났다. 카미야마쵸의 지역 활력과 그 활성화가 왜 일어난 것일까. 답은 다음과 같은 GV 대처의 특징과 활동으로 인해 원래의 카미야마의 특징이 한층 두드러졌기 때문이 아닐까라고 분석할 수 있다.

1) GV의 특징: 목표의식을 가진 대처

GV의 오미나미 이사장은 미국 유학 당시 캘리포니아주 실리콘밸리의 번창한 모습이나 대처방법을 실제로 보았으며 카미야마쵸의 경우에도 자신 나름대로의 목표를 갖고 있었다. GV 회원들은 대부분 오미나미와 함께 '카미야마쵸 국제교류협회'의 일원으로서 미국 견학을 함께

했던 동료이며 구성원 사이에 사업에 대한 꿈과 비전을 공유하고 있다.

대부분의 지역이 지향하고 있는 '특산품으로 지명도를 높이고 대규모 관광시설로 유인하여 많은 관광객이 관광버스로 방문하는 지역 활성화'가 아닌 형태를 목표로 설정하고 공유하고 있는 것이다. '창조적 과소'라는 미래를 내다보고 현실적이고 알기 쉬운 목표를 내세운 것이나 이에 동참하여 구체적으로 행동하기 쉬운 토대를 조성했다고 할 수 있다 (도표 11-5 참조).

2) GV의 특징: 지역 창업자들이 선호하는 '수용하는 풍토' 조성

카미야마쵸에 새틀라이트 오피스를 마련한 제1호 기업 'Sansan'의 데라다 사장은 '소규모 회사가 카미야마 지역에 공헌할 수 있을까' 라고 했을 때, "카미야마에서 본 사업이 제대로 성공할 수 있다는 것을 보여주세요. 그것이 최고의 '지역 공헌'"이라고 오미나미 이사장이 얘기했다고 한다. 장래의 가능성의 단초를 제공한 것이다.

'사업성공야말로 그 이상의 지역 공헌은 없다'는 GV의 기본적인 개념은 이곳에 진출한 기업에게 호의적이고 긍정적일 분위기로 작용한다고 할 수 있다. 유사한 새틀라이트 오피스를 개설한 '플랫폼'의 신설 회사 '엔가와'의 스미다隅田 사장도 편안한 분위기의 아늑함이 좋다고 한다.

"지금 지역에서 화제가 되고 있는 곳은 어디든 성실하게 노력하는 분위기에요. 20여 곳을 둘러봤는데 그 중 유일하게, 카미야마만은 '여유로운' 느낌이었다. 좋은 의미로 불성실(웃음). 우리는 콘텐츠를 만드는 사람이고 장단을 잘 맞추는 여유로움이 중요해요. 대부분 농담 같은 대화로 일이 시작합니다. 그런 분위기가 아니면 좋은 콘텐츠를 만들 수 없고

크리에이터인 손님과 함께 일할 수 없습니다"라고 한다. [178]

옛 가옥을 개조한 일명 '툇마루 오피스'는 이름처럼 주위에 넓은 툇마루가 둘러져 있고 사무실은 유리로 되어 있고 커튼이나 가림막이 없어 밖에서도 내부가 훤히 보인다. 플랫 이즈plat ease의 기업 이념 '오픈open & 심리스seamless'를 구현화한 것이라고 스미다隅田는 말한다.

"개인정보, 보안 등 딱딱 틀어박히기 쉬운 시대이기에 가능한 역발상으로 가자, 사내·사외의 구분과, 온·오프의 구분이라는 틀을 없애 버렸어요. 휴일에도 문득 아이디어가 떠오르면 최고의 업무시간이고 노는 것처럼 즐기면서 하니까 좋은 일을 할 수 있죠."

'엔가와 오피스'에는 정통적인 사무실과 완만하게 내외를 이어주는 경계 영역인 마루가 있다. 취지에 걸맞게 직원이 각자의 시간을 보내고 가끔 방문하는 이웃과도 정을 나누는 장소가 되고 있다.

또 특정 지도자가 현지인들을 이끌고 있는 지역이 많은 가운데, 카미야마는 오미나미씨가 지도자 위치에 있지만 앞장서서 주위를 인솔하는 유형은 아니다. GV 자체도 오미나미를 포함한 개방적이고 수평적인 네트워크로 이루어져 있다. 이러한 오미나미 이사장의 의지에 많은 기업가나 경영자가 공감하여 카미야마에 모였고 활동에 동참하는 것 같다. [179] 이와 같은 GV의 매니지먼트 멘토, 리더십의 특징도 사람이 사람을 유인하는 요인이 되고 있다고 생각한다.

---

178) 『내일의 커뮤니티랩』, 2013년 12월 20일자 기사. http://www.ashita-lap.jp/special/637.
179) 시노하라 타다시(篠原匡), 2014, 『카미야마 프로젝트』, 닛케이BP사, p.82.

3) GV의 특징: 지역활성화의 씨앗인 지역창업자 인재의 지속적 인 육성

카미야마쵸의 지역 활성화의 중요한 자산은 '카미야마 학원'의 존재이다. 2010년 12월 이후 약 70명의 청소년이 사업계획(사업가 양성)학원에 참가하여 지역 주민과 교류하며 카미야마의 활성화를 위한 활동기획 및 신규사업의 개발을 추진하고 있다. 그리고 카미야마에 거주하는 사람도 많아서 지역 활성화의 주체로서 활약하고 있다. 확실히 지역 활성화의 씨앗이 카미야마에서 자라나 카미야마에서 꽃을 피고 결실을 맺는 것이다. 이런 구조로 지역 활성화에 임하는 지역은 그리 많지 않다.

이전에 도쿠시마에서 카미야마라고 하면 '산'이라는 인식만 있었다. 그것이 지금은 '첨단'과 '혁신'이라는 지역으로 인식을 전환한 데는 이러한 배경이 있었다.

4) 카미야마쵸의 특징: 창조성을 높이는 풍토

필자가 실제로 카미야마쵸를 방문하여 머문 후에 느낀 점이다. 카미야마에는 가게도 회사도 많지 않은데 오히려 '이런 가게가 있으면 좋겠다'라든지 '이런 사업을 어떨까'라는 창조적인 구상이 떠올랐다. 카미야마는 이런 동네다. 불필요한 것 없이 필요한 것을 생각하는, 혹은 그 기획·구상에 집중 하는 분위기가 있는 듯했다.

이는 카미야마쵸에 있어서 필요하다는 생각에만 그치지 않고 사회 전반적으로 새로운 창조적인 사업계획이 될 수도 있다. 그런 의미에서 카미야마는 창의성을 키우는 지역이라고 할 수 있다.

이러한 카미야마의 특징은 카미야마의 지역 활성화 사업이 특이하게

도 '아티스트 인 레지던스'에서 시작된 데에서 기인하는 바가 크다. '아티스트 인 레지던스'는 원래 예술인이 평소와 다른 문화와 환경에 머물며 창작활동을 하는 것으로 기존의 장소에서는 할 수 없는 표현 방법의 가능성을 탐구하는 인큐베이션 역할을 하는 장소였다(제8장 참조). 그 본질을 카미야마라고 하는 장소는 갖고 있었고, 혹은 시간을 두고 양성하였다. 이에 15년 이상 지속되면서 해외로부터 주목을 받고 있는 것이다. 이 토대는 더할 나위 없는 지역 자원이라고 생각했다.

5) 카미야마쵸의 특징: 존재감을 확인할 수 있는 것(서로 필요로 하는 것)

카미야마쵸는 인구가 적은 마을이지만 다른 측면에서는 순기능이 되기도 한다. 예를 들어 동네가 좁기 때문에 지인을 만나기 쉽고 누가 어떤 기능을 갖고 어떻게 활동하고 있는지를 쉽게 알 수 있다. 이는 거리가 떨어져 있는 곳에서도 소통과 네트워크가 상호 작용하여 창조적인 가치를 창출하는 것(이노베이션)이 발생한다고 풀이된다.

카미야마쵸에는 서로의 존재감을 확인하고 필요한 존재를 연결해 가는 관계가 형성되는 환경이 갖추어져 있는 것 같다. 또한 외지인에게도 카미야마의 장소나 사람을 매개로 다양한 사람의 인맥을 창조하고 내실화 할 수 있는 매력을 가지고 있다. 자연스럽게 카미야마로 이어지다보니 점점 사람을 부르는 현상을 가속화하는 것으로 풀이된다.

4. 사례를 통한 시사점과 일반적으로 활용할 수 있는 점

1) 지역가치는 그 지역에서의 생활방식(생활 방식, 일하는 방식)

카미야마쵸의 사례는 지역 브랜드 전략(및 지역 활성화의 마케팅 모델)을
한층 더 다음 단계로 나가야 하는 것을 나타내고 있다. 즉, 창조되어야
할 지역 가치란 지금까지 얘기한(이 책에서도 얘기한) 산품 등의 물건, 혹은
자연과 문화의 관광에 대해서의 배경이야기 뿐 아니라 지역에서 일어나
는 시간을 보내는 방법(생활 방법이나 근로 방법 등)의 충성도가 아닐까 하는
점이 카미야마쵸의 사례에서 열거할 수 있는 시사점 중의 하나이다.

카미야마쵸에서는 지역에 사는 주민도 지역과 관련된 타 지역의 거주
자도 주체적으로 시간을 보내는 방법, 공간에서 어떻게 생활할지 설계
하고 행동하기까지 소재를 제공하는 것이 가치이며 카미야마쵸에서는
그것이 보이기 시작했다.

2) '체류: 레지던스'라는 시간·공간설계의 개념과 이에 따른 지역
   활성화

카미야마쵸에서의 가치 전달은 수용자측이 자신의 일처럼 공감하고,
결과적으로 체험을 발신하고, 또한 이를 받아들이는 사람에게 영향을
주고 또 공감하는, 바로 '사람이 사람을 부르는 구도'가 되어 있다는 것
은 앞에서 얘기했다.

거주하는 사람의 만족도가 높으면 생활을 동경하는 사람들이 찾는다,
교류한다, 체류 한다는 과정을 생각할 수 있지만 아무리 동경한다고 해
도 그 지역으로 옮기거나 거주로 이행하기에는 의사결정의 장벽이 너무

높다.

따라서 '1일 관광'도 아니고 혹은 '평생 이주·정주'도 아닌 그 중간 형태로서 며칠간의 체류 혹은 수개월간의 머물면서 '체류: 레지던스'라는 지역가치를 체험하고 향유하는 선택사항을 제공하는 것이 지역가치의 새로운 제공 방식이라 생각된다.

'체류 레지던스'란 지역과 관련된 시간과 공간의 신개념이라 할 수 있다. 종래의 '물건'보다는 '장소'의 중요성이 높아지고 있어 거주, 숙박, 체류하는 활동이 새로운 사업을 창출할 가능성이 있다. 예를 들면 '관광'은 대부분 그 지역에 어떠한 관광 명소가 있어, 그곳에 관광객(일회성 방문을 하는 손님)이 늘어나는 양적인 관광객 수 증가가 중요시된다.

그러나 오히려 필요한 것은 지역의 가치를 잘 파악하고 인식하여 지역의 생활방식을 체감하는 것을 기대하며 인생의 새로운 만남이나 계기를 찾으려는 창조적인 인재(별도로 창의적 인재, 예술인이 아니더라도)가 방문하여 체류하는 것이 아닐까.

순례자처럼 조금씩 지역을 이동하는 사람이 역사적으로 존재했지만 카미야마로 말하면 한층 더 GV의 노력처럼 '아티스트 인 레지던스'(아트), '새틀라이트 오피스'(ICT 산업), '카미야마 학원'(인재육성) 등에 참가하고 체재하는 사람이 있다. 그리고 그것이 향후의 카미야마를 창조하는 중요한 자원이 되고 있다.

갑자기 이주·정주자를 늘리는 것을 목표로 하는 것이 아니라 관련되는 사람(관심을 가지고 참가하려고 하는 사람, 일정기간 혹은 빈번히 체재하는 사람)을 늘리는 것이 지역에 부족한 인적 자원을 확충하면서 사람이 사람을 유인하여 지역 활성화가 된다. 예를 들면, 카미야마쵸에 있는 무사시노武蔵野미술대학의 워크숍도 수년 간 지속하고 있다. 이주는 하지 않지만 야후나 구글의 사원 연수·합숙도 카미야마쵸에서 열리게 되었다.

관광, 정주의 양자택일이 아닌 '체재: 레지던스' 라고 하는 중간적인 대안을 마련해온 것이 카미야마쵸에 다양한 분야에서 창의적인 인재를 끌어들였다. 따라서 사람이 교류하는, 즉 체류 인구가 늘어나는 것으로 풀이된다.

체재하는 사람들이 늘어남으로써 사람의 교류 및 활동이 활발해지고 카미야마쵸에 관련된 카미야마쵸를 지지하는 공동체가 형성되며 관계자들이 SNS등에 정보를 발신하는 것으로 활동 정보는 증폭되어 항상 카미야마쵸에 무언가 얽혀서 무엇인가 하려는 움직임이 일어나 지역에 활력을 낳고 있다고 해석할 수 있다.

이런 것이 '체류: 레지던스'가 가져다주는 효과라고 할 수 있다. '체류: 레지던스'라는 공간·시간 설계의 개념을 지역 활성화 구상에 도입하는 것은 새로운 지역 활성화의 창출 방법이 아닐까. 그것을 카미야마쵸가 시사하고 있다.

제12장.
미국 포틀랜드시의 사례

1. 포틀랜드시의 지역 활성화 대처 개요

해외 지역 활성화의 선진 사례로서 미국 오리건주 포틀랜드시를 알아본다. 인구 약 60만 명, 주변 도시를 포함한 수도권 인구는 약 220만 명으로 오리건Oregon주 최대의 도시이다.

미국 전역에서 가장 친환경적인 도시, 가장 맛있는 레스토랑이 있는 도시 등으로 선정되어 주목을 받았으며 지역 활성화의 시범도시로 꼽혀 항상 미국 전역에서 가장 살고 싶은 도시 중 상위를 차지하고 있다. 실제로 도시권 인구는 10년간 190만 명에서 220만 명으로 17% 증가했다.

이 장에서는 '지역 활성화의 마케팅 모델' 관점에서 지역 활성화의 시책을 정리하고 선진적인 대처가 어떠한 것인지, 또 그것이 어떻게 실현되었는지 그 요인과 배경을 살펴본다.

〈사진 12-1〉 미국 오리곤주 포틀랜스시[180]

1) 포틀랜드의 지역 자원

포틀랜드의 주변 지역은 밀과 채소 등의 생산지다. 콜롬비아Colombia 강과 윌라멧Willamette강 등의 합류지역에 항구가 형성되고 주변지역에서 밀 생산지 등이 집적되어 있는 농산물이 풍부한 도시이다.

지역 행정은 일찍부터 '도시성장경계선'[181]을 설치하여 도시를 규제하고 있었기 때문에 포틀랜드는 대도시이면서 인근에 농업지대가 형성되

---

180) Chet Orioff(2010).

181) 도시성장경계선(Urban Growth Boundary; UGB)은 도시의 성장을 지정된 범위 내에 두기 위해 오리건주법에 의해 1973년에 제정되었다. 개발 행위가 허가되는 도시 구역과 개발이 허가되지 않은 교외를 명확하게 선을 긋고 있다. 타 도시와 같은 무질서한 교외의 도시화를 피해 농지와 삼림을 개발로부터 지킬수 있었다.

어 채소 등의 '지산지소地産地消'가 이뤄지고 있다.

또한 항만이 조성되어 있어 조선·기계 부품공업도 활발하며 이와 관련된 공업기술도 축적되어 왔다.

콜롬비아강 계곡 등 풍요로운 자연 환경을 이용한 야외활동 등 자전거 스포츠가 번성하고 '콜롬비아 스포츠' 등의 전문적인 스포츠 용품사와 더불어 세계적 기업 '나이키' 본사도 이곳에 위치하고 있다. 또 근래에는 '인텔' 등 첨단 기술 산업 기업도 포틀랜드시 및 근교로 이전하여 포틀랜드에서 시애틀에 이르는 지역을 '실리콘 포레스트'라고 칭한다. 이곳은 캘리포니아의 실리콘밸리에 버금가는 첨단기술 산업의 집적지가 되고 있다. 건강·의료·연구기관도 다수 있어 다양한 분야가 모여 이루어진 자립형 도시라고 할 수 있다.

2) 포틀랜드의 가치창조

포틀랜드의 지역 활성화 활동 중 가장 대표적인 사례는 시내 중심부인 '펄 지구Pearl District'의 도시 재개발이다.

펄 지구 도시 재개발

포틀랜드시 시내 북서부에 위치한 펄 지구Pearl District는 철도역과 가깝고 이전에는 광대한 철도기지창과 창고가 있던 지구였다. 동서는 750m, 남북은 1km, 면적은 도쿄돔의 약 16배 규모다. 거기에 100개의 블록(도시 지역)이 형성되었다.

1980년대부터 재개발이 시작되어 1994년 지역 개발회사인 호이트 HOYT사가 인수하여 1997년부터 행정과 공동 계획으로 본격적인 개발이 추진되었다. 창고 등은 그대로 두고 새로운 주거·오피스 건물을 경쟁적으로 건설하여 새로운 거리가 형성되었다. 현재는 아트갤러리(25개), 생활잡화전문점(60개), 카페와 레스토랑(50개)과 3곳의 예술학교, 디자인·광고 등 사무실과 주거시설이 혼재되어 있다. [182]

블록파티[183] 및 이벤트·프로모션 등을 연계한 행사가 정기적으로 개최되어 지구 전체가 하나의 시설처럼 연결하여 활성화 되고 있다.

대형마트도 홀푸드마켓(식품), REI, 파타고니아Patagonia(아웃도어 스포츠), 앤스로폴로지Anthropologie(여성복) 등 자연을 즐기는 가치관과 라이프스타일을 제안하는 특징적인 기업이 섞여 있다. 유기농 식재료로 지산지소를 즐길 수 있는 많은 식당들이 있으며, 그 밖에도 음반·악기점, 미술용품점, 자전거 수리·부품점 등이 주민과 관광객으로 붐비고 있다.

특히 주목받는 곳은 단독 점포로서 미국에서 최대급으로 불리는 대형서점 파월스 북스Powell's books의 존재이다. 1971년에 개업한 파월스 북스는 총면적 약 7,200㎡로 100만권이 넘는 책을 구비하고 있는 서점이다. 다양한 분야의 전문서적과 취미도서 등을 구비한 대규모 서점이다. 포틀랜드가 그만큼 다양한 취미와 취향을 가진 사람들이 거주하고, 외지에서 찾는 도시라는 것을 알 수 있다.

이러한 펄 지구로 대표되는 포틀랜드의 지역 활성화로 실현되는 지역 가치는 다음과 같이 4가지로 정리할 수 있다.

①유기농 식자재를 지역자원으로 활용하여 맛있는 음식을 즐기는, 지산지소형 식생활 스타일 ②지적이고 창의적인 예술을 친근하게 느끼는 예술적인 생활방식 ③도시에 있으면서 자연을 즐기는 건강한 스포츠 생

---

182) 스이타 료헤이(吹田良平), 2010, 『그린 네이버후드』, 센켄신문사, pp.12-13 참고.
183) 주민들 스스로 블록(block)을 장으로 하는 이벤트를 말한다.

활방식 ④이들을 종합적으로 포함한 친환경적이고도 선진적인 생활방
식이다.

식생활 스타일

지역자원인 유기농으로 재배한 신선한 재료로 만든 요리를 지역 와
인, 맥주, 커피와 함께 즐기는 지산지소형의 맛 깔 나는 생활이 포틀랜
드의 지역 가치로 실현되고 있다.

① 파머스 마켓[184]

포틀랜드시는 매년 3월부터 12월까지 시내 5곳에서 파머스 마켓
Farmers Market을 개최한다. 1992년에는 단 13개 점포만이 입점했지만,
20년 만에 200개가 넘는 점포가 모여 연간 매출 600만 달러에 이르는
포틀랜드 시민들의 생활에 없어서는 안 될 명소로 자리매김했다. 대표
적인 개최 장소는 ①도심의 파이오니어 스퀘어Pioneer Square(월요일) ②펄
지구의 에코 트러스트 빌딩 광장(목요일) ③포틀랜드 주립 대학 캠퍼스
(토요일)등이다. 운영주체는 PFM(포틀랜드 파머스 마켓)이라는 NPO로 연간
계약직 직원과 자원봉사자로 구성되어 있다.

참가자들은 농가, 양잠, 빵, 화훼, 치즈, 과자 등 약 250개의 생산자이
다. 입점 조건은 ①자신이 소유하거나 운영하는 농장에서 100% 키운
작물이 있는 지역 농가로 ②환경에 부담을 주지 않는 사육·재배·수확
방법을 채택하여 ③장인정신으로 우수한 품질에 대한 고집이 있으며 소
통능력이 있는 소유자라고 한다.

지역 식자재는 신선하고 맛있어서 소비자 건강에도 좋고, 지역 본래

---

184) 스이타 료헤이(吹田良平), 2010, 『그린 네이버후드』, 센켄신문사, pp.146-149 참고.

의 생물 다양성을 유지하는데 도움이 된다. 또 지역의 생산자를 응원하여 지역 공동체의 형성으로 연결될 수 있다.

PFM은 '파머스 마켓' 운영을 통해 지역 작물 생산자를 지원하고 지역 경제를 활성화하며 커뮤니티에 기반을 제공하는 역할을 하고 있다. 창업보육, 로컬 푸드 운동의 선도자, 영양학·사회위생·농업의 보전을 배우는 거점, 맛있는 음식의 중심지, 음악 이벤트가 있는 문화적 목적지, 포틀랜드의 지속가능성 연계의 상징이 되는 역할을 담당 한다」라고 연차보고서에 기술하고 있다.

파머스 마켓은 연간 약 100일 동안 개최되며 약 60명의 자원봉사자가 총 1,200시간의 재능기부로 운영되고 연간 약 53만 명이 관람하고 있다.

② 팜 투 테이블 레스토랑[185]

팜 투 테이블Farm to Table이란 현지 농가의 식재료를 사용해 테이블에 음식을 제공하는, 즉 미국식 지산지소를 뜻한다. 풍부한 식재료를 활용할 수 있다는 점에서 미국 전역의 우수한 요리사들이 포틀랜드에 모여 경쟁함으로써 포틀랜드의 요리는 더욱 맛있어지고 관광객도 붐비는 긍정적인 순환이 일어나고 있다.

또 특색 있는 장인들의 커피숍이 많이 생겨 원 오피스 비즈니스one office business(점포를 1, 2개 점포밖에 가지지 않는 사업)나 마이크로 로스터스(커피 원두를 볶는 가게) 등의 개점이 활발하다. 포틀랜드는 밀을 활용한 빵, 와인 등 다양한 재료가 풍부하고 맛있는, 그야말로 '먹거리의 수도'가 되고 있다.

---

185) 스이타 료헤이(吹田良平), 2010, 『그린 네이버후드』, 센켄신문사, pp.150-161 참고.

예술적인 생활형태

펄 지구의 재개발로 건축가나 디자이너가 활동하는 기회가 늘어나고 포틀랜드 이주도 늘어난 점, 예술 관련 학습이나 발표 장소가 늘어난 점 등에서 창의적인 직종의 전문가들이 모여서 포틀랜드의 지역 자원이 되었고, 이에 한층 더 지적이고 감성을 자극하는 창의적인 삶의 터전이 구현되었다.

① PNCA[186]

PNCA(Pacific Northwest College of Art)는 독립적인 예술전문학교로 펄 지구의 상징적인 문화적 랜드마크이며 창의적 공동체의 지원역할을 하는 곳이다.

1909년 설립된 이 학교는 1998년 펄 지구로 이전했다. 2009년의 학생 수는 514명, 대학원생 45명, 펄 지구 안에 3곳의 캠퍼스가 있으며 4번째 캠퍼스를 개설할 예정이다.

학부는 커뮤니케이션 디자인, 일러스트레이션, 인터미디어, 파인 아트, 회화, 사진, 인쇄, 조각의 8개 학과로 되어 있고 졸업생에게는 BFA(예술 학사)를 수여한다. 비주얼 스터디와 크래프트 & 디자인 등 두 개 분야에서 MFA(예술 석사)를 취득할 수 있는 퍼시픽 노스웨스트 지역에서 유일한 아트 칼리지이다.

대표적인 캠퍼스인 에데이스 굿맨 빌딩은 8,600㎡ 규모로 이전에는 창고였던 건물이다. 중앙 부분의 공공 공간 외에 도서실과 다수의 전시 공간을 갖추고 작품 전시와 퍼포먼스, 워크숍 등이 지역주민과 관광객도 부담 없이 찾을 수 있는 환경을 조성하고 있다.

---

186) 스이타 료헤이(吹田良平), 2010, 『그린 네이버후드』, 센켄신문사, pp.120-132 참고.

② 에버렛 스테이션 로프트[187]

'에버렛 스테이션 로프트Everett Station Loft'는 같은 펄 지구에서 활동하는 젊은 예술가들의 제작활동을 위한 창작 시설이다. 1989년에 기존 창고를 개보수하여 1998년부터 '아트 스페이스 프로젝트'가 소유하고 있다.

'아트 스페이스 프로젝트'는 1979년에 미네소타주 미네아폴리스Minneapolis 에서 탄생한 NPO로, 현재 미국 전역의 17개 도시에 23개 건물을 마련 하여 경제력이 부족한 예술인들에게 저렴한 금액으로 창작공간을 제공 하는 지원을 하고 있다.

스포츠 생활 스타일

포틀랜드에서는 '도시에 살면서 자연을 즐기는 건강한 삶의 터전'이라 는 지역가치가 형성되어 있다. 대표적인 사례는 자전거와 아웃도어를 즐기는 생활방식일 것이다. 포틀랜드는 미국 전역에서 가장 자전거 통 근자가 많은 도시이다. 이에 자전거 공방(프레임 빌더)도 많이 있다. 또한 대규모 자전거 경주 행사도 열리고 있어 그야말로 자전거 도시라고 해 도 손색이 없다.

자전거 경주 행사로는 매년 여름 야간에 열리는 포틀랜드 트와일라잇 크라이테리움Portland Twilight Criterium이 있다. [188]

이 경기는 도심 도로를 폐쇄하고 만든 1바퀴 800m의 6개 서킷을 미국 전역에서 모인 정상급 프로선수들이 경연을 벌인다. 승패는 제한시간 내 주파한 회수로 결정한다. 경주 당일은 오후 4시에 도로 폐쇄와 동시 에 서킷 내에 야외 푸드코트와 비어가든이 열린다. 오리건에서 번창한

---

187) 스이타 료헤이(吹田良平), 2010, 『그린 네이버후드』, 센켄신문사, p.53 참고.
188) 스이타 료헤이(吹田良平), 2010, 『그린 네이버후드』, 센켄신문사, pp.58-63 참고.

핸드빌더(자전거 공방) 전시회나 밴드 연주가 열려 분위기가 고조되는 6시 30분에 경주를 시작한다. 매년 1만5천 명의 관객이 방문한다고 한다.

포틀랜드는 로키산맥에서 발원한 거대한 콜롬비아강의 협곡과 가까워 산림과 폭포가 있는 자연을 즐길 수 있는 곳이다. 그래서 아웃도어 관련 스포츠 관련 점포가 수두룩하다. 포틀랜드가 본거지인 '콜롬비아 스포츠'를 비롯해 '파타고니아', 'REI', '노스페이스', '몽벨' 등 아웃도어 전문점이 있고 회사별로 연구회나 공동체 조성이 활발하게 이루어지고 있다.

친환경 생활을 추구하는 포틀랜드는 1970년대부터 자동차, 석유에너지 의존에 대한 위기를 느끼며 지속가능한 사회를 만들기 위해 고속도로 건설을 중단하고 도보로 생활할 수 있는 도시 조성을 지향해 왔다. 도심과 교외를 연결하고 또 시내 중심부를 순환하는 공공 교통 기관을 정비하여 자동차를 이용하지 않고 자전거나 도보로도 충분히 생활할 수 있는 환경을 만들어 왔다. 자동차도 하이브리드 차량이 많은 편이다.

식재료는 유기농을 위주로 하며 지역 생산 지역 소비로 운송에 필요한 에너지를 줄이는 식생활을 하고 있다. 주거시설도도 환경을 고려해 태양광 발전 패널이 길거리 예술설치물 등에도 적용되고 있다. 재활용이 정착한 도시로 자리 잡았다.

① 진 볼륨 내추럴 캐피털 센터 [189]

펄 지구에 있는 '진 볼륨 내추럴 캐피털 센터Jean Vollum Natural Capital Center'는 '에코 트러스트'(북태평양 연안 지역의 강으로 되돌아오는 연어를 위해 지역 생태계 보호활동을 펼치고 있는 NPO 단체)가 건물의 소유주이며 본부가 있는 곳이다. 건물은 1895년에 지어진 낡은 창고였는데 '에코 트러스트'

---

189) 스이타 료헤이(吹田良平), 2010, 『그린 네이버후드』, 센켄신문사, pp.134-138 참고.

가 1998년에 매입해, 개보수하여 2001년에 리뉴얼했다. 미국 최초의 LEED 골드 인증을 받은 역사적 건축물 개보수 사례기도 하다.[190]

시설의 콘셉트, '환경보호 활동이나 사회적 책임 행동에 관한 아이디어, 상품, 서비스가 모이는 곳이다. 대상은 보존경제(Conservation economy)를 지향하는 주체라면 비영리기업(non-profit)이든 영리기업(민간기업)이든 행정이든 상관없다'고 한다.

마치 자연 생태계와 비슷한 시설 내의 업종 다양성을 일컬어 이들은 자신들의 시설을 사무용 건물도 아니고 쇼핑센터도 아닌 마켓 플레이스라고 부른다. 입주 세입자는 파타고니아, 포틀랜드시, 지속가능성계획국, 산림보호단체, 야생연어센터, 서스테이너블 하베스트(유기 커피콩의 공정무역 단체), 카페 '핫립스피자'(성장호르몬을 사용하지 않는 정육, 근교의 무경재배[191]를 실천하는 농가의 밀을 사용하는 피자 가게) 등 다양하며 다양성이야말로 어려운 문제해결을 위한 새로운 아이디어나 인재가 모이는 필요충분조건이라는 확신에 근거하고 있다. 두 달에 한 번 정도 세입자들이 모여 토론회 등을 열고 있다. 컨퍼런스 센터에서는 일반인을 위한 강좌와 활동가 커뮤니티를 위한 이벤트가 개최되고 있다.

② 지역가치는 환경적인 생활과 현장(환경도시)

포틀랜드에 사는 사람들은 지적이고 감성이 넘치는 자리에서 다양한 가치관을 이해하고 공동체를 즐기며 지혜롭고 건강하고 친환경적인 삶을 살고 있다. 포틀랜드시는 스스로 그린시티green city라고 부르지만 환

---

190) LEED(leadership in Energy and Environmental Design)는 미국그린빌딩협의회(USGBC)의 건축환경성능 평가제도로 환경을 고려한 건물에게 주어지는 인증평가이다.

191) 농지를 경작하지 않고 작물을 재배하는 방법 중 하나.

경적인 삶(일하는 법, 즐기는 법) 생활형태 자체가 포틀랜드의 지역가치라고 할 수 있을 것이다.

또한 포틀랜드 도시 전체의 선진적인 생각에 공감하고 지역주민은 현지에 자부심을 갖으며 외지인은 동경하게 되어 포틀랜드로 이주와 정주를 희망하는 경우가 증가하고 있는 것은 아닐까.

포틀랜드에는 주변지역을 포함해 유기농 신선한 농산물·식재료, 예술인이나 창의적이고 창조적인 인재, 도시면서 풍부한 자연환경 등 수많은 지역 자원이 존재한다. 이를 몇 가지 활성화 주제, 예를 들어 먹거리, 예술, 스포츠 등으로 편집하여 새로운 지역가치를 창조하면서 그것을 누리고, 체험하기 위해 사람이 모여 그것을 제공하는 인재(요리사나 예술가 등)가 정착하게 된다.

게다가 이러한 지역 가치가 동시에 존재하여 그것들과 관계되는 주민의 새로운 생활 스타일이 생기고 그것이 도시의 새로운 매력적 지역 가

〈도표 12-1〉포클랜드 지역활성화

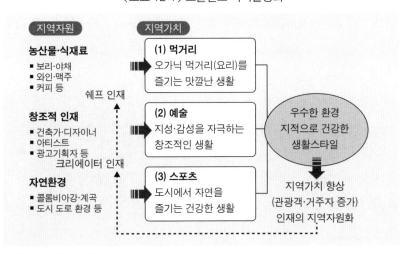

출처: 미야조에 켄시 (2013)

치가 되어, 지역의식을 높여 다른 지역으로부터 관심과 교류를 촉진하고 있다. 한층 더 모인 인재가 새로운 지역 자원이 되어 새로운 지역 가치를 창조하는 순환이 이뤄지고 있다(도표 12-1).

3) 가치의 전달과 제공

포틀랜드의 지역 활성화에 있어서 지역가치 전달과 제공 면에서의 특징은 ①매력 있는 거리의 지역가치를 체험하게 하는 전달 ②공감자의 공동체 형성 ③행사·프로모션의 체계적인 구성과 배치라는 점이다.

매력 있는 거리의 지역가치를 체험하게 하는 전달

포틀랜드에서 눈에 띄는 것은 다양한 지역 활성화의 활동 주체가 제공 가치를 사람들에게 체험하도록 하는 가치의 전달 방법을 많이 시행하고 있다는 점이다. 다양한 단체와 조직이 이벤트 및 프로모션을 실시하고 이를 통해 가치 전달이 강화되고 시너지 효과도 낳고 있다. 예를 들면, 펄 지구에서 개최되는 '퍼스트 서스데이First Thursday'나 '스트리트 오브 드림스Street Of Dreams' 등이 그 대표적인 예이다.

① 퍼스트 서스데이First Thursday[192]

펄 지구 주민(근무자를 포함)의 적당한 사교 기회가 되는 것이 '퍼스트 서스데이'이다. 4월부터 11월까지 매달 첫째 주 목요일 저녁, 펄 지구의 거리는 블록 파티의 무대가 된다. 지역 내 카페, 레스토랑은 물론 학교와 일부 기업도 축제 분위기로 하룻밤에 1만5천 명에서 2만 명이 참가

---

192) 스이타 료헤이(吹田良平), 2010, 『그린 네이버후드』, 센켄신문사, pp.108-110 참조.

하는 대규모 행사가 된다.

이 행사는 원래 펄 지구의 갤러리(화랑)에서 제안한 것이었다. 이곳에는 갤러리(화랑)가 25개 정도 있는데 갤러리 신작 발표 등을 통합하여 공동으로 개최하는 것이 시너지 효과가 있을 것이라는 기대에서 시작했다. 일부 전문가뿐만 아니라 일반 시민들도 쉽게 갤러리에 들를 수 있어 갤러리 및 예술인들과 소통할 수 있는 기회가 되었다.

해당 사무국은 PADA(Portland Art dealers Association)라고 하며 14개 갤러리로 구성되어있다. 또한 길거리에서는 아직 갤러리에서 작품을 발표하지 못한 신예 예술인을 대상으로 '스트리트 갤러리 전시회Street gallery exhibition'가 개최된다. 차량통행통제를 시행한 3개 블록에 90개 부스를 운영하여 사전 등록한 예술인에게 작품발표 및 판매의 장을 제공하고 있다. 운영은 UAN(어반 아트 네트워크)이라는 조직이 담당하고 있다.

② 거주자 전달: SOD(스트리트 오브 드림스: Street of Dreams)[193]

포틀랜드에서 매년 개최되고 있는 포틀랜드 주택건설협회 주최 '스트리트 오브' 드림스'가 2009년 첫 행사를 열었다. 기존에는 교외의 마당이 있는 단독주택이 대상이었으나 도심 콘도에서도 열리게 된 것이다. 펄 지구라는 점에서 특히 지속가능한 디자인을 고려한 환경친화형 건물이 강조됐다.

민간개발사인 호이트사의 'The Encore'(개최 차기년도에 선보인 건물, 16층 3LDK, 234㎡, 약 2백만 달러)와 937그룹의 'The 937'(옥상 녹화 및 고효율 에너지를 탑재해 공사 과정에서 배출되는 쓰레기의 93%를 재활용하는 등 환경친화형 건물)

193) 스이타 료헤이(吹田良平), 2010, 『그린 네이버후드』, 센켄신문사, pp.54-57 참조.

로 LEED[194]) 인증을 받은 건물이다. 16층, 3LDK, 231㎡, 약 2.5백만 달러) 등이 대상이 되었다.

방문인원은 8월 한 달간 평일 2,000명, 주말 2,500명에 이른다. 펄 지구의 콘도를 체험하고 관람하고 쇼핑이나 음식 등을 즐기는 것으로 이어진다.

커뮤니티의 형성과 육성

포틀랜드의 가치 전달 및 가치 제공의 특징 중 두 번째로는 커뮤니티의 형성과 육성을 들 수 있다. 자전거·아웃도어 등 스포츠, 예술·음악, 유기농 먹거리 등으로 각각의 취미와 가치관을 공유하는 공동체가 형성되고 이를 통해 지역가치를 전달하고 공유한다.

또 '파머스 마켓'에서는 신흥 음식점이나 제과점이 입점하여 인기를 얻게 되면 본격적으로 매장을 열 수 있는 입점과정이 있고 청년 음악가가 행사장에서 야외 소규모 공연을 하는 등 창업가를 육성하는 기능도 있다.

지역의 농가와 예술가, 신흥 창업가의 참가를 촉진하고 시장참여 기회를 제공하여 육성하고, 주민의 지역 의식도 높이는 지역 활성화 정책이 전개되고 있는 것이다.

이벤트 프로모션의 체계적인 설계와 배치

예술·음악이나 음식 등에 관한 대규모 이벤트뿐만 아니라 '퍼스트 서스데이'(매월 첫째 주 목요일 이벤트), 파머스 마켓(월요일, 수요일, 토요일 개최)까지, 1년 내내 월별, 주별, 요일 단위로 체계적으로 구성된 정기적인 이

---

194) 미국 그린빌딩위원회 (US Green Building Council)에서 개발, 시행하고 있는 친환경 건축물 인증제도

벤트 개최로 다양한 목적의 관광객을 유치 전략임을 알 수 있다.

① 월별 주요 행사

- 2월 - 영화: 포틀랜드 인터내셔널 필름 페스티벌, 30개국에서 100개 작품 이상이 출품되는 오리건주 최대의 영화제.
- 3월 - 맥주, 와인: '스프링맥주&와인페스' 오리건주에 위치한 소규모 브루어리brewery(맥주 공장)가 참여하여 신선한 맥주와 와인을 맛볼 수 있는 축제다.
- 4월 - 코믹마켓: '스탬프타운 코믹페스트' 오리건주 컨벤션센터에서 개최되는 코믹마켓. 지역 만화가가 2004년부터 시작해 현재 250개 이상의 점포가 참가한다.
- 5월 - 음식: 'Taste of the Nation 포틀랜드' 도심 호텔 등에서 개최되는 포틀랜드 최대의 먹거리 축제. 70여개의 유명 레스토랑이 참여하고 지역 음악인의 연주도 있다.
- 6월 - 장미: '포틀랜드 로즈 페스티벌' 장미의 도시 포틀랜드 최대 축제, 형형색색의 꽃으로 장식된 수레 퍼레이드, 카니발, 보트 레이스 등이 펼쳐진다.
- 7월 - 맥주: '오리건 브루어스 페스티벌' 전미 각지의 독립계 소규모 brewery(맥주공장)가 모이는 미국 최대의 토종 맥주축제다.
- 8월 - 한 끼: '바이트 오브 오리건' 지역 요리사들이 톰 맥콜 워터프런트 공원(Waterfront Park)에 모여 음식을 제공한다.
- 9월 - 음악: '뮤직페스 NW'. 2001년부터 시작된 포틀랜드 최대의 음악 행사다. 미국 전역에서 100개 이상의 밴드가 모여 시내 바와 클럽, 극장에서 콘서트를 개최한다.
- 10월 - 스포츠: '포틀랜드 마라톤'. 1972년부터 계속 개최되는 마라

톤 대회다. 도심 시청 앞에서 출발, 27km 지점에서 되돌아오는 코스이다.

이러한 월별 이벤트·프로모션에는 각 영역의 참가자가 미국 전역에서 모인다. 또한 행사를 보고 즐기려는 관광객 또한 방문하여 집객이 되고, 점차 커뮤니티가 발전하는 구조로 자리 잡고 있다.

② 주별 행사

앞에서 얘기한 바와 같이 펄 지구에서 첫째 주 목요일에 개최되는 '퍼스트 서스데이'는 지역에서 최고로 규모가 큰 이벤트·프로모션으로 자리 매김 하였다.

③ 요일별 행사

'파머스 마켓'은 중심부 공원이나 포틀랜드주립대학교 캠퍼스 등 시내 여러 곳에서 월요일, 수요일, 토요일 등 요일을 정해서 정기적으로 개최한다.

4) 지역 활성화의 담당자

지역 활성화 관리의 관점에서 포틀랜드의 지역 활성화를 보면 행정, 민간기업, 지역 주민이 각각의 역할을 발휘하고 이들이 잘 어우러져 다양한 지역 활성화 시책이 실현되고 있음을 알 수 있다.

행정 담당자

① 광역행정조직 '메트로'[195]

오리건주에는 36개의 카운티가 있고(포틀랜드시는 Multnomah County에 속함), 카운티 아래에 242개의 시 행정조직이 있다. 오리건주에서는 포틀랜드를 중심으로 광역으로 조직된 행정조직 메트로Metro가 있다. 메트로 대상 지역은 멀트노마Multnomah, 클래커머스Clackamas, 워싱턴의 3개 카운티, 24개 시에 걸쳐있다. 메트로의 주요 업무는 해당 지역의 토지이용과 교통 발전계획이다. 따라서 메트로는 미국 전역에서 유일하게 홈룰Home rule 헌장을 갖고 있으며 선출 의원으로 이루어진 행정조직이다.

예를 들어 LRT(라이트 레일 트랜짓; Light Rail Transit) 사업처럼 포틀랜드시 뿐만이 아니라 다른 군이나 도시를 포함한 대대적인 공공 교통 정비는 메트로 광역 행정 조직이 있어 원활하게 가동하고 있다. LRT는 교외에서 시속 80km로 주행, 포틀랜드시 중심부와 포틀랜드 국제 공항이나 여러 교외 도시를 연결하는 중요한 대중 교통수단이다.[196]

이를 통해 버스와의 연계나 교외 기차역 주차장을 정비하여 도심부에서는 자동차에 의지하지 않고 이동할 수 있는 '파크&라이드'라는 교통 시스템을 구축했다. LRT에는 자전거도 탑승할 수 있어 교외에서 도심으로의 사람의 유입을 촉진하여 활성화에 크게 기여하고 있다.

포틀랜드에서는 LRT, 버스를 중심으로 한 교통계획과 토지이용계획이 연계된 도시계획에 의해 도심부에 행정기관, 상업시설, 사무실, 호

---

195) 마쓰모토 다이치(松本大地), 2012, 『최고의 장사를 디자인 하는 방법』, 익스나레소지, pp.88-89 참고..

196) 마쓰모토 다이치(松本大地), 2012, 『최고의 장사를 디자인 하는 방법』, 익스나레소지, p.92 참고.

텔, 주거가 압축적으로 집약되어 지역 활성화의 중요한 인프라가 되고 있다.

② 포틀랜드시

포틀랜드 시의회는 오리건주에서 유일한 위원회 체제이다. 위원회 체제에서는 선출된 위원들로 시의회가 열리며, 시장과 4명의 시의회 의원(커미셔너)과 감사 등 6명으로 구성된다. 4명의 시의원이 주택국, 환경국, 경찰국 등의 담당국을 복수로 담당하고 있다. 또한 예산편성도 담당 시의원이 중심이 되는 구조가 1913년부터 계속 되고 있다.

의원 수가 적은 것은 책임이 무겁고 능력이 중요하다는 의미이다. 의원들의 활동을 시민들이 냉정하게 평가한다. 일반 시민이 의회에서 의견을 개진하는 것도 쉽게 할 수 있는 구조로 되어 있다.

• 포틀랜드 시의 네이버후드 시스템

포틀랜드시는 시내를 7개 권역으로 나눠 95개의 '네이버후드'(근린 조합 조직)로 분류하고 있다. 네이버후드는 주민 및 통근자 등의 지역 공동체에서 시민이 참가하는 근린활동의 최소 단위이다. 구역의 시초는 학교구역으로 되어 있다[197].

이곳은 주민의 자주적인 기관(NPO 법인)으로 주민 스스로가 지역의 과제를 해결하기 위해 모여서 논의하고 행정 담당자와 조율하는 방식으로 운영된다.

---

197) 마쓰모토 다이치(松本大地), 2012, 『최고의 장사를 디자인 하는 방법』, 익스나레소지, pp.72-73 참고.

대표자는 구성원의 선거를 통해 선출된다[198]. '도시성장 경계선'(Urban Growth Boundary: UGB)(앞에서 설명함)의 5년마다 재검토하는 중요한 도시계획 수립도 네이버후드의 시민의견을 수렴하도록 의무화되어 있다. 이러한 역할을 네이버후드가 맡음으로써 포틀랜드시 시의회 의원 수가 4명으로도 운영이 가능한 것으로 볼 수 있다.

• 포틀랜드시 개발국(PDC)[199]

포틀랜드시에서는 PDC(Portland Development Commission)라는 조직이 지역 활성화의 중요한 기능을 담당하고 있다. PDC는 '다양성, 건전한 네이버후드와 커뮤니티의 지속, 시도심부의 활성화, 사람들의 고용과 거주 환경의 질적 안정이라는 포틀랜드시의 목표를 이루기 위해 다양한 의견을 수렴한다고 한다. PDC의 비전은 '21세기 도시 형태 창조를 위한 적극적인 변화를 이루기 위한 추진역할을 하는 것'이다.

PDC는 1958년, 포틀랜드를 미국에서 가장 살기 좋은 도시로 만들기 위해 설립된 조직으로 지금까지 워터프론트Water front 지구의 재생, 역사적 가치가 있는 시설의 유지·보존, 공원의 개발과 정비, 창업지원 대출, 저렴한 주택 공급, 소매사업 지원, 고용 창출, 취업 지원, 노면전차 중심 도시의 추진 등 포틀랜드 주립대학과 연계하여 시민의 생활환경을 개선하기 위해 다양한 활동을 수행해왔다.

예를 들어 펄 지구의 도시재생사업에서는 시 측의 업무집행기관으

---

198) 마쓰모토 다이치(松本大地), 2012, 『최고의 장사를 디자인 하는 방법』, 익스나레소지, pp.90-91 참고.
199) 스이타 료헤이(吹田良平), 2010, 『그린 네이버후드』, 센켄신문사, pp.44-46 참고.

로서 지구의 주요계획을 세우고 호이트사 등 민간 개발업체와 다양한 사업을 조정하였다. 또한 스트리트 카Street car의 도심부와의 연장과 고속도로의 고가 철거 등을 공공사업으로 실시하고 민간개발 토지를 매입할 때 금융자금 조성도 실시했다.

PDC는 이러한 민·관 제휴방법으로 지역 활성화에 나섰고 도심 공동화지구 재생에 민간 자본을 도입, 도심 거주자 증가, 이에 따른 세수증가, 새로운 민간 일자리 기회 창출, 저가주택 공급 등 도시 활성화에 따른 공공서비스를 차례차례로 가시화하고 있다.

PDC는 시의 담당부서로 제도를 만들고 권리를 행사하는 단순한 인허가 조직이라는 차원을 넘어 지역 활성화를 담당하는 당사자의 일원으로 도시와 도시생활의 적극적인 변화에 참여하고 이끌고 있다. 이런 진보적 행정기관이 있어야 지역 활성화가 원활하게 추진할 수 있다고 본다.

도시재생사업과 관련된 예산은 연방정부로부터 교부금, LID(Local Improvement Districts; 수익자 부담금), TIF(Tax Increment Financing, 재산과세 평가액 증가에 따른 세수 증가액을 이용하는 자금), 지방채, 설비이용료, 민간융자 등을 통해 조달한다.

그 중에서도 TIF는 개발 후에 고정자산세나 사업세 등의 세수 증가, 대상 지구의 땅값 상승(자산 가치의 상승)등을 전망하여 조기 자금을 융자하는 방법이며, 참신한 지역 활성화 지원 방법으로서 주목받는다.

민간 기업의 담당자

① 민간 개발자

포틀랜드의 지역 활성화를 담당하는 개발주체의 사례로는 호이트사

(대표 티파니 스위처)를 들 수 있다. 1994년 펄 지구의 토지 34에이커(약 14 만㎡)를 매입하고 도시재생 계획을 제시해 행정 측으로부터 다양한 지원을 얻어냈다. 시 입장에서는 공동화된 도심 지구의 도시 재생 전문가의 출현은 절호의 기회였다.

이러한 행정과 민간이 협업으로 하는 도시 재생 기법은 PPP(Public Private Partnership)라고 하며 공공감각을 가진 민간 개발자와 민간기업 다운 결단력과 정책 집행 능력이 뛰어난 행정기관이 만나 처음으로 실현하는 공동사업이라 할 수 있다.

• 포틀랜드시 측 요청사항
　ㄱ. 공동화된 브라운 필드Brown field를 민간 사업능력을 활용해 재생
　ㄴ. 토양 개량(열차 디젤 오일 등의 폐기물에 의한 토양 오염)
　ㄷ. 공공 공원 정비
　ㄹ. 저소득 취약계층을 대상으로 한 주택개발

• 민간 개발자 측 요청 사항
　ㄱ. 구역 고가도로 철거
　ㄴ. 도심으로부터 스트리트 카Street car 연장
　ㄷ. 건폐율, 용적률, 고도제한 등 건축조건 완화

양자 간에 업무 분담이 확정된 후에는 개발자가 도시 주민의 요구를 파악하고 여기에 긍정적인 매력을 더해가면서 구체적인 도시 체험을 할 수 있는 도시로 완성해나갔다.

티파니 스위처 호이트사 대표는 펄 지구 재개발에 대해 "우리는 도시 생활경험과 공동체 의식을 이곳에서 실현하고자 했다. 일반적인 개발

자라면 각각 건물개발에 주력하겠지만 우리는 '빌드 더 어반 네이버 후드(도시형 네이버 후드의 창조)'를 콘셉트로 했다"고 했다. [200]

또한 호이트사는 구체적으로는 고급 콘도를 중심으로 한 믹스드 유즈 Mixed use 개발(다목적 시설을 복합한 개발)을 차례차례로 진행했다. 이것의 특이한 점은 어떤 건물이든 1층의 경우에는 점포나 갤러리로 용도를 제한하여 준공 후에도 운영 관리를 같은 회사가 지속적으로 하는 방법을 취한 점이다.

또 콘도에는 영세 기업이나 아티스트를 위한 직장과 주거 겸용 세대를 일정량 반드시 설치하도록 했다. 게다가 펄 지구의 개성이기도 한 예술과의 친화성을 마을 조성에 접목할 수 있도록 월 1회 예술행사(퍼스트 서스데이)를 지원하고 있다. 그 결과 펄 지구는 약 10년 동안 포틀랜드에서 가장 걷기 편한 도시형 네이버후드가 되었을 뿐만 아니라 미국 전역에서 가장 성공한 도시 재생 사례로 알려지게 되었다.

현재 호이트사는 펄 지구를 'LEED 네이버후드 디벨롭먼트(개별 건물이 아닌 거리 단위로 하는 LEED 환경성능 평가제도)'를 신청했다.

② 광고대행사[201]

포틀랜드의 지역 활성화를 담당하는 광고대행사, 크리에이티브 기획사로 '와이든+케네디(이하 W+K)' 사가 있다. 세계 8개 도시에 거점을 두고 있는 글로벌 광고대행사로서 'W+K'의 본사가 포틀랜드의 펄 지구에 있다.

1988년 당시, 산업 지구이자 창고거리였던 이 지역으로 옮겨 사무실

---

200) 스이타 료헤이(吹田良平), 2010, 『그린 네이버후드』, 센켄신문사, p.30.
201) 스이타 료헤이(吹田良平), 2010, 『그린 네이버후드』, 센켄신문사, pp.92-107.

을 개설했다. 거리문화와 밀접하게 연결되는 곳, 펄 지구에 새로운 에너지를 불어 넣었다고 할 수 있다. 또 사무실은 3곳의 NPO에 공간을 제공하고 있다. 다목적 거리와 같은 상황을 회사 내에도 만들어 활동하는 것이 기업 문화라는 것이다.

"거리에 훌륭한 박물관을 유치하는 것이 도시를 창조적으로 만드는 요인이 아니라 항상 거리에 싹트는 청년정신(youth spirit)이 중요하다." W+K 글로벌 이그제큐티브 크리에이티브 디렉터 존 제이의 말이다.

사무실에 공공공간을 마련하고 음악회, 예술전시회 등을 항상 무료로 개최하고 있다. 사회와 심리스seamless로 연결되는 것을 구현하고 있다. 젊고 활기찬 무명 아티스트에게 기회를 주는 것, 그리고 위험요소를 감수하는 것. 뉴욕이나 런던의 잘나가는 크리에이터가 아닌 현지의 재능을 활용하는 것이 W+K의 정신이라고 한다.

창조적인 열정으로 가득 찬 본사 빌딩 또한 현지 포틀랜드 건축가가 설계한 것으로 건축가는 이 데뷔작의 성공으로 인해 지금은 전 세계적으로 활약 중이라고 한다.

NPO(주민 조직 · 단체조직)[202]

네이버후드 이외에도 다양한 주민조직과 단체조직이 포틀랜드의 지역 활성화를 위해 노력하고 있다. 예를 들어 펄 지구의 NPO로서 다음 2개의 조직이 있다. PDNA(Pearl District Neighborhood Association; 펄 디스트릭트 네이버후드 어소시에이션)과 PDBA(Pearl District Business Association; 펄 디스트릭트 비즈니스 어소시에이션)이다.

---

202) 스이타 료헤이(吹田良平), 2010, 『그린 네이버후드』, 센켄신문사, pp.48-49.

① PDNA

PDNA는 회원제로 펄 지구 거주자 혹은 직장이 있거나 부동산 소유자로 구성되어 있다. 참가 형태는 자원봉사이며 주요 활동내용은 도시계획, 교통계획, 건물 및 공간의 디자인에 대한 의견과 생활환경의 쾌적성을 유지하기 위한 구체적 활동(쓰레기 배출 시 음식점과 협의 및 낙서제거 행사 등)으로 나뉜다. 전문적인 지식이나 기술이 필요하지만, 변호사, 건축가, 디자이너 및 도시계획자, PR컨설턴트 등 인재를 구성하는 데는 부족함이 없다.

이들은 매월 둘째 주 목요일 저녁에 회의를 하고 그 내용을 일반인에게도 공개하고 있으며 조직의 슬로건은 'Keep on eye out'이다. 회원들이 모인 곳에는 로고가 그려진 현수막을 외부에 거치한다. 포틀랜드에는 이와 같은 네이버후드 위원회가 총 95개가 있다.

② PDBA

PDNA가 거주의 쾌적성 유지를 목적으로 하고 있다면 펄 지구 내에 소매업·음식업의 영업지원을 목적으로 활동하는 것이 PDBA이다. 현지 주민이나 관광객을 대상으로 펄 지구의 정보 제공 촉진 활동을 하여 외지인 유입 증가를 도모하는 활동을 하고 있다. 운영비용은 가맹기업으로부터의 회비 협찬금, 기부금 등으로 조달하고 있으며(연간 약 3,000만 엔) 세금에 의존하지 않는다.

양질의 지역 프로모션 잡지 발행(격월간: 65,000부)과 웹사이트, 메일 매거진 운영, 블록 파티부터 세일 이벤트까지 크고 작은 거리를 매체로 한 행사의 기획·운영 등을 진행한다.

2009년 현재, 펄 지구의 소매업·음식업의 55%가 PDBA에 가입하고 있으며 11명의 회원이 운영의 주체로 활동하고 있다. 같은 지역의 소매업이나 요식업은 대형 가맹점이 아닌 개별 점포가 많기 때문에 이러한 정보 전달 이벤트·프로모션의 지원은 유효하다고 생각된다.

지역 활성화를 위한 월별 대형 이벤트·프로모션 등을 진행하는 단체는 앞서 얘기한 바와 같이 다양하다. 포틀랜드에서는 이러한 단체의 왕성한 활동이 이벤트·프로모션을 활발하게 할 수 있도록 유도하고 포틀랜드의 지역 가치 전달과 제공에 공헌하고 있다.

2. 포틀랜드의 지역 활성화의 특징

포틀랜드의 지역 활성화 활동에 대해서 그 특징을 정리하면 다음과 같다.

1) 다양한 영역에서 가치창조와 시너지 효과

첫째, 포틀랜드는 주변지역을 포함한 수많은 지역 자원이 존재하는데 이를 몇 개의 활성화를 위한 주제, 예를 들면, 음식, 예술, 스포츠 등으로 편집하여 가치를 창조하고 그것을 향유하고 체험하기 위해 사람이 모인다.

게다가 이와 같이 창조된 지역 가치가 복수로 동시에 존재하고 그것들이 연계하여 주민에게 새로운 생활스타일을 만들어 내고 있다. 또한 결과적으로 포틀랜드의 새로운 매력적인 지역가치로 되어 주민들의 지역의식을 고취하고 외지 사람들의 관심도 끌며 관광과 교류를 촉진하고 있다. 포틀랜드의 지역가치를 평가하고 포틀랜드에 모인 인재(요리사, 건축가, 예술인 등)가 새로운 지역자원이 되어 새로운 지역가치를 창조하는

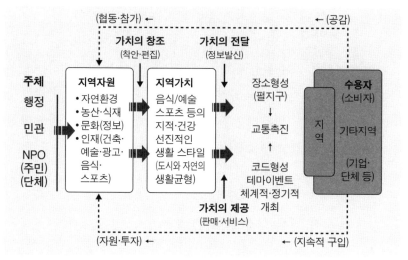

〈도표 12-2〉 포틀랜드 지역활성화의 마케팅 모델

출처: 미야조에 켄시 (2013)

순환이 일어나고 있다.

지역 자원의 편집, 지역 가치창조, 전달, 제공의 일련의 흐름을 철도의 선로에 비유하면 일본의 지역 활성화 추진은 대부분이 하나의 지역 가치창조단계에 있는 경우가 많아 아직 '단선'인데 비해 포틀랜드의의 대처는 벌써 '복선', 더 나아가 '복복선'의 단계이며 한층 상호 연관되어 상승효과를 발휘하고 있다. 즉 지역 활성화가 진전된 단계에 있다고 할 수 있다(도표 12-2 참조).

2) 행정의 기능 발휘

포틀랜드의 지역 활성화 관리측면에서의 특징은 행정의 장기적 관점에 입각한 전략수립과 지역 주민이나 민간기업의 자주성을 연계하는 지원, 그리고 추진과 실행력에 있다.

장기적인 관점과 전체적인 관점에서 수립한 전략 및 제도의 책정

행정은 장기적인 전략을 책정해 도시정책(제도화)·지역개발(개발지역 인정 등)을 이끌고 있다. 예를 들면, 자연환경과 첨단기술을 활용한 친환경 '환경도시' 전략을 수립하고 시의 개발 경계선 제정, 노면전차(스트리트 카)등 대중교통으로 도심과 교외의 연계를 촉진하는 교통정책 등을 실시하고 있다.

'도보 20분 거리'를 목표로 한 압축도시 구현으로 시의 인구는 29% 증가, 공공 교통기관의 이용은 80% 증가, 자동차 이용 시간은 33% 감소(모두 2005년/1990년 대비)를 달성했다. [203)

또한 행정을 전반적으로 살펴보면 장기적이고 전략적인 내용, 곧 행정만이 할 수 있는 활동을 명확하게 실시하고 있다.

예를 들면 PDC의 TIF(Tax Increment Financing)는 주목할 만한 정책이다. 개발 후에 고정자산세나 사업세 등의 세수가 증가할 것을 예상하여 미래의 세수증가를 상환재원으로 자금을 조달하는 방법은 일본에 있어서 새로운 기법으로서 주목할 만하다.

행정의 전략적 리더십과 주민 자율성 증진과 협동[204)

포틀랜드시의 다년간에 걸친 사려 깊은 도시개발은 지구 전체의 환경개발의 기초를 확립했다고 할 수 있다. 지구地区가 주체가 되어 도시계

---

203) 스이타 료헤이(吹田良平), 2010, 『그린 네이버후드』, 센켄신문사, p.11.
204) 야마자키 미쓰히로(山崎満広), 2013, 「그린시티를 만들자」『LANDSCAPE DESIGN J』 No.93, 2013년 12월호, 마루모 출판, pp.41-42.

획을 실행하는 구조가 정비되었고 펄 지구 이외의 지구에서도 잇달아 활성화 움직임이 일어났다.

2009년 포틀랜드시 경제개발 전략과 이후의 지구 경제개발 전략을 기초로 PDC와 시가 공동체 주체의 경제성장을 실현하는 계획을 추진하고 있다. 2012년부터 시작한 '지역 활성화 이니셔티브(The Neighborhood Prosperity Initiative; NPI)는 풀뿌리 수준이던 것을 보다 격상시키는 제도이다. 개발을 진행 중인 시의 동쪽 지역에서 소규모 도시형 지역을 여러 개 활성화하는 등의 개발을 진행하고 있다. 구체적으로는 앨버터 스트리트나 미시시피 애비뉴 등의 지역이 이미 활성화되기 시작해 많은 사람들로 붐비고 있다.

〈도표 12-3〉포틀랜드 지역활성화 관리 모델

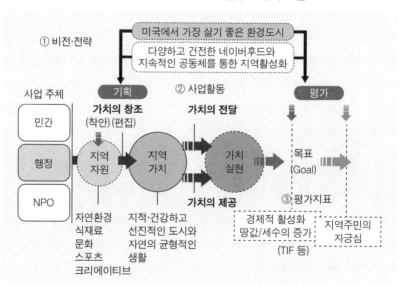

출처: 미야조에 켄시 (2014)

도시 운영 노하우를 다른 도시로 이전[205]

포틀랜드시는 친환경 녹색도시라는 지역가치를 실현하고 이를 지속적으로 운영하는 구조와 노하우를 시 차원에서 세계로 수출하는 것을 추진하고 있다. 시에서는 2013년 'We Build Green Cities'라는 명칭의 포틀랜드시 직속 단체를 구성했다.

단체는 지금까지 관련 사례의 브랜드화를 꾀하는 동시에 기술인, 기획자, 건축가, 조경전문가들과 PDC 스태프가 일본을 포함한 해외의 도시를 방문해 한 발 앞서가는 포틀랜드시의 도시 계획을 촉진하는 워크숍 등을 빈번하게 개최하고 있다.

3. 사례로부터 시사, 참고 할 수 있는 것

1) 사회자본의 공동체(사회자본의 공동체)

포틀랜드의 지역 활성화는 행정이 장기 전략을 수립하며 강력한 실행력을 발휘하고 있는데 이는 행정주도형이 아니라 주민이 주체적으로 참가해 사업계획을 수립하는 것을 지원하여 결정된 시책을 행정이 수행한다는 것이다.

포틀랜드 시민들에게는 남의 일이 아닌 자신의 일이다. 우리 도시의 미래는 우리 스스로 생각하고 성장시킨다는 의식이 기본적으로 갖추어져 있으며 그 의식이야말로 중요하다.

---

205) 야마자키 미쓰히로(山崎満広), 2013, 「그린시티를 만들자」『LANDSCAPE DESIGN J』 No.93, 2013년 12월호, 마루모 출판, p.42.

포틀랜드에서는 항상 의식을 중요시하고 있기 때문에 매력적인 거리의 비전, 기업이나 단체의 비전, 지역 커뮤니티의 비전을 완성, 실현에 대한 수행 능력을 제고하는 것으로 해석된다. 지역, 단체, 기업의 지역 활성화 공동체는 '사회관계자본'이 되고 질적 수준을 수반하여 오늘날의 포틀랜드 도시를 만들었다고 해도 과언이 아니다. [206]

'소셜 캐피털(사회관계자본)'은 1990년대에 미국의 정치학자 로버트 패트넘이 주창한 '인간관계의 풍요야말로 사회의 자본'이라고 파악하는 개념이다.

의사소통이 치밀하고 타인을 신뢰할 수 있는 사람이 많을수록 자원봉사자 및 시민집회 참가 등 시민활동이 활발해지고 아이의 교육성과가 높아지며 치안이 향상되고 지역경제의 발전으로 연결된다고 하는 인식이다.

이러한 '사회관계자본'을 형성하기 위해서는 일정한 시간이 필요할 것이다. 즉 지역 공동체가 사회관계자본이 되어 지역 활성화에 기여하기 위해서는 시간이 필요하며 꾸준한 노력이 필요하다.

2) 도시의 적당한 규모에서의 활성화 활동

포틀랜드에서는 거리 곳곳에서 모임gathering을 볼 수 있다. 개인이 제안한 아이디어가 도시 내에 매몰되지 않고 계속해서 전파한다. 그러한 인간관계를 맺는 인구밀도에 관계의 부드러움, 나아가 지역 활성화로 이어지는 이점이 있다. 또한 포틀랜드는 대도시면서도 네이버후드라는 작은 단위로 지역 활성화가 착실하게 진행하고 있다.

---

206) 마쓰모토 다이치(松本大地), 2012, 『최고의 장사를 디자인 하는 방법』, 익스나레소지, pp.25-28 참고.

현재는 앞서 언급한 펄 지구뿐만 아니라 앨버터 스트리트, 미시시피 애비뉴 등의 주택지구, 혹은 준공업지구 등 네이버 후드를 통한 지역 활성화가 추진되고 있다.

기존의 지역 활성화는 오부세小布施나 카미야마神山와 같은 작은 행정단위에서는 추진하기 쉽고 대도시는 행정면적과 규모가 커서 진행하기 어려울 것이라 인식하고 있다.

그렇다면 포틀랜드의 대응을 힌트로 도시를 작은 단위로 세분화하고, 단위별로 자율적으로 과제를 해결하여 지역 활성화를 추진하는 방법(수국형 도시 구성 발상에서의 활성화)을 도입하는 것도 필요하다고 생각된다.

3) 지역 활성화 외부를 향한 가치 전달과 내부적 가치 전달

지역 활성화란 외부로 지역 가치(개성, 특징)를 발신하고 많은 사람들이 체험하도록 하여 공감대를 형성하는 것이며 또한 내부적으로 지역가치를 높이는 풍토를 조성하는 것이라고 할 수 있다.

지역 활성화로 창조되는 지역 가치는 외부를 향하든 내부를 향하든 동일하겠지만 가치 전달에 있어서는 외부를 대상으로 적극적으로 움직이는 경우와 지역의 현지 주민에게 공감을 이끄는 발신은 구분해서 생각할 필요가 있다. 특히 내부를 대상으로 지역가치를 높이려는 풍토를 조성하기 위해서는 시간이 오래 걸리는 법이다. 그러나 내부적인 토대가 없이 외부를 향한 가치 전달만으로는 단순히 일시적인 인지나 집객에 그쳐 본질적인 지역 활성화를 이루기는 어려울 것이다.

이 책에서 다룬 사례는 대부분 이를 토대로 확립되어 있으며 이를 통해 현재의 활성화를 이루었다고 봐도 무방하다. 바꿔 말하면 "현지주민이 자긍심을 느끼지 않는 지역 활성화는 본질적 지역 활성화가 아니다"는 것이다.

4) 일본이 '포틀랜드'라는 지역 가치를 브랜드로 살린다

포틀랜드시는 '녹색도시'라는 지역 가치를 실현해 운영하는 구조를 해외에서도 전개하고자 판촉활동을 하고 있다. 그렇다면 일본의 지역이나 민간기업은 판촉에 수동적으로 대응하는 것이 아니라, 오히려 포틀랜드의 지역 가치를 브랜드로 인식하고 이를 살려 해당 지역의 브랜드화나 신규 사업 개발에 능동적으로 움직여도 좋지 않을까.

과거 도시화, 근대화 시대에는 뉴욕이나 런던, 파리가 일본의 지역이나 기업이 브랜드로 동경하고 모방하고 싶은 도시였을지도 모른다. 그러나 생활 스타일의 선제적인 면을 고려한다면 앞으로 대응해야 할 도시는 포틀랜드가 아닐까.

포틀랜드의 자매도시인 삿포로시는 물론, 포틀랜드 본연의 자세, 지역 가치에 공감하는 지역과 민간 기업에 있어서도 식품제조(밀·냉동식품·유제품·와인·커피 등)나 음식점·제과점, 예술·창의적 단체·조직 등도 '포틀랜드'를 브랜드로 한 상품개발, 사업개발, 점포개발 등을 기획해도 좋을 것이다. [207]

협업은 새로운 혁신을 창조하는 계기가 되는 것으로 일본의 지방도 미국 포틀랜드와 협업함으로써 새로운 가치의 창조를 기대할 수 있다.

---

207) 도쿄도 시나가와구의 텐노스 아일(天王洲アイル) 지구에서는 '슬로우 하우스 by 액터스' 개점(2014년) 등을 계기로 포틀랜드시 펄 지구 같은 이미지의 마을 조성이 시작되었다.

결론.
지역 활성화를 통한 마케팅의 진화

1. 지역 활성화를 보며 생각하는 것

1) 지역 활성화란? 지역창업가를 창출하는 것

지금까지 보고 느낀 것 중 첫 번째는 지역 활성화란 지역에서 지역 창업가를 발굴하여 육성하는 것이다. 도쿠시마현 카미야마쵸에 새틀라이트 오피스를 개설한 기업경영인이 인터뷰에서 한 이야기는 매우 인상적이었다.

"현재 지방의 특산으로 된 것은 이전부터 있던 것이 아니다. 예를 들면 귤이나 스다치(スダチ, 귤의 종류)도 역사를 살펴보면 어느 시기에 누군가가 새롭게 '창업'한 것이다. 그것이 확산하고 정착하여 어느덧 특산이 된 것이다."

시고쿠四国의 산골마을에 있는 새틀라이트 오피스에 경영자가 직접 체류하고 있다는 사실 자체가 첫 견학 당시 필자에게는 예상하지 못한

놀라움이 되었고, 그곳에서 경영인이 한 말 또한 의미 있었다. 확실히 그렇다. 그리고 미래를 향해 지금 '창업'하는 것이 지역에 있어서는 지역 활성화라고 이해할 수 있었다.

카미야마神山에는 최근 몇 년 동안 이곳에 정착해 빵집이나 카페를 창업하는 젊은 가족이 점점 늘고 있다. 창업은 확실히 카미야마의 지역 활성화가 되고 있다. 영상 분야 등 IT 벤처기업이 카미야마에서 창업을 하여 훗날에는 창의적 산업이 카미야마의 특산이 될지도 모른다고 느꼈다.

2) 지역 활성화라는 목표는 풍요로운 생활 형태를 만드는 것

지역 활성화를 통해 창조하는 지역 가치란 단순히 특산품(좁은 의미의 지역 브랜드)이 아니라 지역 자체의 브랜드화(광의의 지역 브랜드)이다. 이는 지역의 산품이나 문화를 활용하여 지역만이 가능한 풍부한 생활 형태를 만들게 될 것이다.

생활 형태(스타일)를 만든다는 것은 지역에서 생활하는 시간과 공간을 풍요롭게 하고 충실하게 꾸미는 것이며 생활 방법(일하는 방법, 여가 보내는 방법, 주거 형태 등)의 설계이다. 그리고 나아가 인생, 그리고 삶의 방식의 설계가 되기도 한다.

카미야마나 포틀랜드도 지역 가치는 이미 특산품이 아니다. 지역민들의 생활 스타일(생활 방법, 체재 방법 등)이다. 현지인들은 그곳에 사는 것을 자랑스러워하고 현지에 애착을 느낀다. 다른 지역 사람들은 이들의 생활 스타일에 공감하고 동경하여 그곳을 방문하고(관광) 생활 스타일을 체험한다. 이후에는 자주 방문하거나 혹은 장기체류를 통해 미래에는 이주를 하여 현지주민이 될지도 모른다.

이와 같이 그 지역이 생활 스타일 실현의 장으로서 매력적인 지역을 움직이는 것이 지역 활성화를 통해 창조해야 할 본질적인 가치라고 생각한다.

3) 지역 활성화 노력은 마케팅 코디네이션

일반적인 기업이나 단체의 마케팅을 완수하기 위해서는 반드시 내부 자원과 외부 자원을 모두 파악하여 조달, 배분, 조정하여 가치 제공 물건으로 편집하고 외부와 연계하면서 가치의 전달(광고 커뮤니케이션) 및 제공(판매 및 서비스)을 구축해 항상 최적화를 도모하는 활동 과정이 중요해지고 있다.

이것이 마케팅 코디네이션이라는 개념이기도 하다. 지역 활성화에 있어서는 지역자원을 정확하게 찾아내(착안하고) 지금 있는 자원과 없는 자원을 판단하여 있는 자원은 살리고 없는 자원은 외부에서 조달하고 가공하여 일정한 가치로 만든다. 창조한 가치는 적절한 매체나 수단을 활용해 소비자에게 전달하고 적절한 채널이나 제공 형태를 선택해 가치 수용자에게 전달한다.

그렇다면 지역 활성화 노력은 '마케팅 코디네이션'이다. 이 책에서 다룬 지역 활성화 사례의 거의 대부분이 지역에서 '마케팅 코디네이션'을 실시하고 있다.

나카가와 마사시치中川政七 상점의 나카가와 준中川淳 사장, SASEBO 시간 여행, 시부야대학의 기획 운영자 등은 확실히 지역에 있어서의 마케팅 코디네이터라고 할 수 있다.

'마케팅 코디네이션'이란 실현된 상태를 최적의 상태로 유지하는 것이다. 이를 위해서는 항상 국내외 자원의 정보 수집을 게을리 하지 않고 기존자원과 조정해 최적화를 지속하는 활동이 필요하다. 지역 활성화의 노력은 여기서 완성되거나 종료되는 것은 아니다. 활동은 계속해서 이루어진다.

지역 활성화의 마케팅 코디네이터는 지역에서 새로운 일을 하는 사람과 이를 받아들이는 사람 혹은 외지에서 방문하여 체류하는 사람과 현지인 간에 서로 원활하게 소통하는 중개자의 역할이 바람직하다. 그런 점에서 도쿠시마현德島県 카미야마쵸神山町의 NPO법인 그린밸리는 탁월한 대표적인 사례라고 할 수 있을 것이다.

지역에 코디네이터가 없을 경우 타네야たねや, 롯카테이六花亭 등 민간기업이 맡는 것일까? 이런 다양한 노력이 도시 전체의 활성화로 성과를

〈사진 13-1〉 '너의 의자 프로젝트' (삿포로: 너의 의자 공방학회)

거두기까지는 시간이 필요하다. 본질적인 지역 활성화를 실현하기 위해서는 시간이 걸리며 다양한 활동이 쌓여서 이뤄지는 것이다.

오부세小布施나 카미야마神山, 포틀랜드도 20년 이상 노력을 지속하여 지금의 지역 활성화를 이루고 있다. 구마모토현 역시 현민의 의식향상과 현 직원의 의식을 향상하는 단계부터 시작하여 본질적인 지역 활성화로 나아가고 있다.

지역 활성화에 마케팅을 할 수 있는 것은 많다. 마케팅의 관점에서 지역을 파악해 활성화를 통해 실현될 수 있는 것이 많다는 것은 이 책에서 살펴봤으며 대처 방법, 방법론도 볼 수 있다.

한편, 마케팅도 지역 활성화를 경험하고 진화하고 있음이 확연하게 실감하고 있다.

2. 지역 활성화를 통한 마케팅의 진화

지역 활성화 마케팅에 있어서의 가치창조는 곧 사회에서의 가치창조이다. 지역 활성화의 마케팅을 보면 볼수록 AMA(미국마케팅협회) 마케팅 정의에서 사회도 마케팅 대상이 된다는 것을 다시 한 번 실감하게 된다.

1) 지역 활성화 마케팅에서 소셜 마케팅으로

지역 활성화의 마케팅을 구상하고 실천하는 것은 마케팅에 한층 더 새로운 기회와 경험의 축적을 가져오고 있다.

일반적으로 흔히 말하는 '소비에서 체험', 체험은 경험에서 시작해 상

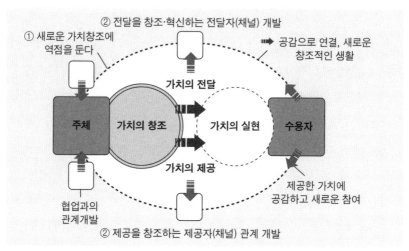

〈도표 13-1〉 크리에이티브 마케팅

② 전달을 창조·혁신하는 전달자(채널) 개발

① 새로운 가치창조에 역점을 둔다

■➡ 공감으로 연결, 새로운 창조적인 생활

가치의 전달

주체　가치의 창조　가치의 실현　수용자

가치의 제공

제공한 가치에 공감하고 새로운 참여

협업과의 관계개발

② 제공을 창조하는 제공자(채널) 관계 개발

출처: 미야조에 켄시 (2014)

시 제공받는 곳까지 폭넓지만 지역의 생활에 관여하고 본질적인 풍요로 움을 경험하는 것은 사회에 대한 마케팅이 된다. 즉 '소셜 마케팅'이다.

또한 지역 활성화 노력에서 비롯된 사물의 창조가 완전히 새로운 의 미를 낳게 된 사례가 있다.

예를 들면, 홋카이도 아사히카와시旭川市·아사히카와旭川대학의 이소 다 켄이치磯田憲一 교수의 세미나에서 시작된 '너의 의자' 프로젝트다.[208]

너의 의자 프로젝트(홋카이도)

'너의 의자' 프로젝트는 '태어나는 아이를 맞이하는 기쁨을 지역에서 나누고 싶다'는 발상으로 그 해에 태어난 아이를 위해 지역의 임업 자원

---

208) '너의 의자' 프로젝트에 대해서는 이 프로젝트의 대표 이소다 켄이치(磯田憲一)의 인터뷰 (2014년 6월)와 홍보 팜플렛 및 자료를 기초로 기술.

을 이용하여 디자이너와 지역의 가구 장인이 협업으로 어린이용 의자를 만들어 증정하는 사업이다.

이는 지역의 임업 진흥이나 육아 촉진에도 연결되고 있다. 2006년 홋카이도 히가시카와東川町에서 시작하여 이후 켄부치쵸劍淵町·아이베쓰초愛別町·히가시카구라쵸東神楽町·나카가와쵸中川町 등도 참여하여 지역 주변으로 확산하고 있다. 5개 마을에서 2006년 이후 약 800명의 아기에게 의자를 증정했다.

태어난 날과 이름을 새겨서 선물한 의자는 아이의 성장과 함께 '앉는 기능' 만의 의자가 아닌 사람의 생각을 이끌어내는 '추억 기능' 의자로 의미가 변한다고 한다.

선물 받은 아이가 성장하는 가운데 인생에서 무언가의 어려움과 마주쳤을 때 이 작은 의자는 제작한 사람, 선물 당사자, 가족들의 마음을 배경으로 자신의 존재감을 갖게 하여 자신이 나아갈 수 있는 힘이 되는 정신적인 지주가 되어 준다.

의자는 기존의 기능이나 형태를 넘어 (즉, 마케팅 교과서에서 다루는 '제품의 개념'을 넘어) 존재의 의미가 되고 있다는 것이다.

마케팅의 인식(정의)은 시대를 거치면서 진화해 왔지만(AMA의 마케팅 정의도 조금씩 개정되어 왔지만), 이러한 다양한 지역 활성화 활동을 통해 사회적인 의미를 높이고 있으며 제품의 개념, 사물의 의미 부여도 바꿀 정도의 진화가 현실에서 일어나고 있음을 명확하게 알 수 있다.

2) 크리에이티브 마케팅으로 진화

원래 마케팅은 창조적인 활동이지만 최근 기업의 마케팅에서는 차세대의 새로운 삶의 풍요로움을 위한 신제품 또는 신사업 개발이 주요 과제가 되었다. 그로인해 마케팅의 새로운 창조성 발휘에 대한 기대가 높아지고 있다. 예를 들어 그로스 해킹Growth hacking 등 새로운 발상을 만들어내는 기법 등이 주목받는 것도 이런 흐름 속에 기인한 것으로 해석된다.

마케팅의 창의성에 대한 기대

마케팅의 기본적인 구조(도표 0-1 참조)에 의하면 ①새로운 가치창조에 역점을 둔다 ②가치 전달·제공 기법에 대해서도 새롭게 창조하고 혁신시킨다는 2가지의 창의력을 강하게 요구하고 있다(그림 13-1).

①신제품 개발 및 신사업 개발 등 가치창조의 상황에서는 새로운 협업자를 구성함으로 착안, 편집·기획 등을 창조적으로 만드는 것과 동시에 ②전달 및 제공에 있어서도 새로운 협업 관계자(광고홍보의 매체, 혹은 판매 채널)를 찾아서 기존에 없었던 새로운 창조가 탄생할 것으로 생각된다.

협업관계자와의 관계를 새롭게 구축하기 위해서는 제작자(활동주체, 담당자)가 어떤 신념으로 가치창조 등의 마케팅 활동을 하고자 하는지, 지속적인 발신을 통해 타인과의 공감을 이루고 참여를 촉진하는 것이 중요한 것이다. 또한 제공한 가치의 구매자가 가치와 주체의 활동에도 공감하면 이를 통해 참여로 이어지기도 할 것이다.

'연결'에 의한 창조성 연쇄와 상승

이를 통해 형성되는 것이 '사람과의 유대관계'이다. 이것이 새로운 만남을 낳고 지금까지 없었던 깨달음과 창조를 통해 실현성을 높인다. 지역의 경우 혈연, 지연(이웃이나 동창·동급생 등)이 많지만 최근에는 공감과 인연이 표면화되고 있다. SNS상의 공유도 요인일 것이다. 현실적으로도 커뮤니티에 참가하여 사람과의 교류가 증가하고 좋은 만남도 생기고 있다.

실제로 카미야마나 포틀랜드의 지역 활성화 사례를 보면 '사람이 사람을 부른다', '참가자가 한층 더 새로운 창조를 낳는다'라는 '연결'에 의한 창조성의 연쇄와 상승이 현실에서 일어나고 있음을 알 수 있다.

지역 활성화 마케팅에서 창의적 마케팅으로

지역에서 활성화의 활동에서 비롯된 공감에서 지역 및 전문 분야를 초월하여 사람들의 동참과 참여를 촉진하고 이를 통해 새로운 가치창조를 낳는 흐름을 '크리에이티브 마케팅'이라고 한다면 그것은 새로운 마케팅의 사고방식이며 일반적인 기업이나 단체의 마케팅 활동에도 요구되는 것이 아닐까.

이러한 '크리에이티브 마케팅'의 개념은 여러 지역에서 실시하고 있는 지역 활성화를 마케팅적으로 관찰함으로써 필자가 얻은 깨달음이다. 그리고 앞으로는 기업이나 단체의 마케팅 전략에도 이런 개념을 도입해 실천하고 싶다.

부속자료.
지역 활성화에 참고할 수 있는 새로운 개념 및 방법론

가치 전달

1) 인게이지먼트Engagement

'Engagement'이란 광고업계에서 주목받는 개념으로 2006년 미국광고조사협회(ARF)가 새로운 광고 효과지표의 정의로서 발표한 것이다. 일본에서는 상품, 기획, 콘텐츠 등에 소비자가 적극적인 관여나 행동이나 태도가 만들어 낼 수 있는지를 중시하는 사고방식이나 개념으로 쓰이기 시작했다.[209]

소비자를 주변의 콘텍스트(문맥)로 브랜드 개념에 끌어들여 자신을 위해서 제공된 상품·서비스로 인식하며(자기화) 애착을 높이는 것이라고 한다.

---

209) 에노모토 하지메, 2008, 「커뮤니케이션의 변화. 사람과 도시의 인게이지먼트(Engage-ment)」 '시빅 프라이드' 소장, 의전 회담, pp.187-193 참고.

에노모토(榎本, 2008)는 "시민이 적극적으로 도시정보에 관여하고(Engage-ment화) 도시와 약속을 맺고(Engagement화), 도시와 행복한 유대관계를 맺는(Engagement화) 것을 목표로 하는 것이 도시 소통의 최선의 방법"이라고 한다.

지역 활성화 참여 촉진

2) 크라우드 펀딩Crowd funding

'크라우드 펀딩'이란 불특정 다수의 사람이 보통 인터넷을 통해 다른 사람들과 조직에 재원 제공이나 협력 등을 하는 것을 가리킨다. 군중(crowd)과 자금조달(funding)을 혼합한 신조어다. '소셜 펀딩'이라고도 한다.

'크라우드 펀딩'은 방재와 시민 저널리즘, 팬 아티스트 지원, 정치운동, 벤처기업 출연, 영화, 프리소프트웨어 개발, 발명품의 개발, 과학 연구, 개인·회사·프로젝트 대출 등 폭넓은 분야에 대한 출자에 활용되고 있다.[210]

출자자에 대한 대가로 현금을 주는 '투자형', 상품·서비스를 제공하는 '구입형', 대가가 없는 '기부형'이 있다.

지역 활성화에서도 지역에 특화된 크라우드 펀딩이 생겨나고 있다. 예를 들면 'FAAVO'는 도도부현都道府県의 정책으로 2012년 6월 'FAAVO 미야자키'에서 시작하여 현재는 13개 부현府県에서 실시하고 있다.

또 여성잡지 부인화보婦人画報 등을 발행하는 허스트ハースト화보사는 일본 전통산업을 지원하기 위해 크라우드 펀딩 사업에 뛰어들었다.

---

210) 로컬 크라우드 펀딩 'FAAVO' 홈페이지(2014년 8월 4일 입수) 참고.

허스트화보사는 부인화보가 남기고자 하는 아름다움과 멋을 가진 전통산업을 선정해 장인과 함께 전통 공예 기술을 활용한 제조업을 사업화 하고 전통 산업을 응원하는 독자들이 참여하여 크라우드 펀딩을 통해 직접 지원한다. 지원자에게는 출자금액에 따른 혜택을 준비한다고 한다.[211]

활동 패턴

3) CSR 방법론 (기업, 집단, 프로듀서)

CSR 활동은 ①자사가 단독으로 실시하는 '기업·행동형', ②거래처 등 다른 이해관계자와 함께 CSR 활동을 실시하는 '집단·행동형' 또한 ③ 지지호소(문제 해결·규칙 제정, 그리고 이니셔티브(솔선수범하여 분위기를 만드는 활동) 단계에서 다른 이해관계자를 끌어들이는 프로듀서 행동 만들기 등 3가지 형태가 있다.[212]

마찬가지로 지역 활성화 대책도 활동 주체인 기업 또는 단체가 단독 혹은 타사와 협업으로 실시하거나 활동을 조합하는 등의 추진방식이 있다.

이 책에서 다룬 사례를 보면 나카가와 마사시치中川政七 상점은 자사의 전통공예의 회귀로부터 시작해 나라지구 관련 기업과의 협업, 나아가 전국 전통공예업체의 지역 활성화를 이끄는 등 3가지 형태의 진화를

---

211) 『닛케이MJ』 2014년 6월 4일자.
212) 카네다 코이치(金田晃一), 2013, 「Input에서 Impact까지」 『월간 글로벌경영』 2013년 7-8월 합본호, No.370), 사단법인 일본재외기업협회, p.15.

이루고 있다.

4) 액터 마케팅

지역 활성화 담당자를 '액터Actor'라고 부르고 이를 육성·유인 하는 대처를 '액터 마케팅'이라고 한다.[213]

과정을 보면 ①핵심공동체의 발족 ②핵심 공동체의 설치 ③소통의 전략 선택과 실시 ④효과확보와 선택행동의 과정으로 참가자를 늘리는 구상이다.

③커뮤니케이션 방식으로는 경제적 이익을 소구하는 '경제접근법'과 여가와 학습을 통한 지역의 관계에서 생활의 풍요로움을 소구 하는 '문화 접근법'이 있다.

사업성과의 평가

5) SROI (소셜 ROI)

SROI는 사회적 투자수익률(Social Return On Investment)의 약자로 프로젝트(조직)에 의해 창출된 경제적 가치, 사회적 가치를 측정하는 지표이다. 화폐가치만으로 환산이 어려운 경우도 포함한 폭넓은 사회적 가치를 다룬다. 사업의 '아웃풋'(활동)뿐만 아니라, '아웃컴'(활동의 결과 생긴 효과)도 고려하여 화폐가치화 한다.

---

213)   와다 미츠오 외(和田充夫 他), 2009, 『지역 브랜드 매니지먼트』, 有斐閣, pp.159-196 참고.

계산식으로는 'SROI=화폐로 환산된 사회적 가치-투입된 비용'으로 표현된다.[214]

예를 들면 마이크로소프트가 2012년에 추진한 '도호쿠東北 취업 지원 프로젝트; 동북UP'에서는 재해를 입은 3개현에서 NPO와의 협업을 통해 ICT 기술 교육 및 취업 지원이 이루어졌는데, 이때 수강생의 경력개발에 대한 자신감이 생긴 것이나 고립감이 해소된 점 등 사회적 편익 등에 대해서 화폐가치로 환산, 경제적 편익과 합산하면 프로젝트의 SROI가 4.46 (투자액에 대해 약 4.46배의 성과를 실현)이라고 발표했다.

6) 지역통화

'지역통화'는 법으로 정해진 중앙은행이 발행하는 '법정통화'가 아닌 특정 지역이나 커뮤니티에서 유통되는 '통화'를 말한다. 공동체에서 지역 내 교류의 활성화와 상업 진흥, 자원 보호와 같은 독자적인 가치관을 표현하기 위해 사용한다. 포인트 카드나 상품권 등도 넓은 의미의 지역통화에 포함된다.[215]

2010년에 설치된 나가노현長野県 우에다시上田市의 오토기노사토역上田道と川の駅에서는 벌초나 쓰레기 줍기 등의 주민 자원봉사의 작업(예를 들면, 벌초 1시간 500냥 등 시세를 설정)에 대한 보답으로 지역통화를 증정하고 있다. 이는 지역 활성화 활동의 사회공헌을 경제적인 가치로 환산하는 활동으로서 주목받는다.

---

214) 토모다 케이(友田景), 2013,『사회공헌활동 평가의 구조』(ABS 지역 활성화와 마케팅) 수업 강의자료 참고.
215) 『닛케이MJ』, 2013년 11월 4일자.